CHINA LEGAL EDUCATION RESEARCH

教育部高等学校法学类专业教学指导委员会
中国政法大学法学教育研究与评估中心　主办

中国法学教育研究
2023年第1辑

主　　编：田士永
执行主编：王超奕

中国政法大学出版社

2023·北京

图书在版编目（ＣＩＰ）数据

中国法学教育研究.2023年.第1辑/田士永主编.—北京：中国政法大学出版社，2023.6

ISBN 978-7-5764-1339-7

Ⅰ.①中… Ⅱ.①田… Ⅲ.①法学教育－中国－文集 Ⅳ.①D92-4

中国国家版本馆CIP数据核字(2023)第256951号

出　版　者	中国政法大学出版社
地　　　址	北京市海淀区西土城路 25 号
邮寄地址	北京 100088 信箱 8034 分箱　邮编 100088
网　　　址	http://www.cuplpress.com (网络实名：中国政法大学出版社)
电　　　话	010-58908289(编辑部) 58908334(邮购部)
承　　　印	保定市中画美凯印刷有限公司
开　　　本	650mm×960mm　1/16
印　　　张	20.5
字　　　数	235 千字
版　　　次	2023 年 6 月第 1 版
印　　　次	2023 年 6 月第 1 次印刷
定　　　价	98.00 元

目　录

法学类专业教学指导委员会秘书处

中国式现代化与中国法学教育

——教育部高等学校法学类专业教学指导委员会

2022 年度会议……1

法学教育

张宗卿

卓越法治人才培养视域下服务性学习模式的嵌入……7

李炳通

习近平法治思想融入高等教育的实现路径研究

——以部分重点高校为例……20

卢显洋

新时代法学专业课程思政建设的特点、难点及应对策略……36

柴裕红　瞿子超

新文科背景下西部地区涉外法治人才培养的理论与实践探析

——以兰州大学为例……67

罗冠男

新时代校园安全法治教育建设的现实困境与优化路径

　　——基于北京市大中小学的实证研究……99

课堂与教学

秦媛媛　牛玉兵

法学研究生课程思政教育的审视与改进

　　——以 J 高校法学专业教育为例……121

周　玥

"四史教育" 融入博士研究生思政课程教育

　　——从三对范畴谈起……141

孙瑜晨

数字经济时代政法院校提升大学生数字素养的培育路径研究

　　——基于中国政法大学的观察……160

王清然　庞家任

"法商融合" 在商务英语教学中的实践与探索

　　——以《商学英语读写》教学为例……191

张　南

隐私权在英国的起源与启示……209

张　婷

理论实践一体化创新培养模式在法学教学中的探索

　　——以中国政法大学《网络审判实务》课程为例……228

法律职业

晁金典

网络犯罪刑法规制趋向与反思······241

百花园

何梦叶

普通高校公共音乐课教学改革路径探析

——以中国政法大学民族器乐鉴赏课为例······275

陈　晖

硕士研究生招生网络远程复试的个人信息保护

——基于全国 10 所高校招生工作的访谈调查······289

刘昱辉

思想政治理论课对高素质法治人才培养的路径探索······313

中国式现代化与中国法学教育

——教育部高等学校法学类专业教学指导委员会 2022 年度会议

◎法学类专业教学指导委员会秘书处

为了深入学习贯彻党的二十大精神，进一步学习贯彻习近平法治思想，努力开创全面建设社会主义现代化强国新征程中的中国法学教育新局面，教育部高等学校法学类专业教学指导委员会 2022 年度会议于 12 月 16 日以线上腾讯会议的方式举行。本次会议的主题为"中国式现代化与中国法学教育"，由教育部高等学校法学类专业教学指导委员会（以下简称"教指委"）主办、辽宁大学承办。开幕式由教指委副主任委员杨宗科教授主持，教育部高等教育司武世兴副司长，教指委副主任委员、中国人民大学王利明教授，辽宁大学党委书记潘一山教授，沈阳师范大学校长杨松教授等出席开幕式并致辞，来自全国法学教育科研重镇的专家学者 90 多人云端参会。

开幕式上，辽宁大学党委书记潘一山教授表示作为会议的承办单位，辽宁大学对此次会议高度重视，对教指委和广大法学教育同仁对辽宁大学长期以来的信任、支持和帮助表示感谢。潘书记介绍了辽宁大学在高等教育研究方面的发展状况和法学学科的建设成果，并表示通过本次会议的深入研讨，不仅有助于提升辽宁大学法学教育的理论成果和教学实践水平，也会对开创我国法学教育新局面产生积极推动作用。

武世兴副司长代表教育部高等教育司对会议的召开表示祝贺，并指出高等教育在实现中国式现代化进程中扮演着不可或缺的战略角色，必须换频道、强认识、转思路，加快改革创新发展，以高质量的高等教育来服务、支撑中国式现代化建设。必须构建中国自主的法治人才培养体系，提升新时代法治人才培养的根本质量，为推进法治中国建设提供更好的人才保障和智力支撑。

王利明副主任委员强调法学教育是建设法治国家的人才基础和学科基础，法学教指委始终贯彻落实教育部关于高素质法治人才培养的要求，全力推进德法兼修。指出法学教指委下一步的工作重点是要深入加强法学课程体系建设、继续推进习近平法治思想三进工作、着力完善课程思政、大力提升涉外法治人才培养的水平，为培养更多优秀的法治人才做出贡献。

在"学习二十大会议精神"单元，教指委副主任委员、中国政法大学黄进教授主持，教指委副主任委员、西南政法大学校长付子堂教授担任主讲，与会委员围绕学习二十大精神展开深入地探讨。

　　在"思政示范课研讨"单元，副主任委员、中国社会科学院大学副书记、副校长王新清教授主持，教指委秘书长、中国政法大学李树忠教授介绍教育部高等教育司关于进一步做好课程思政示范课程教学的工作安排。中国政法大学民商法学院院长于飞教授、中南财经政法大学法学院院长陈柏峰教授、国际关系学院副校长毕雁英教授进行了思政示范课程建设的汇报。

　　最后在副主任委员、西南政法大学校长付子堂教授的主持下，教指委秘书长李树忠教授做年度及本届工作报告。

法学教育

Legal Education

卓越法治人才培养视域下服务性学习模式的嵌入　张宗卿

习近平法治思想融入高等教育的实现路径研究

——以部分重点高校为例　李炳通

新时代法学专业课程思政建设的特点、难点及应对策略　卢昱洋

新文科背景下西部地区涉外法治人才培养的理论与实践探析

——以兰州大学为例　柴裕红　瞿子超

新时代校园安全法治教育建设的现实困境与优化路径

——基于北京市大中小学的实证研究　罗冠男

卓越法治人才培养视域下服务性学习模式的嵌入

◎张宗卿*

摘　要： 在全面依法治国的时代背景下，以应用型为导向的卓越法治人才培养模式亟待优化。从国家对卓越法律人才培养的目标角度分析，服务学习模式是修正法治人才培养路径的优选教学模式。它对于优化法治人才培养路径，丰富实践性教学方法，培养学生公民意识的认同感、服务人民的责任感和实现公平正义的使命感具有重要的意义。特别是在社会发展和经济建设对高层次应用型法律人才迫切需求的大背景下，服务性学习模式的运用可以更好地解决现有实践性教学中缺乏"实战"，缺乏"反思"，缺乏"复盘"的突出问题。

关键词： 法治人才培养；服务性学习；应用型法治人才

---

*　张宗卿，北京师范大学珠海校区副教授，法学博士。

一、问题的提出

习近平总书记强调"法律的生命力在于实施，法律的权威也在于实施"。教育部、中央政法委在《关于坚持德法兼修实施卓越法治人才教育培养计划 2.0 的意见》中指出，对卓越法治人才培养的目标要求之一即为"法治建设的实践者"。依法治国离不开法治人才的培养，法治人才的培养离不开培养目标的设定、培养模式的选择和培养方案的实施。很长一段时间以来，我国法学教育的培养目标是以学术研究为导向，从法学本科、法学硕士到法学博士的培养路径可以清楚地领悟这一时期法学教育的培养目标。在社会发展和经济建设对高层次应用型法律人才迫切需求的大背景下，我国于 1996 年开始试办法律硕士，其培养目标以实务为导向。2009 年，教育部办公厅《关于进一步做好研究生培养机制改革试点工作的通知》将研究生培养类型结构明确界定为学术型研究生与专业学位研究生。自此，应用型与研究型法治人才的培养成为我国法治人才培养并行的两种类型。从前述两种培养类型看，其培养目标的设定截然不同，因而二者的培养模式选择和培养方案的实施也必然有所区别。但是，从各高校法学学术型研究生与法律专业学位研究生的课程设置来看，二者的区别并不明显；有些课程从名称上看虽有不同，但授课内容并无实质差别。法科学生的法律技能训练缺乏，这是我国法学教育存在的一个突出问题。[1] 在全面依法治国的时代背景下，卓越法治人才的培养是社会主义法治国家建设的基础，如何科学地认识与处理

---

[1] 王新清：《论法学教育"内涵式发展"的必由之路——解决我国当前法学教育的主要矛盾》，载《中国青年社会科学》2018 年第 1 期。

知识教学与实践教学的关系，进一步深化法学教育的内涵式发展，着力解决法治人才培养过程中的问题，已成为法学教育界乃至法律实务界的挑战性课题。[1] 因此，完善卓越法治人才的培养模式，特别是优化以应用型为导向的卓越法治人才培养模式，将有助于实现全面依法治国的目标。

二、法治人才培养目标与服务性学习模式的契合

（一）法治人才的培养目标与路径选择

教育部、中央政法委在《关于坚持德法兼修实施卓越法治人才教育培养计划 2.0 的意见》中将法治人才的培养目标总结为"培养造就一大批宪法法律的信仰者、公平正义的捍卫者、法治建设的实践者、法治进程的推动者、法治文明的传承者，为全面依法治国奠定坚实基础。"关于如何实现这一培养目标，学界已有诸多论述和讨论，在此不再赘述。需要思考的是，除了传统的夯实专业基础理论、培养学生的思想道德素养以及不同法律职业共同体的协同培养等方式之外，现有的实现路径是否需要完善或者是否有更优的路径可供选择。这意味着至少有两个问题可以作进一步思考。一是法律的信仰如何获得。只有用心体验法律价值，感受法律的作用，才会使法律成为信仰的对象。具体到法律职业者，对法律的信仰必然连带对法律职业的信仰；一项有效的法律制度，必须从信仰法律职业开始，一旦丧失对法律职业的信仰，往往是对整个法律信仰的丧失。[2] 因此，法科学生对法律

---

〔1〕 刘同君：《新时代卓越法治人才培养的三个基本问题》，载《法学》2019 年第 10 期。

〔2〕 谢晖：《法律信仰概念及其意义探析》，载《宁夏大学学报（人文社会科学版）》1996 年第 3 期。

的信仰并非单纯来源于象牙塔内知识的传授，法律职业伦理或司法伦理等课程无法在学生心中形成对法律信仰的内心确信，只有在法律职业的对标中、在真实案件的处理中、在情理法的感悟中才是将法律信仰嵌入的最佳方式，而这些方式正是高校法学教育过程中缺失的。二是法律的应用能力如何获得。理论和实践永远都不是割裂的，理论是为了指导实践，而实践则可以不断检验和修正理论。法学学科的实践性强，必须重视理论与实践的紧密结合，处理好知识教学和实践教学的关系。[1] 正如外科医生只有亲自操刀，才能将复杂的医学理论用于实践，同时经过不断的实践才能反思现有理论的正确与否，并形成新的理论。无论是法官、检察官、律师还是其他法律工作者，法律的应用能力同样要通过理论—实践—反思—再实践等诸多环节才能逐步完善，但当前高校法律应用能力的培养则大都停留在理论—实践这一相对单一的环节，更多的是通过毕业实习、模拟法庭、模拟调解、实地参访等简单方式体现，很多实践环节与真实的法律应用场景差别较大，导致法科学生毕业后无法适应社会对法律人才的需求，这也是实务部门对法治人才培养诟病的主要方面。因此，可以看出，我们目前的法治人才培养目标与实现路径的契合并非完美，特别是法律应用能力的培养缺乏"反思"、缺乏"实战"。

（二）服务性学习模式对法治人才培养路径的修正

服务性学习（Service-Learning）是在 20 世纪 60 年代由美国学者西格曼（Robert Sigman）等人提出的，是一种与学术课程紧

---

〔1〕 张守文：《法治人才培养的目标与路径》，载《中国高校社会科学》2017 年第 4 期。

密结合的体验式学习，是一种"行动中的教育"。[1] 20 世纪 80 年代中后期服务性学习的教育理念和教育实践方法逐渐兴起。在美国政府 1990 年颁布的《国家和社区服务法案》和 1993 年《国家服务信任法案》等联邦法案的支持下，在各州和地方学区的推动下，服务性学习运动已经从教育的边缘发展成为教育的主流，并为美国、加拿大等国的大学普遍采纳。早在 1990 年，美国学者肯多尔（Kendall）梳理了 174 个有关服务性学习的概念[2]。在国际实践中，学者常引用的概念是出自 1990 年美国"国家与社区服务法案"对服务性学习所下的定义，[3] 即"为学生提供积极参与有计划、有组织、能够满足社区需求的服务而进行学习和发展的方法。这种方法将学术课程与社区服务项目相结合，通过教育机构与社区服务项目及社区的相互协调，旨在培养学生的公民责任感，提高学生的学习水平，并为学生提供结构化的时间来反思服务体验"。[4] 此定义主要强调在服务性学习课程中学校、社区和学生三方的协调配合，通过课程使得学生反思服务体验。另外一种是以美国学者芭芭拉·雅克比（Barbara Jacoby）为代表的学者，对服务性学习所下的定义，即"服务性学习是经验教育的一种形式，学生通过参加旨在满足人们和社区需要，并为学生的学习精心安排的结构性机会的活动而得到发展。反思性和

---

〔1〕 薛国凤：《从几种新方法看研究生课程的教与学》，载《教育与教学研究》 2017 年第 12 期。

〔2〕 Kendall, J. C. (Ed.), "Combining Service and Learning: A Resources Book for Community and Public Service", *National Society for Experiential Education*, Raleigh N. C: NSIEE, 1990: 2-15.

〔3〕 Julia B. Corbett and April R. Kendall, "Evaluating Service Learning in the Communication Discipline", *Journalism & Mass Communication Educator*, 1998: 53 (4).

〔4〕 Wisconsin Department of Public Instruction. Service Learning: Federal Definition [EB/OL]. https://dpi. wi. gov/service-learning/about, last visited on Nov. 16, 2020.

交互性是服务性学习的核心概念。"〔1〕 此类定义更加强调服务性学习课程的属性为经验性，并强调学生对外的交互。这两种服务性学习的概念界定既有联系又有区别，但均强调了参与社区服务。两者区别主要有以下几点：一是前者定义中课程目的旨在培养公民责任感，后者定义中课程目的为满足人们和社区的需要；二是前者定义中课程明确是需要学生、院校和社区三方进行协调配合的，后者定义中课程只说明了精心安排课程并无强调社区的重要性；三是前者定义中课程效果最主要是学生通过反思来获取，后者定义中课程效果是学生既可以通过反思又可以通过与他人交互获得。我们在此采用第一种定义，因为我们探讨的是服务性学习的逻辑起点，是为了实现法治人才培养目标和学生应用能力的提高，而非满足"社区"〔2〕 或他人的需求。

根据上述定义，我们不难看出服务性学习具有以下特点：第一，服务性学习具有组织性。服务性学习的开展离不开学生的积极参与，但并不等于只要学生进行参与就为服务性学习。服务性学习作为一种学习模式，需要由学校和"社区"共同制定课程教学计划和实施方案，学校、"社区"和学生相互协调、相互配合，共同实施并完成教学计划。第二，服务性学习具有互惠性。所谓的互惠性是指在施行服务性学习的过程中，"社区"与学生双方都能够实现共赢。作为法律职业共同体的一员，对于"社区"而言，学生通过服务性学习能够满足"社区"某些需求，客观上达到为"社区"进行服务的效果，这也是"社区"参与法学人才培

---

〔1〕 崔随庆：《美国服务性学习：特征、原则及操作流程》，载《外国教育研究》2018 年第 10 期。

〔2〕 由于法学的专业性特点，本文所称的"社区"，在我国应当主要是指司法实务等部门。

养的主要动力之一；对于学生而言，将知识系统地应用于实践，并获得结构化的反思，以此提高学生的学习水平。第三，服务性学习具有反思性。从前述两种概念中可看出反思作为服务性学习的一个重要阶段，是区别于其他实践活动的一个重要特征。[1] 反思应当贯穿服务性学习的整个过程，包括连接学校、"社区"与学生，持续给学生反思的机会，反思要有内容并形成结论或新的理论，在反思过程中和反思结束后，学校和"社区"均要给学生必要的支持和督导。

近年来，我国国内学者也开始了服务性学习的理论研究和实践探索。从国家对卓越法律人才培养的目标角度分析，服务性学习是修正法治人才培养路径的优选教学模式，对于深化法学专业教学改革，提高法治人才的培养质量具有重要意义。但是，我们也应当清楚地认识到我们所探讨的"服务性学习"是一种学习方法而不是简单地照搬学习形式，否则就会偏离法治人才的培养目标，也不符合我国法治人才培养的实际需要。服务性学习最大的误区是该种学习方法并非让学生单纯地提供"社区"服务，而是在服务中感受"实战"，在服务后进行"反思"，在"反思"后再去指导实战，并在此循环往复的过程中培养学生公民意识的认同感，服务人民的责任感和实现公平正义的使命感。

三、服务性学习模式嵌入的方式

（一）美国服务性学习的步骤和内容

在服务性学习的发源地美国，相关课程与项目在校园内产生

---

〔1〕 李斌、刘佳：《美国高校服务学习模式与中国大学生社会实践比较》，载《中国青年社会科学》2015 年第 1 期。

和发展。自 1990 年起，校园联盟给予服务性学习项目高优先权的地位，越来越多的组织和配套设施向服务性学习倾斜。其步骤和内容主要是：①寻找切入点。明确希望学生掌握基本的技能与内容，并且帮助建立与课程的联系。②回顾每个年级的学习标准。参考学校具体的教学规划和学习标准，明确课程的标准和要求。③制定详细计划。按照"准备—计划与培训—实施—反思—评价"的过程制定详细计划。④阐明伙伴关系。寻找能支持并优化服务性学习的伙伴并与之建立联系，包括但不限于教师、家长、社区成员、机构代表等，与伙伴进行讨论并阐明各方的角色、责任以及互惠关系。⑤审阅计划安排，汇集资讯信息。与学生一起审阅计划安排，确定所需要资讯的种类并加以汇集整理。⑥开始进行服务性学习。按照制定的详细计划进行服务性学习课程，推进课程时鼓励学生不断寻找机会进行反思。⑦评估服务性学习体验。在完成展示和最终反思后，对步骤和各种数据进行评估，并听取各种参与主体的反馈。[1]

（二）我国法学院校服务性学习模式嵌入的思考

1. 服务性学习模式嵌入的理念

（1）服务性学习应当与社会主义核心价值观和法律职业伦理结合起来。首先，服务性学习的初衷之一就是为了培养有责任感的公民。在我国，这种责任感应当理解为社会主义核心价值观和法律职业伦理的培育。通过服务性学习，能够有效地引导学生的思想与行为。其次，高校的思政教育课程虽然取得一定的成果，

---

〔1〕 凯瑟琳·伯杰·科：《服务学习指导大全》，商务印书馆 2016 年版，第 69~70 页。

但是在思政课程的实践教育上还应进一步增强。[1] 服务性学习是通过走进"社区"为他人进行法律服务的"实战"来塑造学生积极的人生观、价值观，并可以将思政课程的实践教育真正落到实处。

（2）服务性学习中教师的主导作用应当贯穿各个环节。第一，教师应当根据教学目标拟定服务性学习的教学计划和教学方案，并与提供"社区"服务的司法实务部门共同商讨该教学计划和教学方案的针对性和可行性，同时征求学生的意见或建议，并最终形成具体课程的教学计划和教学方案。第二，教师要负责对接具体司法实务部门的指导教师，共同协商服务性学习实施过程中法律研究方法的运用、法律检索数据库的选择与使用、法律文书的写作、司法案例选择与提炼、法律研究报告的撰写等事宜。第三，教师要与司法实务部门的指导教师明确分工，实现服务性学习全过程、无遗漏的指导，并对司法实务部门指导教师的指导情况提出建议。第四，教师应当把握和引导服务性学习的发展方向，并根据不同学生的具体情况实行个性化指导。在每次具体指导完成后或者学生的"反思"完成后均要进行相关问题的复盘，以验证服务性学习的效果。

（3）服务性学习中实务部门指导教师的参与至关重要。服务性学习要想达到预期效果，离不开司法实务部门指导教师的支持。首先，司法实务部门指导教师应当认同法律职业共同体的理念，认同法律人才的培养应当是法律职业共同体的共同责任，认同服务性学习是可以实现互利互惠的"双赢"效果。其次，司法

---

〔1〕 王志华：《中美高校服务学习的比较与启示》，载《当代教育科学》2015 年第 19 期。

实务部门的指导教师应当提供更多元的法律服务平台，不断地为学生提供全真的法律职业环境，达到"实战"的效果。最后，司法实务部门的指导教师担负着共同参与、一线指导、发现问题、共商解决方案等多重职责。

（4）服务性学习中学生是主体。学生应当积极参与多种形式的服务性学习活动，努力提升自身的"服务性"与"参与性"。服务性学习是一个三方合作完成的课程，学生的参与也是不可或缺的。这里所称的参与是指"实战化"的参与，与模拟法庭、模拟调解、案例分析等截然不同，即在教师的指导下亲自参与法律服务的全过程。有学者经过实证研究表明，当大学生参与服务性学习达到 100 小时以上，会显著地提升大学生核心技能、研究能力和社会沟通能力。[1] 因此，学生不仅要提升服务性学习的参与度、参与时间，还要参加多种形式的服务性学习，为进入社会提升自己综合素质做好充分准备。

（5）教师也应当成为服务性学习中"反思"环节的主体。服务性学习过程中，"反思"是其中的一个重要环节，虽然在这一环节中实践主体为学生，但是教师作为服务性学习的主导者，也有"反思"的必要性，也应当成为"反思"环节的主体。教师反思的具体内容应为如何更好地引导学生将实践与知识相结合，激发学生对服务背后的问题加以思考，提高学生反思、学习和实践的能力等。有学者研究提出，学生和老师"反思"的形式除了传统的撰写报告或者做展示以外，还可以采取以下 5 种形式进行反思：学生或教师日记、经验研究、道德案例分析、定向阅读、课

〔1〕 陆根书、李丽洁、陈晨：《服务学习与学生发展》，载《中国高教研究》2019年第 3 期。

堂讨论。[1]

2. 服务性学习模式嵌入的框架

服务性学习模式因课而异，并无统一的框架，但如果按照服务性学习模式的实施过程，至少可以分为前期准备、中期实施和后期总结评估三个阶段：

（1）前期准备阶段。服务性学习与传统的课程教学模式不同，无成熟的模式可供参考，加之课程的教学目的不同，可能导致前期准备有所不同。通常前期准备阶段应当包括：第一，了解学生需要通过服务性学习掌握具体的技能，明确教学目标。第二，联系司法实务等部门并了解其服务需求。第三，与司法实务等部门共同协商确定教学计划和教学方案，确定服务效果评估办法。第四，召开学生学习前的准备会，与学生交流服务性学习的具体实施方案和重点内容，组织学生划分小组，制定服务性学习计划表，明确反思的时间、反思的形式，推荐相关参考书目或参考案例等。第五，开展对学生的培训，包括但不限于相关理论知识的讲授、法律检索的方法、执业纪律和安全知识等。第六，对司法实务部门指导教师的培训，包括但不限于学生基本情况的介绍、教学方法的运用、教学方案实施中的注意事项等。

（2）中期实施阶段。中期实施阶段是服务性学习的重点和难点，也是服务性学习能否达到预期效果的关键。中期准备阶段通常应当包括：第一，学生按分组情况进入具体司法实务部门，按照学习计划表开展具体的服务，并注意收集服务过程中的法律问题。第二，针对服务过程中的具体法律问题开展相应的法律研

---

[1] 王蓉：《学会反思：美国高校服务学习的实践与启示》，载《黑龙江高教研究》2020 年第 3 期。

究，包括但不限于法律文书的撰写、司法程序的梳理、合同的起
草、尽职调查报告的撰写、法律条文的适用、数据库的使用、个
案分析等，并将上述内容作为教师指导和反思的素材。第三，与
司法实务部门的指导教师建立定期沟通机制，共同研究和讨论服
务性学习实施过程中的具体问题和解决方案。第四，与学生建立
"一对一"沟通渠道，随时解决学生在服务性学习过程中遇到的
问题，并给予有针对性、有方法性的指导，而非直接给出答案。
第五，学生根据服务性学习计划表，每周定期返回课堂分享服务
性学习计划的完成情况、遇到的问题、收获的经验、感受与思考
等，并重点针对服务过程中的具体法律问题的法律研究情况进行
反思，教师结合具体问题给予解惑，引导同学深入讨论和思考，
最终确定相应法律研究情况的补充和修改建议，确定复盘的时间
和人员安排。

（3）后期总结和评估阶段。后期总结和评估的主要目的是检
验服务性学习的实施效果，修改并完善教学计划和教学方案。后
期总结和评估阶段通常包括：第一，分别由教师、司法实务部门
的指导教师和学生按照前期确定的服务性学习效果评估办法对教
师的指导情况和学生的服务情况进行评价，具体评价方式可以按
照教师与实务部门指导教师互评、教师对学生的评价、学生对教
师的评价、学生之间的互评等评价方式组成。第二，召开总结评
估会，由学生分别对服务性学习计划的完成情况进行自我总结，
指导教师针对服务性学习过程中的重要问题进行总结和讲解，并
可以根据具体情况进行奖励。

四、结论

服务性学习作为一种学习模式能够很好地契合卓越法治人才

培养目标的实现，对于优化法治人才的培养路径，丰富实践性教学的方法，培养学生公民意识的认同感，服务人民的责任感和实现公平正义的使命感都具有十分重要的意义。特别是在社会发展和经济建设对高层次应用型法律人才迫切需求的大背景下，服务性学习模式的运用可以更好地解决现有实践性教学中缺乏"实战"、缺乏"反思"、缺乏"复盘"的突出问题。在服务性学习模式如何嵌入法学人才培养的问题上，我们应当明确"服务性学习"并非照搬照抄北美的服务性学习形式，而是批判地吸收其教学理念和学习方法；并非让学生单纯地提供"社区"服务，而是在服务中感受"实战"，在服务后进行"反思"，在"反思"后再去指导实战；并非对现有实习实践课程的否定，而是不断丰富实践类课程的方式方法，最终实现一流法治人才的培育，为全面依法治国的实现提供有力的人才保障。

习近平法治思想融入高等教育的实现路径研究

——以部分重点高校为例*

◎李炳通**

摘　要：习近平法治思想是推进新时代法学教育发展的基本遵循，关系到法治人才的培养，也关系到推进全民守法的工作。全文以如何将习近平法治思想扎实有效地融入高等教育为基本指向，从体系化的视角出发，提出切实发挥法治教育的引领作用，要在课程思政体系构建、校园立体浸润、师资队伍打造等方面建立路径系统，同向发力，多层贯通，协同共进。文章梳理、分析了部分高校在习近平法治思想中融入高等教育的做法，这为抓住路径执行中的重点、难点和关键点提供了参考。

　*　本文系第二届学习贯彻习近平总书记视察南开大学重要讲话精神研究课题"高尔森的'公能'教育实践研究"的阶段性成果。

　**　李炳通，硕士研究生，南开大学法学院助理研究员，主要研究方向：法学教育。

关键词： 习近平法治思想；高等教育；实现路径

2020 年 11 月，中央全面依法治国工作会议首次提出并确立习近平法治思想为全面依法治国的指导思想。习近平法治思想为全面依法治国工作明确了 11 个坚持的要求，总体上看，这一思想突出强调人的作用，既包括强调法治队伍的建设，也包括强调公民守法的要求。

"法律要发挥作用，需要全社会信仰法律"。[1] 国家的未来、社会的期望在青年，"青年从现在起就应该形成良好的思想政治素质、道德素质、法治素质"。[2] 立德树人是教育的根本任务，抓好教育尤其是高等教育，持续有效做好习近平法治思想的研究、阐释和传播，对持续有力推进全面依法治国具有长远意义。习近平考察中国政法大学时强调，要"坚持以马克思主义法学思想和中国特色社会主义法治理论为指导，立德树人，德法兼修，培养大批高素质法治人才"，[3] 这为将习近平法治思想融入高校教育指明了根本方向。本文从习近平法治思想关于强化法治人才培养、推进全民守法等方面的要求以及习近平关于教育的系列论述中入手，挖掘课程、师资、学术研究、校园体系、实践资源等育人条件，结合部分高校的有益做法，深入探讨把习近平法治思想深度融入高等教育的有效路径。

---

〔1〕 习近平：《严格执法，公正司法》，载《论坚持全面依法治国》，中央文献出版社 2020 年版，第 45 页。

〔2〕 习近平：《全面做好法治人才培养工作》，载《论坚持全面依法治国》，中央文献出版社 2020 年版，第 180 页。

〔3〕 《习近平在中国政法大学考察》，载《人民日报》2017 年 5 月 4 日，第 1 版。

一、牢牢把握课程渠道引领，交叉融通，打造一流培育阵地

高校有着多元汇聚的育人资源、渠道和平台，归根结底，课程是核心，把课程抓好是提升育人质量的关键所在。将习近平法治思想切实融入高校教育，要深入推动课程建设，综合发挥思政课的铸魂作用、习近平法治思想概论课的引领功效、法学专业课的筑基功能、交叉课程的延伸特色和教材体系的力量抓手。

（一）以思政课程为总领，把习近平法治思想讲"准"

在教育部印发的《关于推进习近平法治思想纳入高校法治理论教学体系的通知》中明确要求各高校要做到"全覆盖学习"，这里的"全覆盖学习"，从学习的主体范围上讲，自然包括高校各层次各类别学生。[1] 从这个意义讲，高校思政课在宣传、阐释习近平法治思想方面比其他课程影响面更广、所塑造的群体更大，意义十分重大。

各门思政课可深度结合自身的特点，对习近平法治思想有所侧重地进行学理阐释和传播。"思想道德与法治"是直接面向所有大学生普及法律知识、弘扬社会主义法治文化，宣传习近平法治思想的有力途径，在思政课中肩负着重要责任。"马克思主义基本原理"可从马克思主义最根本的世界观和方法论、实践与认知的关系、坚持人民主体地位等角度结合法学讲解。"中国近代史纲要"可从近代中国的国家现代化与法治现代化这一脉络讲清全面依法治国的历史意义。"毛泽东思想和中国特色社会主义理论体系概论"侧重讲解推进全面建设社会主义现代化国家、全面

---

〔1〕 王健：《习近平法治思想研究路径初探》，载《思想理论教育导刊》2021 年第 8 期。

深化改革、全面依法治国、全面从严治党等方面的法治联动。"形势与政策"课要侧重突出在国内外发展大势下，如何全面运用习近平法治思想理解中国法治实践的新发展和回应法治实践的新要求。

为提升思政课讲授习近平法治思想的精准性，部分高校将法学教师引入到全校思政课师资体系。中山大学在公共思政课程"习近平新时代中国特色社会主义思想概论"专门设置"习近平法治思想专题"，由法学师资面向全校所有专业本科生讲授。武汉大学从面向全校学生的公共必修课、公共选修课及面向法学院学生的专业必修课"三位一体"全方位打造习近平法治思想课程体系。

（二）以概论课程为龙头，把习近平法治思想讲"实"

习近平法治思想的传播、研究、宣传不仅要在思政课建设上下功夫，更要在专业课的课程思政上深耕打磨，让思政课与专业课同时发力、同向发力。"习近平法治思想概论"是法学专业课中最具备思政元素的课程，带有课程思政的天然特色，把这门课开好应牢牢把握"实"这个动作要领。

为深入推进推动习近平法治思想进教材、进课堂、进头脑，切实融入高校教育，教育部发布实施了《普通高校本科专业法学类教学质量国家标准（2021年版）》，将"习近平法治思想概论"列为法学类专业的一门核心必修课，成为统领法学课程体系的"第一课"。对如何把这门课讲好，张文显提出，要带着信仰讲、带着感情讲、带着真知讲，以讲实为基本要领。[1] 从课程

〔1〕 张文显：《如何讲好〈习近平法治思想概论〉》，载《中国大学教学》2021年第9期。

性质及内容看，这是一门与刑法、民法等同样的法学专业课，要把习近平法治思想概论课讲实，还是要更多地引入法学特有的教学方法，以国情阐义，做案例说理，用辩论明是非，从而实现高质量、高水平的教学效果。

如何开好课程，把这门课程讲"实"，部分高校在课程具体实施上持续创新探索。有的高校如西北政法大学集中法学理论的师资开设课程，突出强调理论性，有的高校如北京大学、南开大学、武汉大学等将优势师资与课程紧密贴合组织团队，突出特色性。北京大学以专题讲座与文献阅读为基本形式循序渐进，设置专门的学生反馈平台和模块，师生共同研读、交流心得。南开大学面向研究生开设习近平法治思想与法治中国建设课程，武汉大学面向全校学生开设公共选修课，打造习近平法治思想课程体系。

（三）以专业提升为根基，把习近平法治思想讲"深"

习近平法治思想教育是贯穿法学教育的一条金线，不可能单单依靠习近平法治思想概论课程完成。"概论"与其他课程类似"总论"与"分论"的关系，它们既互为一体，又各有分工。[1]

法学各门课程相互配合、通力合作方能把习近平法治思想讲"深"。要解决"有的法学教育重专业轻思想政治素质"的问题和不足，需要分类推动习近平法治思想融入专业课程工作，以点带面，形成有特色的习近平法治思想课程思政群。着重抓好法学本科主干课程、研究生必修课程，将其主动融入工作，深入挖掘思政元素。结合中国特色社会主义理论讲、结合中国法治实践讲、

---

〔1〕 张文显：《如何讲好〈习近平法治思想概论〉》，载《中国大学教学》2021年第 9 期。

结合中国传统法律文化讲，既讲清知识的是非因果，又要讲深原理的来龙去脉。

为将习近平法治思想讲"深"，部分高校在授课手段、资源运用等方面做出了有益创新。西南政法大学建立"习近平法治思想概论"课程与其他法学课程"双向互动""隔空对话"的跨课堂、跨课程互动模式。[1] 中山大学以"法学思政讲堂"作为课堂阵地，邀请法学院教师结合民法、刑法、国际法、诉讼法等宣讲习近平法治思想。

（四）以课程交叉为网络，把习近平法治思想讲"全"

"社会亟须的新兴学科开设不足，法学学科同其他学科交叉融合还不够，知识容量需要扩充。"[2] 伴随着科学进步发展，经济社会各领域在日益细化的同时，彼此间的融合贯通也愈发紧密。学科的交叉是高等教育新的增长点，法学是一门具备很强实践性、应用性的学科，法学与社会发展趋势贴合的最为紧密。法学教育的发展要适应复合性法律的需求，紧盯时代热点，发挥交叉合作的集结优势。同时，法学也是一门支撑性的学科，各个学科都有法的因素。习近平法治思想是前瞻引领的指导思想，对交叉培养、对各学科中法的内容系统化和理论升华都具有突出意义。

习近平法治思想融入交叉学科，要以课程培养为平台，以科学研究为抓手，注重把课堂与研究结合起来。在党内法规、人工

---

〔1〕 庄德通、李卓谦：《完善法治理论教学体系 构建法治人才培养新格局：各法学院（校）深入推进习近平法治思想"进教材、进课堂、进头脑"工作》，载《民主与法制时报》2022年8月18日，第1版。

〔2〕 习近平：《全面做好法治人才培养工作》，载《论坚持全面依法治国》，中央文献出版社2020年版，第177页。

智能法学、数据法学等方向，加强与多学科的前瞻融合，充分发挥习近平法治思想的指引作用。结合本科生的大类招生培养模式，紧紧抓住服务国家和地区发展热点，构建"法学+"等多类型复合培养体系。对研究生的培养，鼓励以研究跨学科问题为导向，打通课程选修，建立创新开放的交叉培养体系。

突出讲全学全，以习近平法治思想为引领，清华大学依托卓越法治人才班、计算法学人才班和法学国际人才班为国家培养面向全面依法治国、科技创新发展、涉外法治争端等三个方面的创新型法治人才。南开大学在经管法、信息安全等复合培育模式中探索"法学+经济"，"法学+人工智能"交叉互联。吉林大学注重将法学与科学技术、数字经济、云计算等有机结合，让教学研究充分反映时代，前瞻未来。

（五）以教材建设为抓手，把习近平法治思想讲"正"

党的十八大以来，以习近平同志为核心的党中央高度重视教材建设，将教材工作作为"国家事权"加以统筹规划，强调"要加快构建中国特色哲学社会科学学科体系和教材体系"，[1] 作为社会科学领域理论渗透性强、实践性突出的一个学科，法学的教材在这方面尤为重要，高校担负着"尽快把我国法学学科体系和教材体系建立起来"[2] 的重要任务。

教材建设是国家事权，关系着立德树人的根本。高校应始终把坚持正确方向作为教材工作的首要原则，做到"凡编必审""凡选必审""管建结合"。要深入学习贯彻习近平法治思想，以

---

〔1〕 习近平：《全面做好法治人才培养工作》，载《论坚持全面依法治国》，中央文献出版社2020年版，第175页。

〔2〕 习近平：《全面做好法治人才培养工作》，载《论坚持全面依法治国》，中央文献出版社2020年版，第176页。

教材建设为抓手，以打造精品为引领，探索交叉创新，建立起组织保障、激励引导、资源支撑机制。教材建设应以强化学生思想政治素质锻造、打牢学生法学知识功底为目标，逐步构建科学合理、系统完善、追求卓越的教材体系。

教材建设要坚持守正创新，充分激发活力、促生动力。中国政法大学梳理分析我国行政法学研究和实践的前沿问题，突破传统法学教材框架，创新写作思路，"把行政法治最新的理论实践成果有机融入专业教材，诸如服务型政府、创新型政府、诚信政府等均纳入教材。"[1] 南开大学法学院在职称评定、绩效考核等方面建立系统联动网络，激发教师教材编写动能，支持教师以习近平法治思想为引领，录制慕课、编写教案、课件、案例库、试题库等新形态教材资源，推动自编教材建设，丰富教学素材。

二、紧紧抓住校园立体浸润，贯通融合，涵养多维培育气象

坚持依法治国和以德治国相结合是中国特色社会主义法治道路的一个鲜明特点，法治和德治两手都要抓、两手都要硬。"不仅要提高学生的法学知识水平，而且要培养学生的思想道德素养。"[2] 要把思想政治工作贯穿于教育教学全过程，"实现全程育人、全方位育人，努力开创我国高等教育事业发展新局面"。[3] 信息输入的多元性是高等教育的突出特点之一，学术指引、文化生活、校园管理等对学生的塑造产生至关重要的影响，

---

〔1〕 马怀德：《法学类专业课程思政建设探索与实践》，载《中国高等教育》2022年第6期。

〔2〕 《习近平在中国政法大学考察》，载《人民日报》2017年5月4日，第1版。

〔3〕 习近平：《把思想政治工作贯穿教育教学全过程》，载《人民日报》2016年12月9日，第1版。

是育人的重要渠道。将习近平法治思想融入高等教育，要在做实各类课程领导的同时，注重立体校园育人功能的协同发挥，深化拓展教学场域，将教育覆盖到课上课下、网上网下、校内校外，实现育人无处不在。

（一）挖掘学术特色，做内容加法

"高校是贯彻社会主义法治理论的重要阵地，也是推进法治理论创新的重要力量"[1] 习近平法治思想在高校生根结果离不开高质量的科学研究，习近平法学思想的研究阐释离不开守正创新。

建立科教协同育人机制，在培养师生至诚报国的理想追求、敢为人先的科学精神、开拓创新的进取意识和严谨求实的科研作风中学习、阐释习近平法治思想。法学专家学者围绕习近平法治思想的政治定位、内涵特征、研究路径等开展了一系列深刻探讨，还有部分教师以习近平法治思想为指导，融入专业特色领域，面向国家战略需求、面向地区经济社会发展开展研究，均取得了丰硕的成果。一方面，学生参与研究过程，受教育、长才干，融习近平法治思想于无形；另一方面，高水平成果彰显所在高校研究特色，进一步扩大习近平法治思想的传播力和影响力。

学术引领是高校的自发功能，路径采取得当、方式结合得当，在学习阐释习近平法治思想工作中可取得事半功倍效果。中国人民大学习近平法治思想研究中心邀请相关领域的资深学者组成学术委员会，全面、系统、深入开展习近平法治思想研究。华东政法大学在学校《法学》等期刊开设习近平法治思想专栏，组

---

[1] 习近平:《全面做好法治人才培养工作》，载《论坚持全面依法治国》，中央文献出版社 2020 年版，第 175 页。

织刊发相关学术研究文章，浓厚学术气氛。吉林大学人权研究中心在全面依法治国重点领域建成教学科研融合平台。南开大学引导师生学生围绕贯彻习近平法治思想与加快地区法治先行区建设结合起来，强化实践回应能力。学术研究活动不仅是习近平法治思想融入教育的重要路径，也是一项重要的成效检验标准。

（二）强化实践锤炼，做力量加法

实践性是习近平法治思想的显著特点之一。"习近平法治思想把求真务实的实践理性运用于法治建设，不断深化对法治规律和法治国情的认识。"[1] 习近平法治思想特别强调实践教学在法学教育中的重要性，习近平在考察中国政法大学时指出，"法学学科是实践性很强的学科，法学教育要处理好知识教学和实践教学的关系"。[2]

要鼓励学生实践，创造机会为学生提供各种实践可能。推动师生走出校园，深入观察、全情投身法治实践，加深国情认知，强化对习近平法治思想的理解精度。推进与实务部门协同培养，将学生送到实务部门实习锻造，强化对习近平法治思想的理解准度。邀请实务部门专家到学校做报告、指导论文、指导调研，将亲身参与法治中国建设实践的思考和领悟传授给在校学生，将全面依法治国的实践经验及时转化为教学资源，强化对习近平法治思想的理解深度。注重国外法治资源统筹，输送、选派优秀学生到国外法治机构、部门进行实习锻炼，实现以点带面，构建涉外法治人才培养体系，强化对习近平法治思想理解的广度。

实践是学习习近平法治思想的关键环节，核心是关心国情、

---

[1] 张文显：《论习近平法治思想的鲜明特色》，载《法制与社会发展》2022年第4期。
[2] 《习近平在中国政法大学考察》，载《人民日报》2017年5月4日，第1版。

关注世情、关切国家战略需求。中国人民大学开展"法治家乡行"活动，先后有 500 名学生参与，形成 200 万字实践报告。北京大学推动涉外法治人才培养，引导学生开阔国际视野，提升应对涉外法律事务的能力。中国政法大学把公益教育、法律职业伦理教育深度融入法治人才培养，实现法学知识教育与实践教育的融汇统一。南开大学开展教师与学生共同参与的"同学同研同讲同行"活动，见证并参与到中国司法实践中去，实现以行促学的目标。

（三）丰富法治感知，做形式加法

校园文化浸润是高校传播习近平法治思想不可或缺的重要途径。首先，网络新媒体发展势头给传统信息传播渠道带来新的挑战，传播习近平法治思想要牢牢围绕法治特点，突出专业性和新颖性。其次，要牢牢把握法治与德治相结合，通过文化浸润，不仅要"提高学生的法学知识水平，而且要培养学生的思想道德修养"。最后，紧紧抓住青年大学生的关注和聚焦，要在主题深刻性、环节流畅性、学生参与性上下功夫，尽量增加趣味性，创造角色代入感。要开阔视野，勇于创新，通过线上线下，在校园内外开展各类主旨鲜明、内容丰富、形式新颖的校园文化活动，构建高校法治文化浸润的新生态。

以学生关切的热门法治问题、重大法治事件等为切入点，开展全校范围的辩论赛、研讨会、情境展示等形式多样的校园法治活动，把学生的认识和思考调动起来，挖掘学生潜力、充分激发学生学习法律、探讨法治的活力和动能。注重与普法、宪法、民法典等宣传工作相结合。要特别注重发挥教师引导作用，强化目标导向，通过开展活动强化学生的国情认知，彰显以人民为中心的法律演进过程、反映法治中国建设的成就，从而深化对习近平法治思想的领会和理解。

文化浸润形式多种多样，关键是把握青年学生的聚焦点、热议点和兴奋点。华东政法大学依托"国家宪法日"等重要时间节点，举办"韬奋"作文大赛，创作话剧《雷经天》等，着力打造以"法"为特色的校园文化。南开大学开展《人民的名义》续集——"高育良受贿、滥用职权案模拟法庭"，寓思想性、知识性、实践性、趣味性于一体，思政效果和传播效果俱佳。上海交通大学凯原法学院组织学生党员赴市人大开展旁听审议学习活动，零距离感受立法过程和审议程序。[1]

（四）突出治理融入，做体验加法

涵养浓厚的法治治理气象是构建科学高效治校生态的核心路径。习近平法治思想是高校依法治校工作的根本遵循，高校治理法治化和高校治理现代化是检验贯彻习近平法治思想水平的重要标准。高校法治治理水平的好坏关系着学生对法治的第一感知和评价。高校治理要切实发挥好习近平法治思想的引领作用，让学生在依法治校的氛围体验中感受习近平法治思想的力量。

一是全面构建教职员工法治教育体系。在各类干部培训、新入职教师培训中加入习近平法治思想的内容，深化教职员工的法治素质培养，努力使尊法学法守法用法成为高校教育者和管理者的共同价值追求和自觉行为贯彻。二是深化落实师生参与高校治理的制度。把重大事项意见征询和反馈机制做实，畅通师生表达的渠道，形成制度制定者与适用者之间的良性互动。三是加强师生申诉机制建设，把法治作为化解校内矛盾纠纷的基本路径，逐

---

〔1〕　《习近平在中国政法大学考察》，载《人民日报》2017年5月4日，第1版。

步形成自觉守法、遇事找法、解决问题靠法的法治思维和行为习惯。在师生中逐步树立"是合理合法的诉求，通过法律程序就能得到合理合法的结果"〔1〕的信念。

完善的校园法治治理制度、机制、队伍建设为学校有序健康发展创造必要条件，是最富体验感的法治教育形式。华东政法大学制定印发《依法治校实施意见》，把依法治校融入、贯穿学校工作的全过程和各方面，成立由法学相关领域专家组成的依法治校委员会，督促推进学校依法治校各项工作。同时聘请 1 个常年法律顾问团队和 15 个法律咨询团队组成法律顾问团，构建起"一专多特"的法律顾问制度。

三、持续突出教育队伍建设，德业兼修，强化育人主体锻造

建设一支德业兼修的教师队伍是高校做好宣传、阐释、传播习近平法治思想的重中之重。2022 年 4 月 25 日，习近平总书记在中国人民大学考察时强调，"好的学校特色各不相同，但有一个共同特点，都有一支优秀的教师队伍"。〔2〕

党的十八大以来，习近平总书记对教师队伍建设提出了一系列嘱托和期望，高校着力引导教师牢固树立心有大我、至诚报国的爱国情怀，争做新时代"四有好老师"。高等教育有这样一支法学教师队伍，才能打造一批德法兼修的高素质法治人才队伍，才能塑造一批知法懂法守法的高素质公民。

（一）做中国传统法律文化的传承者，扎好"根"

中华法系在世界法系体系中独树一帜，我国古代法制蕴藏着

---

〔1〕 习近平：《全面推进科学立法、严格执法、公正司法、全民守法》，载《论坚持全面依法治国》，中央文献出版社 2020 年版，第 24 页。

〔2〕 《习近平在中国政法大学考察》，载《人民日报》2017 年 5 月 4 日，第 1 版。

丰富的法律智慧和资源。"只有传承中华优秀传统法律文化，同时借鉴国外法治有益成果，才能为全面建设社会主义现代化国家、实现中华民族伟大复兴夯实法治基础。"[1]

法学教师应从中国古代法制传统和成败得失中汲取营养，注重挖掘和传承中华法律文化精华，如"民惟邦本、政得其民，礼法合治、德主刑辅，为政之要莫先于得人"等，都给予我们很多启示。中华法系的一个重要特征就是礼法合治，教育中应突出德与法的融合，将"以法治国"与"以德治国"贯通起来。

树立法治传统自信，要注重从传统资源中挖掘。南开大学大力支持挖掘传承中华传统法律文化，相关教师主编《中国法制史丛刊》《福建洋坑许氏文书》等书籍，从中我们不仅可以了解传统中国的制度文明，还可以窥见古人的法律观念、法律意识、法律智慧、法律心理和道德观念等。

（二）做中国特色社会主义法治理论的信仰者，筑好"魂"

法学教师信什么、研究什么、教什么直接关系法治培养能否行进在正确的轨道上。"我们要建设的中国特色社会主义法治体系，必须是扎根中国文化、立足中国国情、解决中国问题的法治体系，不能被西方错误思潮所误导。"[2] 作为法学教育者、研究者和法治的参与者，我们要有充分的底气和自信。

要在为谁教、教什么、教给谁、怎样教的问题上始终坚持正确方向。"对世界上的优秀法治文明成果，要积极吸收借鉴，也

〔1〕 习近平:《坚定不移走中国特色社会主义法治道路　为全面建设社会主义现代化国家提供有力法治保障》，载《求是》2021 年第 5 期。
〔2〕 习近平:《坚持走中国特色社会主义法治道路　更好推进中国特色社会主义法治体系建设》，载《求是》2022 年第 4 期。

要加以甄别，有选择地吸收和转化，不能囫囵吞枣、照搬照抄。"〔1〕要把习近平法治思想进教师头脑作为首要工作，把理论学习与师德师风建设结合起来。通过强化思想引领机制、做实考核评价机制、细化监督奖惩机制牢牢守住底线。

确保铸魂定力，要坚持育人先育师。中国人民大学坚持习近平法治思想系统化常态化学习，建立"一核多维，纵横网格"的工作机制，把党支部建设成思政教育的战斗堡垒，开展法学家讲党课等活动。南开大学把教师培训与师德传承赓续结合起来，搭建荣休教师与青年教师交流平台，弘扬南开优良传统和高尔森先生等法学前辈的懿德高风，引导教师们以四有好老师的标准要求自己。

（三）做习近平法治思想的践行者，走好"路"

法学专业教师在做好理论研究和教学的同时，要"深入了解法律实际工作，促进理论和实践相结合，多用正能量鼓舞激励学生"〔2〕。要打破高校和社会之间的体制壁垒，形成双向互动机制，引导高校教师到法律实际部门或基层参与实践锻炼，同时将实际工作部门的优质实践资源引进高校，发挥协作育人作用。

持续鼓励、支持教师开展国情调研项目和参与实务部门研究项目或挂职工作，引导教师在中国大地上开展法治研究，推动一大批青年教师在实践中进一步认识国情，加深法治认知，确定研究志向，产出接地气的高水平成果，并将所思所得融入课堂教学。不断引入高水平实践资源，切实发挥实践导师作用，参与学生论文写作、评阅、答辩等环节。坚持邀请实务部门高水平专家

〔1〕《习近平在中国政法大学考察》，载《人民日报》2017 年 5 月 4 日，第 1 版。
〔2〕《习近平在中国政法大学考察》，载《人民日报》2017 年 5 月 4 日，第 1 版。

为学生开设课程或参与部分课程讲授，让学生感受从实践中来的法律知识，强化对习近平法治思想的深入理解。

实践资源引入的核心是建立合作共赢的长效工作机制，构建总体稳定结构，打造品牌、网罗资源。浙江大学开展"法治未来·领航计划"，以内修信仰情怀和外修法治本领为目标，邀请法律实务界资深专家，引领浙大法科学子成长，努力培养德才兼备的高素质法治人才。北京大学法学院组织"我在祖国基层"人才沙龙，邀请优秀校友分享法学求学、择业历程和实践经验，引导学生将自己的理想同祖国发展联系起来，推动更多优秀毕业生到基层建功立业。

四、结语

将习近平法治思想融入高校人才培养、科学研究、社会服务的各环节，培养遵法守法的新时代大学生，培育立德法兼修、明法笃行的法治人才，将是高校今后持续重点工作。习近平法治思想在高校的研究、阐释、传播，切忌生搬硬套，应该牢牢紧扣法治中国建设的伟大成就和推进方向，丰富内涵和形式，突出将以"理"服人和以"情"动人相结合，增强生动性和震撼力。以习近平法治思想为引领，在课程打造、校园浸润、师资锻造等方面同时发力，多层贯通，协同共进，形成合力，推动新时代高校法学教育工作实现新的突破发展。

新时代法学专业课程思政建设的特点、难点及应对策略[*]

◎卢显洋^{**}

摘　要：法学课程思政教学改革顺应了全面依法治国对高质量法治建设人才的需求，是"立德树人"教育根本任务的时代必然要求。自本轮教学改革以来，各方面都发生了显著变化，同时，法学课程思政建设也存在不少误区和困难。结合自身学科特点，法学课程思政建设应当注重挖掘提炼习近平法治思想、宪法意识与法治精神、特色社会主义制度显著优越性、社会主义新道德观等四大思政元素群，融入方法上以法学案例分析为重要抓手，综合运用比较分析、对话互动等教学方法，并通过系统化制度建设，保障法学课程思政建设规范化、

---

　　* 本文得到2019年广东石油化工学院科研基金项目（人才引进及博士启动）资助（项目编号：2019rc027）。
　　** 卢显洋，法学博士，广东石油化工学院副教授，主要研究方向：行政法学、法学教育。

常态化、高质量推进。

关键词：课程思政；思政元素；法学教育改革；应对策略

国内高等教育课程思政教学改革试验肇始于 2014 年上海市部分高校，2016 年 12 月，习近平总书记系统论述了课程思政教育理念在高校教育工作中的重要意义，指出"各门课都要守好一段渠、种好责任田，使各类课程与思想政治理论课同向同行，形成协同效应"[1]。此后，党中央和国家有关部门相继制定出台一系列重要文件，要求全面加强课程思政建设，挖掘专业课程中的思政资源，实现思政教育与知识体系教育的有机统一。[2] 如今，课程思政教学改革已在国内各高校普遍展开，成为"高校加强和改进思想政治工作的重要抓手，各方面都发生了显著变化"，且"已经到了升级改造的关键期"[3]。之所谓称其到了"关键期"，我们认为其理由有三：其一，针对一般意义上的课程思政探讨较

---

〔1〕　习近平：《习近平谈治国理政》（第二卷），外文出版社 2017 年版，第 378 页。

〔2〕　2017 年 12 月，教育部制定了《高校思想政治工作质量提升工程实施纲要》，要求梳理各门专业课程所蕴含的思想政治教育元素和所承载的思想政治教育功能，融入课堂教学各环节，实现思想政治教育与知识体系教育的有机统一。2018 年 9 月，教育部制定了《关于加快建设高水平本科教育 全面提高人才培养能力的意见》，要求推动高校全面加强课程思政建设；2019 年 8 月，中共中央办公厅、国务院办公厅印发了《关于深化新时代学校思想政治理论课改革创新的若干意见》，强制要求深度挖掘各学科门类专业课程蕴含的思想政治教育资源，解决好各类课程与思政课相互配合的问题。2020 年 6 月，教育部印发的《高等学校课程思政建设指导纲要》中明确提出，要将普通高校的课程思政建设作为全面提高人才质量的重要任务、落实立德树人根本任务的战略举措在所有学科专业中加以推进；2021 年 7 月，中国共产党成立 100 周年之际，中共中央、国务院印发的《关于新时代加强和改进思想政治工作的意见》中指出，思想政治工作是党的优良传统、鲜明特色和突出政治优势，是一切工作的生命线。加强和改进思想政治工作，事关党的前途命运，事关国家长治久安，事关民族凝聚力和向心力。

〔3〕　张驰、宋来：《"课程思政"升级与深化的三维向度》，载《思想教育研究》2020 年第 2 期。

多，就其内涵和意义认识虽已达成部分共识，但是，还没有形成系统化的课程思政设计理论及操作性强的设计方法。[1] 其二，对课程思政的重要价值、概念特征等研究论述较多，对教学实践中存在的改革探索归纳总结不足，欠缺对出现的误区进行理论梳理，缺乏如何升级探索的经验。其三，针对宏观的课程思政建设研究成果数量充足，各具体专业学科如何进行课程思政建设，如何挖掘凝练各学科的思政元素并融入教学过程，以及如何进行评估考核、总结提升等研究较少。本文立足新时代普通高校法学专业教学实践，解析法学专业课程思政建设实践中存在的误区，凝练核心法学课程思政元素群，概括有效的思政元素融入方法，以期对我国法学专业课程思政建设有所裨益。

一、新时代法学专业课程思政的内涵特点及时代价值

（一）法学专业课程思政的内涵特点

第一，从课程思政教学改革的产生发展历程理解把握其内涵特点。经学者考查，"课程思政"的概念最早由高德毅教授使用，最早由曹文泽教授在其研究成果中正式使用。[2] 也有学者认为，其缘起于 2016 年底习近平总书记在全国高校思想政治工作会议上的相关重要论述，[3] 也有认为国内"课程思政"改革可追溯至 2004 年，中央下发文件要求要将思想政治教育贯穿于教育教

---

〔1〕 谢幼如等：《智能时代高校课程思政的设计理论与方法》，载《电化教育研究》2021 年第 4 期。

〔2〕 参见徐兴华、胡大平：《推进课程思政需要把握的几个重要问题》，载《中国大学教学》2021 年第 5 期。

〔3〕 韩宪洲：《论课程思政建设中的几个基本问题——课程思政是什么、为什么、怎么干、怎么看》，载《北京教育》（高教版）2020 年第 5 期。

学的各个环节，[1] 2014 年上海市部分高校在课程改革中增设"中国系列"课程，被认为"课程思政"升华为了我国高等教育理念。[2] 关于此改革的概念称谓，起初有学者提出使用"课程育人"的概念，[3] 因不如"课程思政"的称谓更具现实针对性，后者在 2016 年之后基本就被学术界及官方文件普遍接受认可。识别和掌握事物的本质属性，对于准确地确定名称的指称对象具有重大意义。依美国著名逻辑学家、哲学家克里普克的"历史的、因果的命名理论"，名称是严格指示词，并认为在给事物命名时依据的不是对名称的意义的了解，而对某些历史事件及其因果影响的了解，也就是命名活动取决于名称与某种命名活动的因果联系。[4] 课程思政的概念即体现了此命名原理，从课程思政改革发展形成的历程可知，它不是一种简单的教学方法，更不是一门课程，而一种理念，目标是要在日常的教育活动中培养树立学生的家国情怀、道德素养。课程思政概念的称谓符合汉语词汇中前偏后正的用语习惯，其本质内涵可简单概括为"通过高等学校课程建设和课堂教学来对大学生进行的思想政治教育"[5]。依此逻辑，法学专业的课程思政改革，应是融合思政元素于法学专业课程和全方位教学过程之中，对学生在进行法学知识、法律技能等专业教育培训的同时，进行思想政治教育，突出专业课程的

〔1〕 罗仲尤等：《高校专业课教师推进课程思政的实践逻辑》，载《思想理论教育导刊研究》2019 年第 11 期。
〔2〕 伍醒、顾建民：《"课程思政"理念的历史逻辑、制度诉求与行动路向》，载 2019 年第 3 期。
〔3〕 李国娟：《课程思政建设必须牢牢把握五个关键环节》，载《中国高等教育》2017 年第 15 期。
〔4〕 参见［美］索尔·克里普克：《命名与必然性》，梅文译，上海译文出版社 1988 年版。
〔5〕 刘建军：《课程思政：内涵、特点与路径》，载《教育研究》2020 年第 9 期。

育人导向，实现育人目标。

第二，从"三全育人"的育人格局中理解把握其内涵特点。"三全育人"方针在 2016 年底由习近平总书记在全国高校思想政治工作会议中首次提出，并在党的十九届四中全会决定"坚持马克思主义在意识形态领域指导地位的根本制度"这一节中再次强调为："加强和改进学校思想政治教育，建立全员、全程、全方位育人体制机制。"[1] 意即着力构建"育人全员参与、育人无处不在、育人无时不有"的育人格局。"三全育人"理念的提出，首先，是党中央意识到学校思想政治工作的重要性，对既往一段时期工作力度不够的纠偏。青少年正处于思想异常活跃期，易受到西方不良思想影响，他们是祖国的未来，其政治立场是否坚定，无异决定着社会主义中国的未来。其次，"三全育人"理念也是教育客观规律的要求。经验告诉我们，人的教育不仅局限于学校，家庭、社会发挥着同样重要的作用，教育者也不局限于老师，教育方式方法不局限于课堂理论说教，"三全育人"正是基于以上缘由提出的。同理，高校思想政治教育涉及青年学子的世界观、人生观、价值观的培养形成，法学专业学生还涉及习近平法治思想的基本立场、中国特色社会主义法治体系的法治信仰和情感，以及以社会主义核心价值观为核心内容的道德观念培养。如果法学专业课程只是教授法学理论及规范知识、训练法律技能，其他基本政治立场及道德观念、法治信仰等仅依靠占大学教育课时总量不超过 20% 的思政课程去承担，其效果势必难以如愿，多年的实践也印证了这一点。以习近平同志为核心的党中央

---

〔1〕《中共中央关于坚持和完善中国特色社会主义制度 推进国家治理体系和治理能力现代化若干重大问题的决定》，载《人民日报》2019 年 11 月 6 日，第 1 版。

高瞻远瞩，多次强调高校思政政治工作的极端重要性，并在中央全会决议中提出构建"三全育人"体制机制，为新一轮法学课程思政教学改革提出了要求，指明了方向。

第三，从"立德树人"教育根本任务的视野理解把握其内涵特点。汉语词汇"教育"本身为两部分构成，从文本意义上可解释为"教"指上施下效，"育"指养子使作善。中国古代典籍《礼记·文王世子》中将教师的职责解释为："师也者，教之以事而喻诸德者也。"[1] 党的十八大报告明确"把立德树人作为教育的根本任务"，可以说这既是中国传统教育本真的回归，又是新时代社会主义教育性质的体现和要求。法科教育对学生有特殊的内涵：首先，从道德与法律两类社会规范的外延关系上看，两者在一定区域内存在交叉，一些道德规范直接被认定为具有法律效力的规则，而法律也有一项重要的功能，就是去弘扬和保护社会主流道德价值，此种意义上讲，对道德的违反即是对法律的违反。其次，任何一个政治共同体的统治阶级均有自己所推崇的道德目标，"每一种教育体制都有它所要达成的道德目标"，"它要培养特定类型的人"。[2] 再次，对法科学生专业教育的一个重要目标，是要培养具备法治意识、自觉守法的公民。法律是最低的道德规范，如果连作为最低道德规范的法律都不能自觉遵守，本身也是违背道德的行为，那么法科专业的教育培养也是失败。最后，从性质上讲，中国特色社会主义大学兼具"德育共同体属

〔1〕《礼记·文王世子》，陈澔注，上海古籍出版社1987年版，第115页。
〔2〕[美]艾伦·布卢姆：《美国精神的封闭》，战旭英译，译林出版社2011年版，第2页。

性",〔1〕法科专业课程思政就是在进行法学专业知识、专业技能训练学习的同时，培养青年学子形成坚定的习近平法治思想立场，具有新时代社会主义的道德素养，最终成为对社会主义建设有用的人才。

（二）法学专业课程思政的时代价值

法学专业课程思政按照"专业课程承载思政"与"思政教育寓于专业"的基本模式展开，各门法学课程教师可以针对具体课程的性质类型、课程进行的阶段、学生的条件状况等，采取不同类型的课程思政融入方式。无论采取哪种具体方式，均以培养学生具备坚定的政治立场和法治信仰、提升育人质量为目标，以在建设中国特色社会主义法治体系中发挥作用。

第一，全面贯彻习近平法治思想的根本要求。一般认为中国传统文化中缺乏现代法治的萌芽，传统中国也基本是"人治"模式。新中国成立后，中国共产党领导人民开辟的社会主义法治之路走过一段漫长曲折的道路，究其原因之一，就是在相当长的时期内我们没有形成一个逻辑严密、系统完备的法治领域指导思想，直到习近平法治思想的诞生。2020 年 11 月，党中央在全面依法治国工作会议上正式提出了习近平法治思想。它"生动记载了我们党改革开放以来持续推进依法治国的丰厚实践经验，"集中体现了我们党在法治领域的理论创新成果，是新时代全面依法治国的根本遵循和行动指南。〔2〕"深入学习宣传贯彻习近平法治

---

〔1〕 任少波、单珏慧：《构建基于"知识共同体"的"德育共同体"——高等学校立德树人的二维耦合》，载《教育研究》2019 年第 7 期。

〔2〕 张文显：《习近平法治思想的理论体系》，载《法制与社会发展》2021 年第 1 期。

思想，是当前和今后一个时期全国法学法律界的一项重大政治任务。"〔1〕社会主义大学课堂不仅是进行知识技能培训的场所，更是思想文化传承的重要场所，法学教育的知识内容本身就有很多具有明显思想政治元素的内容。习近平法治思想既是法学的重要原理，又是最重要的思政元素。在移动信息普及化的大数据时代，多样化世界观并存竞争的特征愈发明显。"我们确实生活在一个多种文化相互交融的多元时代。"〔2〕而知识范畴的东西从来就不是所谓的中立，即使是通常人们所理解的属于理工科的科学技术也不仅仅是生产力，"更具有意识形态的本质特征和社会功能"，〔3〕作为对学生进行知识传授的教育活动，即使是在美国，作为道德教育首要方法的品格教育也如野火般蔓延不尽。〔4〕社会主义中国的法学教育也不例外，面对思想活跃的青年学子，在法学专业课程中设置习近平法治思想课程，在其他各专业课程中坚持习近平法治思想的基本原理、基本观点，是全面贯彻习近平法治思想的根本要求，是培养一批满足时代需求的高素质法治人才队伍的基本途径。

第二，有利于提高法学专业育人质量。《高等学校课程思政建设指导纲要》（以下简称《纲要》）指出："课程思政建设是全面提高人才培养质量的重要任务。""建设高水平人才培养体

---

〔1〕 王晨：《坚持以习近平法治思想为指导谱写新时代全面依法治国新篇章》，载《求是》2021年第3期。

〔2〕 ［美］大卫·K. 诺格尔：《世界观的历史》，胡自信译，北京大学出版社2006年版，第3页。

〔3〕 ［德］哈贝马斯：《作为"意识形态"的技术与科学》，李黎等译，学林出版社1999年版，第69页。

〔4〕 Scott Baldauf, "Reading, Writing, and Ringt and Wrong", *The Christian Science Monitor*, 1996, August 27, p. 1. 转引自 ［美］威廉·戴蒙主编：《品格教育新纪元》，刘晨、康秀云译，人民出版社2015年版，第51页。

系，必须将思想政治工作体系贯通其中，必须抓好课程思政建设。"[1] 高等法学教育的最终目标是培育具备法治信仰的社会主义建设合格人才，《纲要》明确的课程思政建设目标要求和内容重点包含了"宪法法治意识、系统进行法治教育"等，如果剔除了此类内容，法学专业课程的内容必然是残缺不全的，甚至是不复存在的。一线法学教师及学者也认同"法学专业课程的内容大部分都可以成为思想政治教育的素材。"[2] 这既为法学专业课程思政建设带来了方便，同时，也提出了更高的要求。众所周知，作为法学教育培养目标的合格法治人才，不仅要是了解、掌握熟练的法律技能，而且要必须具备法律意识和法律信仰。"法律必须被信仰，否则它将形同虚设。"[3] 讲到信仰，信仰是人类最基本最深刻的精神现象，哲学意义上的信仰源于终极目的价值追求。法律信仰的对象是法律，具有科学理性，是在对法律的信奉和追求中体现对人类终极价值的关怀，是人类法律文明走向成熟的标志，是法治的精神实质。[4] 不具备坚定的法律信仰者不仅不可能成为理想的执法者、司法者，即使作为普通的守法公民也存在明显缺漏，他可能随时准备钻法律的漏洞，随时可能转变成违法者。法学专业教育就是通过专业课程，在进行法学知识训练的同时，帮助学生建立形成法治信仰，成为合格的社会主义建设

---

[1] 教育部《高等学校课程思政建设指导纲要》（教高〔2020〕3 号）。

[2] 时显群：《法学专业"课程思政"教学改革探索》，载《学校党建与思想教育》2020 年第 4 期。

[3] ［美］伯尔曼：《法律与宗教》，梁治平译，中国政法大学出版社 2010 年版，第 3 页。

[4] 参见黄德林等：《思想政治教育若干前沿问题研究》，中国社会科学出版社 2017 年版，第 169~172 页。

者和接班人，"课程是学校教育内容与学习经验的组织形式，"[1]法学专业课程就是通过课程思政的内容和形式，使经过系统专业教育的学生更符合培养目标和要求，更能满足新时代国家和社会的需求。

第三，是贯彻总体国家安全观的必然要求。面对国际国内国家安全形势的新特点、新趋势，2014 年 4 月 15 日，习近平同志在中央国家安全委员会第一次全体会议上首次提出"坚持总体国家安全观"，[2] 从某些方面讲，"教育是最大的国家安全，"[3]至少是贯彻总体国家安全观极端重要的一环。首先，即使不考虑法科培养的学生专业就业前景，单纯从数量而言，法学专业普通高校在校生总数也是不可忽视的群体，培养他们形成坚定的社会主义法治观无疑对国家安全具有积极作用。2019 年初，习近平总书记就将青年思想政治工作提升到国家政治安全的高度，强调要教育引导广大青年形成正确的世界观、人生观、价值观。[4] 习近平指出："教育就是要培养中国特色社会主义事业的建设者和接班人，而不是旁观者和反对派。"[5] 其次，考虑到法科学生的就业前景，无论是进入国家政法机构还是企业、事业单位等，他们中的多数都将成为未来国家法治建设的中坚力量。假如法律共同体中的主要力量不认可并维护政权合法性、政府合法性，国家

---

〔1〕 檀传宝：《学校道德教育原理》，教育科学出版社 2000 年版，第 116 页。
〔2〕 习近平：《习近平谈治国理政》（第一卷），外文出版社 2018 年版，第 200 页。
〔3〕 李学伟：《坚定理想信念 勇于担当使命》，载《北京联合大学学报（人文社会科学版）》2020 年第 1 期。
〔4〕 檀传宝：《学校道德教育原理》，教育科学出版社 2000 年版，第 116 页。
〔5〕 《习近平会见清华大学经济管理学院顾问委员会海外委员和中方企业家委员》，载《人民日报》2017 年 10 月 31 日，第 1 版。

的政治安全必然无从谈起。关于对政府合法性的信仰，美国著名政治学家戴维·伊斯顿认为：政府必须合法才能存在。因此，对政府合法性的信仰可能并不构成典则的组成部分。相反，就像我们所看到的那样，合法性是可以阻止支持水平下降的东西，是可能的，甚至在经验主义的水平上是相当可能的阻止支持水平下降的反应。[1] 从传统社会主义法学学科教育目标来看，法科培养的对象是专政阶级中执掌"刀把子"的关键人员，作为政治国家的执法者、司法者，如果此群体在主导法律运行过程中没有严格执行党和国家的目标宗旨，没有很好地维护国家利益、公共利益等核心价值，将必然威胁国家安全。

二、法学专业课程思政建设的困境

（一）法学专业课程思政建设中的理论误读

第一，对课程思政本身的误读。首先，片面理解课程思政的载体及其教育形式，如有的认为课程思政的载体是"非思政课程"、形式是隐性教育。[2] 我们认同其形式应是"显隐结合"[3] 而非仅仅是隐性教育。隐性教育的相对优势主要是可以较好地避免因过多说教而引起教育对象的逆反心理，进而发挥"润物无声"的育人效果。但就法学教育而言，特别是某些重大的法学理论观念原则，对处在法律观念形成期的低年级学生来讲，教师明确直白的观点教育是十分必要的。课程思政本身是"三全育人"

---

〔1〕 ［美］戴维·伊斯顿：《政治生活的系统分析》，华夏出版社 1999 年版，第 225~226 页。

〔2〕 徐兴华、胡大平：《推进课程思政需要把握的几个重要问题》，载《中国大学教学》2021 年第 5 期。

〔3〕 王学俭、石岩：《新时代课程思政的内涵、特点、难点及应对策略》，载《新疆师范大学学报（哲学社会科学版）》2020 年第 2 期。

理念的体现，学生眼里的老师"吐辞为经、举足为法"，法学专业教师在对法律规范、法律知识技能培养的同时，对学生宪法意识、法治精神、优秀传统道德等思政观念的培养同样重要。课程思政的载体，或许包括本文在内的多数场合下，其"课程"是指的"非思政课程"，但是这绝不可以成为理论上就认为课程思政就是依靠"非思政课程"来承载的论据。离开思政课程的课程思政将成为无源之水，将迷失方向。同时，课程思政改革的初衷即是在大学通识教育中融入社会主义核心价值观，提升对学生的思想政治教育效果，也就是说，包括思政课程、通识课程、专业课程在内的所有课程都应是课程思政的载体。其次，片面理解课程思政中"课程"与"思政"两者之间的关系，误解其推演展开的方式方法。较常见的误区是"课程"与"思政"的"两张皮"现象，课程思政不是"课程+思政"两个元素的简单组合，而是课程思政的一体两翼，[1] 课程思政不是做"加法"，而是一种方法，应贯穿教育教学全过程。[2] 因法学专业知识的多数自身即是思政元素，法科课程思政就是将法学专业知识自身包含的思政元素与法学知识作为一个整体使学生理解接纳，而个是将其视为两个可以分开的内容。如果在法科教学中简单地将"社会主义制度好""中国共产党执政是国家各项事业的全面领导核心，具有无可争辩的合法性"等元素生硬移植，将出现课程思政的"泛意识形态化"现象，[3] 其本质是误读了专业课程知识与意识形态

〔1〕 李辉、王丹：《内生育德：课程思政建设的基本遵循》，载《新疆师范大学学报》（哲学社会科学版）2022年第2期。
〔2〕 杨祥、王强、高建：《课程思政是方法不是"加法"——金课、一流课程及课程教材的认识和实践》，载《中国高等教育》2020年第8期。
〔3〕 靳玉乐、张良：《要认真对待高校课程思政的"泛意识形态化"倾向》，载《现代教育管理》2021年第4期。

之间的关系，将课程思政标签化、表面化、形式化、虚假化。众所周知，所谓意识形态，"是价值观的理论体系"，"是反映不同利益关系的价值判断"，[1] 西方非马克思主义评论家保留了该词的双重贬义，并加以普遍化，把某些具有政治倾向的符号体系称为意识形态。在宣传角度上，马克思主义者把这一概念发展为一种使对手的信仰、理论和实践声名狼藉的工具，[2] 一方面旗帜鲜明地坚持并作好意识形态工作，旗帜鲜明地宣传我们的制度优越性，只有社会主义制度才能救中国、才适合中国国情。另一方面我们无需在法科专业教学中处处频繁进行简单口号式地宣讲，而是将思政教育寓于一个个具体的特色社会主义法律规范制度解构之中，寓于典型案例分析之中。这样既保证全部法学课程的专业知识必须与意识形态全程、同步、无缝融合，又避免标签化、简单化的政治宣传从而产生学生逆反心理，并最终达到法学课程思政的育人目标。

第二，对课程思政与思政课程之间关系的误读。关于思政课程与课程思政之间的关系，我们认可他们分别属于课程体系、教学体系说，即"思政课程是思想政治理论教育的课程体系，"[3]后者是教学体系。对两者之间关系的误读，典型如，错误地认为"课程思政"是"思政课程"的"升级版"，或"替代论"等。[4] 课程思政不可以替代思政课程，课程思政是需要按照各

---

〔1〕 陈锡喜：《意识形态：当代中国的理论与实践》，中国人民大学出版社 2018 年版，第 9 页。

〔2〕 ［英］戴维·米勒英文版主编：《布莱克维尔政治思想百科全书》，邓正来中译本主编，中国政法大学出版社 2011 年版，第 265 页。

〔3〕 邱开金：《从思政课程到课程思政，路该怎样走》，载《中国教育报》2017 年 3 月 21 日，第 10 版。

〔4〕 张正光、张晓花、王淑梅：《"课程思政"的理念辨误、原则要求与实践探究》，载《大学教育科学》2020 年第 6 期。

学科特有的知识结构安排设计课堂教学。比如在宪法学课程中，其授课设计框架应是以宪法典文本为骨架，其核心内容包括国内外宪法基本原理、基本制度、宪法历史发展、我国国家机构和公民基本权利和义务，以及其他若干重要宪法性法律构建的制度等。所以其只是结合自身学科知识特征，提炼强调多于其他专业学科的思政元素罢了。这不仅在受众上与思政课程不同，不可能对全部学科的学生进行宪法学课程教育，更为重要的是，各学科专业课程思政均需要思政课程为其提供基本思想政治原理支撑。课程思政，首先且重点是思想政治课程的"思政"。[1] 因此，课程思政不存在替代思政课程的可能，也不是其升级版，而是具体围绕思想政治课程的基本原理、原则，在各学科专业课程体系中的具体展开，最终实现全方位育人的目标。

第三，对课程思政与专业课程之间关系的误读。在这里存在两种截然相反的观点，一种是轻视专业课程，另一种是轻视课程思政。前者因为协同育人理念欠缺，"重思政课程、轻专业课程"，[2] 甚至将全部专业课都设计成思政课，比如在理工科专业中，此类观点行为的不合理性则相对更明显。课程思政显然无法替代相关专业知识和专业技能的培养、训练，即使是弱化或脱离专业内容的课程思政也不具备科学性。显而易见，课程思政建设不能弱化学科与专业课程的难度和深度；不能脱离学科或专业课程的内容与性质特点。[3] 另一种重专业课程而轻视思政课程的

---

〔1〕 刘建军：《课程思政：内涵、特点与路径》，载《教育研究》2020 年第 9 期。

〔2〕 张宏：《高校课程思政协同育人效应的困境、要素与路径》，载《国家教育行政学院学报》2020 年第 10 期。

〔3〕 叶志明、汪德江、赵慧玲：《课程、教书、育人——理工类学科与专业类课程思政之建设与实践》，载《力学与实践》2020 年第 2 期。

观点，此类观点在课程思政改革早期较为盛行，当下也被不少人潜意识中认可，其核心是没有认识到育人是一个复杂的过程。当代科学知识社会学已经论证了科学知识本身具有客观性真理性的同时，是共有的承诺、基础信念、共同的价值标准基础上的特定文化、社会的建构。[1]也就是说，没有完全脱离价值观念基础上的纯客观知识体系。更何况，作为法学专业课程，其不少原理、规范、概念本身即具有典型的思政色彩，两者你中有我，我中有你，难以分开。而且，在涉及核心思想政治观点原则的法治问题上，如果在专业知识授课过程中不进行适当的引导、纠正，青年学生很容易陷入迷茫，甚至受到西方一些错误观念的影响，成为社会主义法治中国建设的掣肘者、敌对者，而非建设者、接班人。课程思政与专业课程之间关系的第三个误区是，思想政治站位高度不够，或者仅局限在法学专业学科范围以内。我们知道，无论是哪个专业的课程思政，均"不能局限于本门课程本来所包含的若干思想政治元素，而是从更高的政治站位出发，从立德树人的高度，把一些重要的思想政治内容和要求融入课程。"[2]就法学学科而言，其不应局限于中国宪法法律制度分析与法治中国建设，而是需要提高到"四个自信"的政治高度，要建立在坚定的马克思主义基本原则立场、方法论之上，将规范分析、价值分析、比较分析、案例分析等相结合，既要有法治建设成果的分析，又要结合习近平法治思想擘画的新时代全面依法治国的宏伟蓝图介绍。

---

[1] 靳玉乐、张良：《要认真对待高校课程思政的"泛意识形态化"倾向》，载《现代教育管理》2021 年第 4 期。
[2] 刘建军：《课程思政：内涵、特点与路径》，载《教育研究》2020 年第 9 期。

（二）法学专业课程思政建设的难点

一是法学专业课程思政元素的提炼概括系统化、统一化难度大。高等教育各专业均有自己的知识体系，其相应的思政元素成分、含量、布局也存在明确差异。如前所述，在法学专业知识体系中，其突出特征就是所含思政元素多，甚至很多专业知识点本身即是思政元素。但是，表面上的数量众多，并不意味着每节课、每次教学活动均可以轻松挖掘出适当的思政元素，毕竟课程思政是要求全部教学进程均需适当融入思政元素的。而且，除了如宪法中某些知识明显是思政问题以外，有些专业知识群到底如何提炼绝非易事，或者更可能仁者见仁、智者见智。如婚姻家庭法中的继承规则体系、合同法分则的某些规范体系、中国法制史中"八议""官当"等多数知识点、行政处罚法中处罚种类、处罚的设定等类似章节，提炼思政元素均非易事。其次，从教育主管机关到学校管理部门，仅仅是布置需要各教学单位、各门课程全体教师均需推进课程思政改革，但是，在包括法学专业在内的任何一门课程到底如何提炼、提炼多少、提炼哪些思政元素等具体核心问题上，均没有明确可遵循、可参照的标准，只能任由任课老师自己以个人理解、经验进行摸索，势必造成各高校之间，不同的老师所提炼的专业思政元素各异，缺乏基本体系化、统一化的标准。

二是寻找法学专业课程思政元素融入课堂的有效方式方法难度大。方法作为一个哲学概念，常被释为"决定一个主题的范围和界限，并确定在这些界限内可接受的获取真理的工作方式的准则、假定、程序和范例的组合。"[1] 在法学领域内，方式方法与程序多可以相互释义。在西方社会科学史上，方法论上的个人主义由来已久，认为对一切社会现象的分析都应当建立在个人行为的基础之上，"只有个人是选择和行动的唯一的（和最终的）实体，任何关于社会互动过程的理解都必须建立在对过程参与者行为分析的基础上。"作为存在相当数量的专业知识体系本身即包含有不少思政元素的法科教学，课程思政的展开方式与其他专业学科相比，或许更为敏感和特殊，教学中并不是只有老师仅仅解读清楚制度本身的构成，使学生了解其是什么，即可实现其作为思政资源所要发挥的思想政治教育作用的。如我国民族区域自治制度、人大代表选举制度、财政法领域的转移支付制度等，即便了解其制度构成及运行，学生还可能在某些错误思想言论的误导下，不认可其制度所体现的显著优势。并且不同教师的不同授课方式、不同的教育情境场合、不同同学的不同思想观念基础等，均会对思想政治教育效果产生重要影响。简言之，适当的思政元素融入方式对法学课程思政建设效果至关重要，而且当前此一关键问题学术界关注很少。

三是，课程思政评估考核难度大。课程思政也应与专业课程、通识课程及思政课程同样纳入评估考核范围似乎争议不大，因为，"如果你在教授一些不能被评估的东西，你会处于一种尴尬境地，即你根本不能把教学内容说清楚。"[2] 习近平总书记强调，推进各项改革工作关键在于狠抓落实，强调要强化督促考核

---

[1]　[英] 尼古拉斯·布宁等：《西方哲学英汉对照辞典》，人民出版社 2001 年版，第 617 页。

[2]　[澳] 科林·马什：《初任教师手册》，吴刚平、何立群译，教育科学出版社 2005 年版，第 114 页。

机制，要建立健全改革实施效果评价体系。[1] 课程思政教学改革建设成果评估考核难是有多种复杂原因所致，困难主要体现在三个方面：第一个方面，体现在考核主体难以确定。一般的教学建设成果多由教育主管部门进行评估考核，辅以教学机构自己评价，有学者提出对课程思政进行的评估考核可以教育主管部门联系社会第三方主体共同进行。[2] 第二个方面，体现在评估考核环节选择难。评估考核的对象是教学改革的成效结果，结果环节考核是多数考核的当然选择，因课程思政建设目标所指的特殊性，有学者提出其评估考核环节可采用注重过程评价考核的方式，[3] 但这又可能造成过程评估考核的结论与最终建设成果的结论相异的可能，且难以纠正。第三个方面，体现在评估考核标准难以客观量化。课程思政建设的目标指向为受教育者的思政政治观念，它本身即为主观的东西，如果没有客观地评估考核标准，最终的评估考核结果将会因缺乏可信性而失去评价考核的意义。

三、法学专业课程思政建设的策略路径

在教学实践中存在部分法科专业教师，或者非常宏大的生硬植入思想政治标签，或者各自为政，按自己的理解勉强赋予或提炼思政元素，完成任务了事，或者干脆持"等等看"的态度，暂无行动。当前法学专业课程思政建设的核心任务是，研究在各法

---

〔1〕 习近平：《习近平谈治国理政》（第二卷），外文出版社 2017 年版，第 97～98 页。

〔2〕 周松、邓淑华：《高校课程思政建设存在的问题及路径优化》，载《学校党建与思想教育》2021 年第 10 期。

〔3〕 蒲清平、何丽玲：《高校课程思政改革的趋势、堵点、痛点、难点与应对策略》，载《新疆师范大学学报（哲学社会科学版）》2021 年第 5 期。

学课程中如何提炼并体现哪些思政元素群？以何方式方法融入课程教学中去？需要同时建立健全哪些保障制度？我们认为，除了思政课程中所包含的一般思想政治元素外，当前急需统一明确法学专业需要提炼挖掘习近平法治思想、宪法意识与法治精神、中国特色社会主义法律制度中集中体现的国家制度显著优越性、社会主义新道德观等四大核心思政元素群，通过案例分析法、比较分析法、师生互动对话法等方式方法巧妙融入进各法学专业课程中去。以上所谓的思政"元素群"，意指非单一性元素，它们之中均包括若干独立思政元素，思政元素群之间也并非并列关系，而是以习近平法治思想为统领。

（一）法学各专业课程中应当提炼挖掘的核心思政元素

第一，习近平法治思想。核心是坚持习近平法治思想在法学专业教育中的基本指导思想地位，做到习近平法治思想在法学专业课程思政中的全覆盖。"习近平法治思想"概念术语在学术界的提出，2020 年 11 月，中央全面依法治国工作会议上确立其为全面依法治国指导思想地位的时间，[1] 它是新时代中国国情基础上生成的科学系统的法治思想，"是马克思主义法治理论中国化的最新成果，是习近平新时代中国特色社会主义思想的重要组成部分，"[2] 在经历了"萌芽趋成""基本形成""成熟发展"

---

〔1〕 据笔者查询的文献资料显示，首次明确提出"习近平法治思想"概念是 2013 年 5 月。参见宋玉波：《宪行天下 政治昌明政党"束手束脚"可让国家少走弯路——习近平法治思想蕴含的新意》，载《人民论坛》2013 年第 13 期。
〔2〕 人民日报评论员：《坚持习近平法治思想——论学习贯彻习近平总书记在中央全面依法治国工作会议上重要讲话》，载《人民日报》2020 年 11 月 20 日，第 1 版。

三个历史时期,[1] 水到渠成地被党中央确认为全面依法治国的指导思想。习近平法治思想的核心要义就是总书记在中央全面依法治国工作会议上提出的"十一个坚持",[2] 作为一个严谨的科学思想体系，其内涵是非常丰富的，具体在法学课程思政建设工作中要坚持其指导思想地位。首先，它要求在法学专业教学、科研及社会服务等各项活动中始终以总书记提出的"十一个坚持"为根本遵循，包括在采取案例分析法、比较分析法、师生互动法等各类教学方式中，在宪法意识与法治精神、中国特色社会主义制度的显著优越性、以社会主义核心价值观为依托的德法兼修等内容中，均应以此科学思想体系为行动指南。其次，是要在课程专业知识中凝练体现习近平法治思想的基本理论要素。该指导思想不仅要在概念上系统集成，且论述严谨，理论体系上涵盖"法治的基本原理、中国特色社会主义法治的基本理论、全面依法治国的基本观点"[3] 三大板块、三个层次的理论要素，既是"中国奇迹""中国之治"背后中国法治经验的集中体现、权威且精准的阐释，又为我们清晰擘画了新时代全面依法治国的宏伟蓝图，理应在具体法学各科目知识中得以具体体现。最后，习近平法治思想核心要义的"十一个坚持"是评价判断各法学教学环节

〔1〕 刘涛、翁礼成：《从践行者、思考者到开创者——习近平法治思想的形成之路》，载《广东社会科学》2018 年第 2 期。该文认为萌芽于改革开放之初，成熟发展于习近平总书记成为党和国家最高领导人之后，也有研究者认为习近平法治思想经历了战略规划（2012—2014）、战略内容优化（2015—2018）、战略实施加速（2019—2020）三个阶段，参见姚莉：《习近平法治思想的创新价值与法学"三大体系"建设》，载《社会科学文摘》2021 年第 12 期。本文认为前者的历史阶段划分更为科学。
〔2〕 卓泽渊：《习近平法治思想要义的法理解读》，载《中国法学》2021 年第 1 期。
〔3〕 张文显：《习近平法治思想的理论体系》，载《法制与社会发展》2021 年第 1 期。

是否"出轨"的最高标准。作为全面依法治国的根本遵循和行动
指导，习近平法治思想不仅是法学教学中的重要具体内容，也是
评价各法学教学科目、各教学环节的最高标准，因而没有很好体
现、贯彻该科学思想体系的法学教学均是不合格的。

第二，宪法意识与法治精神。宪法仍是国家根本大法，具有
最高法律效力。意识，是人所特有的对于客观世界的主观映象，
是包括感觉、知觉、表象等感性形式和概念、判断、推理以及形
象思维等理性形式，在感性形式的基础上产生的理性形式。[1]
我们可将宪法意识解释为人们在面对宪法问题，特别是依宪治国
问题时，对宪法及宪法实现意义的敏锐性和自觉性程度。习近平
同志强调"依法治国首先要坚持依宪治国，依法执政首先要坚持
依宪执政。"[2] 习总书记此处所强调的即为一定意义上的宪法意
识。关于法治，最广为人知的定义莫过于亚里士多德的"良法之
治"，[3] 法治是与人治相对的，本质指向依法行政，例如法治要
求行政必须基于法律、依据法律，并不得与法律相抵触。"精神，
即意识。"[4] 法治精神可以解释为人们关于法治实现意义的敏锐
性和自觉性程度。习近平法治思想"十一个坚持"中的第六个，
"坚持建设中国特色社会主义法治体系"，其意义不仅在于为我们
确定了未来一段时期的目标，同时也提供了方法论。正如学者所
言，在今后很长的一段历史时期，中国将继续处于从计划经济向

---

〔1〕 《简明社会科学词典》编辑委员会编：《简明社会科学词典》，上海辞书出版
社 1984 年版，第 1060 页。

〔2〕 习近平：《习近平谈治国理政》（第三卷），外文出版社 2020 年版，第 285
页。

〔3〕 参见［古希腊］亚里士多德：《政治学》，吴寿彭译，商务印书馆 1983 年版，
第 119 页。

〔4〕 《简明社会科学词典》编辑委员会编：《简明社会科学词典》，上海辞书出版
社 1984 年版，第 1089 页。

市场经济、从人治向法治、从儒教传统社会向现代社会的转型发展过程中。[1] 维护宪法权威，坚持"共同推进、一体建设"的方针是党领导中国人民完成第一个百年目标之后，迈向第二个百年目标新征程上的定海神针，社会主义事业的建设者和接班人理当必须具备宪法意识、法治精神。宪法意识倾向于表现为法律人法学素养中的"大局"意识，法治精神倾向于思维方式、办事方式，各部门法学应当在效力渊源、根本宗旨、程序规范、权力分工与配合、法律的制定、修改与废止等环节上体现，在具体知识的传授过程中得以通过不同方式达到对学生教育入脑入心的培养效果。

第三，以"四个自信"为切入点，引导学生正确理解把握中国社会主义法律制度集中体现的国家制度显著优越性。十九届四中全会（决定）是党的历史上第一次专门研究国家制度和国家治理问题的中央全会（决定），其重大历史贡献在于全面回答了我们应该"坚持和巩固什么、完善和发展什么"这个重大问题，会议决定权威性概括了我国国家制度和国家治理体系具有的十三个方面显著优势。自信是指对已经做出或即使做出选项的一种乐观的、积极的态度，对个体而言，自信是取得成功的必要品格，对民族国家而言，自信是其得以自立于世界民族之林的必备条件。"四个自信"中道路自信等前三个自信是法治中国现代性之路的基础，文化自信是法治中国现代性之路的核心土壤。[2] 传授知识，本质上是弘扬传承优秀文化的过程。[3] 国家制度的核心部分无疑是由法律制度构成的，通过对党领导人民建立的具体法律

〔1〕 包万超：《行政法与社会科学》，商务印书馆 2011 年版，第 41 页。
〔2〕 卢显洋：《法治中国建设的现代性反思》，载《社会科学家》2020 年第 3 期。
〔3〕 别荣海：《修身立德 传道树人》，载《红旗文稿》2021 年第 8 期。

规范制度在现实生活中发挥的作用分析，明白其适合中国国情的显著优越性，增强对由中国人民自己选择并亲手建立的国家制度的自信心，增强生于斯长于斯的幸福感，既在情理之中，也是应有之意。

第四，社会主义新道德观。就是以社会主义核心价值观为依托，引导法学专业学生在进行专业训练学习的同时，德法兼修，提高职业素养。法律规范与道德规范从来就是紧密联系，又相互具有一定的独立性。"每个人都具有类似的正义感，在这一方面，一个组织良好的社会是同质的。政治论证诉诸这种道德上的一致意见。"[1] 作为社会主义国家，新中国成立之初，执政党和政府就非常重视社会主义新道德的构建与维护，当下社会主义新道德的集中体现即为社会主义核心价值观。法学专业课程中要明确强调法律规范中所隐含的道德规范，还要通过法学案例分析体现道德规范如何通过规范相关法律主体，保障法律实现。更为重要的是通过教学专业过程，锤炼学生个人品质，使新时代青年清晰辨识何为美丑善恶，何为低俗高尚，自觉成长为脱离低级趣味的，道德高尚的人。另外，依法治国与依德治国相结合的方针也要求法律人必须具备社会主义道德品质，而且在某些学者眼中，"公法必须植根于政治理论并且因此植根于某一政治共同体的某种特殊的道德观。"[2] 其实，私法与道德观的关系在某种程度可能更为紧密。因此，在分析研究、适用法律规范时，必须将其根植于特定的道德语境之下才为可能。

―――――――――

〔1〕 [美] 约翰·罗尔斯：《正义论》，何怀宏等译，中国社会科学出版社 1988 年版，第 254 页。

〔2〕 [英] 马丁·洛克林：《公法与政治理论》，郑戈译，商务印书馆 2003 年版，第 36 页。

（二）法学专业思政元素融入课程的基本方法

方式方法不仅是不可缺少的必然存在，而且是被经验证明了的，同样是决定结果的重要因素，恰当的方法可以达到事半功倍的效果。法学专业课程思政可以通过规范制度和司法实务案例的分析，解读法治的惩恶扬善、扶弱助困、维护公平正义等核心价值，弘扬中华传统美德，通过革命根据地的红色司法故事了解共和国司法制度的红色基因，通过案例情节对比了解现代法治制度文化的继承与发展，增强文化自信，通过中外制度比较坚定中国特色社会主义的制度自信，通过案例分析大赛、模拟法庭、大学生辩论赛等切身体验的方式和教师口头解读式的理论阐释，进行显性思政教育。

一是案例教学法。案例教学法是多数人文社科类学科教学中常用的教学方法，只是在法学教学中更典型、更常见，几乎所有的法学课程都需要经常采用，而且都配套出版有课程案例教材。法学案例教学中的"案例"是与"司法案件"有紧密联系的概念，后者是指涉及法律问题，由司法机关处理的事件，具有客观真实性；案例是指引以为例的某一案件的案情和证据材料的总称，以及用于不同场合的宣传、学习或研讨的案件，可以是真实的，也可以编纂的。[1] 案例教学法首先涉及的问题是案例选择，与课程思政目标相适应，案例选择应当遵守以下原则：首先，真实案件优先，又不囿于无关案情的描述性介绍原则。法科学生的就业前景有相当比例可能要围绕案件开展工作，法学专业知识也多是与案件相关，真实案件作为案例可更接近未来工作的实际情

---

[1] 王俊民主编：《案件分析方法原理与技巧》，中国政法大学出版社 2002 年版，第 3 页。

境，也有更高的社会关注度，更易引起学生的兴趣，教学案例的选择可优先选择真实案件。但是，鉴于真实案件一般情节、证据材料等相对复杂，某些复杂的案情与教学具体目的的直接相关度可能存在偏差，且可能存在某些案情不适宜在课堂展示的情形，因此，没有必要介绍描述全部案情细节。其次，在案例选择上要以经典案例优先，兼顾新颖性及社会关注热度等原则。经典案例或是经岁月考验，或是与某一重要法律制度联系紧密，被视为法制发展里程碑式的案件，在教学科研中均不可回避。新近发生的社会关注度高的案件则可以提高学生参与的热情，回应社会的关切。最后，案例选择要兼顾法学知识教学目标与思政目标原则。经过精心挑选的教学案例既可能在最终裁判处理结果中反映思想政治教育线索，也可以在案情证据环节中隐含社会主义道德观点、党和国家的政治主张、路线方针，并且其结果很可能是经教师引导之后学生自己得出的，真正形成"盐溶于水、润物无声"的育人氛围。

法学教学案例因专业的原因一般较易提炼思政元素，但是，无论从教学效果要求上，还是从可行性上，提炼过多的思政元素会影响思政教育的效果，即使是全部采用隐性教育的方式也势必会冲突专业知识的教学地位。例如，在合同法中建设工程合同条款编制和应用一节，将思政目标设计为"培养学生诚信、遵守市场公平竞争秩序以及合法纳税"，[1] 就有设计思政元素过多之嫌，我们认为"合法纳税"存在与本节专业知识点相对较远，不建议列为本节思政元素嵌入。

---

〔1〕 范宝祥、张恩祥主编：《课程思政案例选编》，中国政法大学出版社 2021 年版，第 174 页。

　　二是比较分析法。托克维尔认为：比较是一切人类思维的根本。美国当代著名政治学家阿尔蒙德认为，比较是人文与科学方法的方法论核心。[1] 法学意义下的比较法在 19 世纪末的西方国家已经成为一门独立的学科。[2] 无论我们是否认可比较法是一门独立的学科，其作为一种研究方法是无可争议的，因为我国法制现代化建设起步相对较晚的历史原因，比较法在法学领域发挥的作用似乎异常突出。法学课程思政建设视域下的比较分析我们应当把握四个层面的问题：

　　第一个层面，通过制度比较，尤其是中外宏观领域的制度比较分析，旗帜鲜明地强调指出中国共产党领导人民建立的特色社会主义国家制度具有显著优势的结论。纵向比较，中国特色社会主义制度经过 70 余年的时间，建成了完整的经济体系，走完了世界多数工业化国家一两个世纪才完成的历史进程，推动人口第一大国稳居世界第二大经济体地位，各项社会事业均取得了世人瞩目的成就；强大的制度自我革新与纠错能力使我们在勇于探索的道路上不断超越自我。横向比较，在中国共产党的坚强领导下，如期全面建成了小康社会，历史性地解决了绝对贫困问题，依靠财税经济制度取得了西方国家不可能实现的基础建设成果与效率，依靠高效的行政管理制度、宏观调控制度等成功应对了包括公共卫生疫情防控、金融危机冲击等重大危机事件，人民群众的获得感、幸福感、安全感不断提升，均无可争辩地论证了中国特色社会主义制度的显著优势。

　　第二个层面，通过比较分析，正视中国现行法律制度的某些

------

〔1〕　[美] 加布里埃尔·A. 阿尔蒙德等：《当代比较政治学：世界视野（第八版更新版）》，杨红伟等译，上海人民出版社 2010 年版，第 35 页。

〔2〕　沈宗灵：《比较法研究》，北京大学出版社 1998 年版，第 6 页。

方面仍然存在缺漏，需要借鉴吸收人类共同文明成果，不断完善和发展特色社会主义制度。在法律体系建设方面还存在包括宏观调控基本法、行政程序法等重要的立法尚未完成，执法不严、效率不高、裁判执行难等问题，这使得中国特色社会主义法治体系建设任重而道远。

第三个层面，通过比较分析，真诚认可各国人民通过不断探索、自主选择建立的制度文明，共同构建了人类制度文明。中华文化历来推崇"和而不同"，习近平总书记秉承文明多样性的理念，多次呼吁推动人类命运共同体，他讲："文明的繁盛、人类的进步，离不开求同存异、开放包容，离不开文明交流、互学互鉴。"[1] 各国自主建构的制度体系是否适合只有本国人民才最有发言权，只有坚持和平共处，相互尊重的原则，才能建设和平繁荣的新世界。

第四个层面，互动对话法。师生互动对话法本来并不是与案例教学法、比较分析法相并列的教学方法，它可能综合利用其他多种方法，在此只是强调教学过程中老师引导、学生积极参与、师生对话、双向互动，以实现教学目标。西方也有学者认为"德育进程是一个开放的系统，其中，多重主体在系统内部发生着的相互作用。"[2] "无论是在哲学课、司法听证室，还是在社会学的服务学习课堂中，道德教育都应该是在对话式的，也就是说教师与学生在一定程度上要互相启发。"[3] 对话互动过程使学生参

〔1〕 习近平:《习近平谈治国理政》（第三卷），外文出版社 2020 年版，第 434 页。

〔2〕 ［俄］格·尼·菲洛诺夫:《德育进程：方法论与发展战略》，雷蕾、曲波译，人民出版社 2016 年版，第 44 页。

〔3〕 ［美］伊丽莎白·基斯、J. 彼得·尤本主编:《反思当代大学的德育使命》，孙纪瑶、段妍译，人民出版社 2017 年版，第 29 页。

与讨论发言，突显了其教育的主体地位，利于活跃课堂氛围，提高课堂注意力，在听取包括教师及其他同学讨论发言的同时，自己需要提前进行发言准备，开拓了师生视野，改变了学生单一被动接受式的学习场景，而且还可以在一定程度上纠正学生对说教式传统教学方法的逆反心理，提高教育效果。"对话是批判思考的基础，是为 21 世纪教育量身定做的目标。通过对话（有时是与我们自己的对话），我们探索想法，争辩观点，提出问题并进行更深入的探究。"[1]当然，无论哪种具体形式的互动教学，均需建立在教师处于教学主导地位的基础之上，在课程思政教学中，教师均需要有明确的政治思想道德观点，"强调道德教育的对话方式而非说教方式，并不意味高校或教师不能传授道德责任。"[2] 对话互动的实质就是思想教育理论上的疏导教育方法，该方法有"疏""导"两种范畴构成，前者为疏通，指在思想政治教育过程中让人们充分表达各种意见和观点；后者为引导，意在疏通基础上，支持和弘扬正确的思想观点，反对和批评不正确的，并将其引导到正确的轨道上来。没有疏通的引导是压制民主自由，疏而不导则会放任错误思想观点。[3] 我们的法学课程思政教学中也必然是同样要求，即使是在互动对话方式中，教师也必须在适当的时机，明确表达思政观点，并引导学生纠正互动讨论中出现的不正确观点。

---

〔1〕 ［美］内尔·诺丁斯：《21 世纪的教育与民主》，陈彦旭、韩丽颖译，人民出版社 2015 年，第 163 页。

〔2〕 ［美］伊丽莎白·基斯、J. 彼得·尤本主编：《反思当代大学的德育使命》，孙纪瑶、段妍译，人民出版社 2017 年版，第 29 页。

〔3〕 刘新庚：《现代思想政治教育方法论》（第二版），人民出版社 2006 年版，第 220~221 页。

（三）建立健全相关制度体系 系统推进学科课程思政建设

一是建立健全多元化课程思政激励和考核评估制度体系。首先，学校及教育行政主管部门建立健全体制机制保障，制定出台政策措施，对课程思政建设中相应教师在评先评优、课题申报、职称评聘等环节予以激励，[1] 认真落实《纲要》中关于建立健全激励机制和加强条件保障的规定。加强各级党组织在课程思政建设中的领导地位，建立校级法科课程思政统一指导组织，对课程思政建设过程中出现的问题进行系统性指导。其次，着力构建科学考核评估机制。构建动态过程性评估、静态结构性评估、质态质量性评估相结合的系统完备的评估机制，[2] 拓宽客体的覆盖范围，将学生"欢迎度"、专家"评价度"和社会"反响度"均纳入评估指标体系，[3] 改进结果评价，注重过程评价，[4] 更关注受教育学生思想观点的吸收内化和客观实践外化，既覆盖日常教学环节中，包括案例分析大赛、模拟法庭、课程案例作业展示等多途径评价，又对法科专业教师的课程资料、课程思政理念、思政元素提炼凝结、思政元素设计嵌入方式等多项目、多角度进行综合考核评价。

二是坚持集体行动，协同推进法科专业课程思政建设的策略。充分发挥系、教研室等基层党支部的战斗堡垒作用，发挥支部党员先锋模范作用，组织带动系、教研室全体教师积极投入专

---

〔1〕 刘建军：《课程思政：内涵、特点与路径》，载《教育研究》2020 年第 9 期。

〔2〕 娄淑华、马超：《新时代课程思政建设的焦点目标、难点问题及着力方向》，载《新疆师范大学学报》（哲学社会科学版）2021 年第 5 期。

〔3〕 张驰、宋来：《"课程思政"升级与深化的三维向度》，载《思想教育研究》2020 年第 2 期。

〔4〕 蒲清平、何丽玲：《高校课程思政改革的趋势、堵点、痛点、难点与应对策略》，载《新疆师范大学学报》（哲学社会科学版）2021 年第 5 期。

业课程思政建设，实施系、教研室集体备课、集体分析、挖掘提炼、整理思政元素制度，课程思政研讨作为教研室活动"第一议题"。鉴于案例教学在法学教学中的特殊地位，建立系、教研室集体研讨编撰法学各学科的课程思政经典案例制度，定期编撰法学专业课程思政经典案例库。各级教育主管部门及高校加大对课程思政的资金支持力度，在法学课程思政课题资助、一流课程建设等方面给予支持。加大法学专业师资培训力度，建立健全专业师资课程思政专项定期集中统一培训提高机制。

三是加强法学专业教材建设与管理制度。教材在学校教育中的重要作用不言而喻，为加强教材管理，党中央、国务院印发了《关于加强和改进新形势下大中小学教材建设的意见》，国务院成立了国家教材委员会，指导协调学校教材管理工作，在教材统一化规范化方面，国家需进一步加快"马工程"系列教材编写步伐，并加大推广使用力度。[1] 从法学专业教材管理使用情况上看，规范化程度较以前有了明显进步。当前，法学教材管理中存在的问题包括："马工程"系列教材更新速度较慢，典型如宪法学、法理学等重要的核心课程教材，曾经一度是十年左右没有及时更新版本教材。部分院校存在为了回避使用"马工程"系列教材，在征订教材中采用不征订统一教材的方式，或者是采取形式上征订"马工程"系列教材，实际授课过程中却使用其他教材的知识体系，导致学生也会再购买相应版本的作为教材。为规范高校法学专业教材使用，主管部门应首先加快"马工程"系列教材的出版及更新速度，提高内在质量，使其真正成为专业教材中最

---

〔1〕 徐兴华、胡大平：《推进课程思政需要把握的几个重要问题》，载《中国大学教学》2021 年第 5 期。

权威、最受欢迎的教材。其次，建议"马工程"系列教材真正成为"系列"教材，建议同一门课程出版多种不同版本的"马工程"教材，特别是可以配套法学各学科课程思政教学案例教材。毕竟在高等教育阶段，对某些课程知识体系的理解与安排以及部分学术观点还是有不同意见的。建议改具体某一学科成立一个教材编写组为成立某法学学科"马工程"系列教材出版审核委会员，改统一编写出版为统一审核出版。鼓励有条件的高校组织本校专家学者集体编写"马工程"系列学科教材，以实现学术上"百花齐放、百家争鸣"的局面。

四、结语

在我国大步迈向第二个百年目标的新征程上，坚持全面依法治国的基本方略必然对高素质法治人才有更高的需求，法学专业高等教育在发挥为中国特色社会主义建设提供合格法治人才主渠道作用的过程中，将势必需要在专业教育的同时，强化思想政治教育。习近平总书记亲自倡导、亲自部署的课程思政改革顺应时代潮流，完全符合教育基本规律，必将极大地促进新时代中国教育事业的新一轮蓬勃发展。法学课程思政建设需认真分析存在误区，直面存在的困难，结合法科专业特点，紧紧围绕专业"四大思政元素群"，在传统专业理论教授的同时，不断深入挖掘法科思政元素，以适当方法巧妙融入日常专业教学过程中，不断为新时代法治中国建设高质量地培养输送法治建设人才。

新文科背景下西部地区涉外法治人才培养的理论与实践探析

——以兰州大学为例[*]

◎柴裕红　瞿子超^{**}

摘　要：涉外法治人才培养是法治中国建设的重要一环，在新文科背景下，涉外法治人才的欠缺是我国现阶段面临的突出问题，而且西部地区涉外法治人才的稀缺性更为严重。当前西部地区涉外法治人才培养中存在发展不均衡、法学教育模式趋同、培养计划无法满足实践需要、割裂培养与服务地方发展、培养费用过快上涨等问题。针对上述问题，本文认为可以从地方政府与社会统筹布局、高校开展教育管理以及教师从事一线教学

　　* 本文系 2018 年度国家级外国文教专家项目"'一带一路'法律研究与运用"的阶段性成果（项目编号：DL20180080）。2022 年兰州大学教育教学改革研究项目"西部高校涉外法治人才培养模式探析"研究成果。
　　** 柴裕红，法学博士，兰州大学法学院副教授，国际法学学科组负责人；瞿子超，兰州大学法学院硕士研究生。

等维度出发予以改进和完善。在新文科建设实践中，兰州大学通过开展本研贯通人才培养计划、创新国际法学科培养计划安排、挖掘区位优势的独特价值、开展多元化国内外交流与实践教学以及积极参与国际法相关竞赛活动等途径，对这一问题的解决进行了一些积极有益的探索。

关键词：习近平法治思想；法治中国建设；新文科建设；西部地区；涉外法治人才培养

一、问题的提出

2020 年 11 月 16 日至 17 日，中央全面依法治国工作会议在北京召开。会议明确了习近平法治思想在全面依法治国中的指导地位，这是新中国成立七十余年以来社会主义法治建设进程中又一件具有里程碑意义的大事。习近平法治思想内涵丰富、论述深刻、逻辑严密、系统完备，是马克思主义法治理论中国化的最新成果，是全面依法治国的根本遵循和行动指南，回答了中国如何在法治轨道上推进国家治理体系和治理能力现代化、在经济全球化时代如何统筹推进国内法治和涉外法治等重要问题。[1] 习近平总书记强调，"要坚持统筹推进国内法治和涉外法治"。涉外法治人才的培养作为进一步推进涉外法治建设的途径和抓手，是习近平法治思想的一个重要环节，有着举足轻重的作用。在此之后，中央又频繁强调加强涉外法治人才的培养。中共中央印发的《法治中国建设规划（2020-2025 年）》中多次提到与涉外法治人才相关的内容，其中明确指出要"推动建设一支高素质涉外法

---

〔1〕 邱水平：《习近平法治思想的鲜明理论特质》，载《光明日报》2020 年 12 月 9 日，第 11 版。

律服务队伍",以及"加大涉外法治人才培养力度,创新涉外法治人才培养模式"等。

中国特色社会主义法治建设需要一只高素质的法治人才队伍,过去三十多年的历史实践中已经证明,法治人才队伍是快速提升我国整体法治水平的重要保障。当前世界正处于百年未有之大变局,经济全球化的浪潮因部分国家采取贸易保护主义政策遭受冲击,新冠肺炎疫情仍然危及全人类的生命健康。在这一特殊的历史背景下,中国正努力依靠"引进来""走出去"的双向开放政策深度融入国内国际双循环。随着我国企业在海外投资力度的不断加大,在投资国当地发生的法律纠纷数量也不断攀升。纠纷产生后如何解决才能更好地维护我国公民、企业和国家的合法权益,对我们国内的法律职业共同体而言同样是一个无法逃避的问题。

西部地区加快涉外法治人才培养同样刻不容缓。由于西部地区一直以来深处内陆,经济发展增速与发展质量显著落后于东部地区。国家自上世纪末实施西部大开发战略以来,不断通过政策手段加快西部地区的发展,尤其是"一带一路"倡议的提出,为西部地区的发展提供了新契机,对于增强西部地区自我发展能力、缩小与东部地区发展差距发挥重要作用[1]。自"一带一路"倡议提出以来,我国逐步形成了全新的对外开放格局,西部地区获得了直接通过陆路与中亚乃至于欧洲和非洲国家进行贸易投资的机会。现阶段,丝绸之路经济带的起点与许多重要节点均位于西部地区,为西部地区未来的发展奠定了良好的基础。西部地区

---

〔1〕 人民财评:《以共建"一带一路"为引领,打造内陆开发开放枢纽》,载人民网:http://opinion.people.com.cn/n1/2020/0518/c427456-31713044.html,最后访问日期:2022年8月15日。

也从过去人们观念里偏远、闭塞的地域成为了大力推行开放，拥抱国际市场的前沿阵地。

伴随着这一转变而产生的问题就是西部地区涉外法治人才的严重不足。在此之前，大学生毕业后普遍前往东部地区就业早已多次成为焦点话题。在大量优秀人才流向东部这一趋势短期内无法逆转的大背景下，西部地区如何科学有效可持续地培养出一大批社会紧迫需要、德才兼备的涉外法治人才。西部地区地方政府治理能力和治理水平相对较弱，对人才的重视程度不够；高校在办学层次、预算经费、教学管理等方面存在不足；教师的教学理念和模式偏向保守等。对比西部地区在承接大量国际投资与贸易后经济取得快速发展这一时代背景下，西部地区文化教育领域的薄弱和观念陈旧已经构成了阻碍经济进一步高质量发展的瓶颈，唯有当下勇于大破大立、迎头赶上，培养一批优秀且愿意扎根西部的涉外法治人才方能解决这一问题。

近年来，不断有学者提出加快涉外法治人才培养的建议。2019 年 4 月，教育部等部门联合启动"六卓越一拔尖"计划 2.0，要求全面推进新文科建设。2020 年 11 月，新文科建设工作组在山东大学召开新文科建设工作会议并发布《新文科建设宣言》。根据《新文科建设宣言》提出的分类推进理念，法学教育要以"强化价值引领""社会需求导向""学科专业融合""实践培养人才"为基本遵循，[1] 涉外法治人才培养工作更是新文科建设中的一大挑战。兰州大学校长严纯华院士多次谈到兰州大学在经济欠发达地区建设世界一流大学的实践与思考，这也给了兰

---

〔1〕 杨雅妮：《新文科建设背景下法学教育的变革》，载《新文科教育研究》2021 年第 2 期。

州大学法学院如何在西部地区另辟蹊径地开展新文科建设，培养涉外法治人才以相应的启示。兰州大学作为黑河—腾冲线以西的唯一一所部属重点大学，法学专业为国家级一流本科专业建设点，同时也是甘肃省重点学科，在西部地区具有一定的影响力和学术号召力，为西部地区涉外法治人才培养工作出谋划策是兰州大学法学院应承担的责任。兰州大学法学院在新文科建设实践中对过往培养理念和培养模式的改革与创新不仅对于西部地区其他高校来说具有一定的借鉴和参考价值，而且对于全国范围内传统法学教育的变革也有一定的益处。

二、西部地区涉外法治人才培养的现状

在分析西部地区涉外法治人才培养现状时，离不开对全国整体情况的把握。以涉外律师行业为例，2016 年司法部出台了《关于发展涉外法律服务业的意见》，这为健全涉外法律服务业的制度和机制，拓展涉外法律服务领域，培养合格涉外法律服务人才发展指明了方向。[1] 此后，司法部也曾于 2019 年公布了全国千名涉外律师人才名单，为当事人寻求法律服务提供了便利。但是据统计，该份人才名单中共有 985 名涉外律师，其中西部地区[即传统意义上的西部 12 省（自治区、直辖市），包括重庆、四川、云南、贵州、西藏、陕西、甘肃、青海、新疆、宁夏、内蒙古和广西]的涉外律师人数占比仅占全国总人数的 16.7%，若再从中去除四川、陕西、云南这三个西部地区经济最为发达的省份，余下 9 省（自治区、直辖市）的涉外律师人数仅占全国总人

---

〔1〕　宋婷：《高素质涉外法律服务人才培养刻不容缓》，载中国社会科学网：http://www.cssn.cn/fx/fx_yzyw/202006/t20200630_5149194.shtml，最后访问日期：2022 年 8 月 15 日。

数的 6.9%。[1] 由此可见，西部地区的涉外法治人才缺乏较之全
国整体情况尤甚。部分西部省份在全省范围内也仅有几名专业的
涉外律师。

此外，还有数据显示，全国涉外律师不足万人，仅占律师总
数的约 1.8%，这使得我国国籍的候选人在国际职位竞争中明显
处于劣势。近年来，高端法律人才在竞聘联合国秘书处公开招聘
的法律职位时竞争力不足，外语水平和国际阅历成为成功竞聘的
瓶颈。中国人在国际组织内获得法律实习和历练的机会相对匮
乏，能够参与竞选法官和竞聘重要法律岗位的人才更是稀缺。[2]

当前我国涉外法治人才储备是显著不足的，而西部地区则更
为紧迫。只有足够多优秀的涉外法治人才加入到法律职业共同体
的队伍，才能为我国企业出海更好地保驾护航，才能为更好地维
护中国的主权、安全和发展利益提供坚实的法律保障。而法治人
才的培养则属于高等院校的职责，以大学为核心的高等教育体系
扮演者为国家培育实现社会主义现代化所必需的高素质人才承担
了重要的责任。可以说，在培养新时代涉外法治人才这一问题
上，大学，尤其是高水平双一流大学责无旁贷。但是对于这一问
题，西部地区的高校同样落于下风。

根据教育部统计，改革开放以来，中国法学院系从 6 所发展
到 634 所，法学专业在校学生从不到 1000 人发展至 60 多万人，

---

〔1〕 参见司法部：《司法部公布全国千名涉外律师人才名单》，载司法部官网：ht-
tp：//www.moj.gov.cn/government_public/content/2019-03/21/gggs_231067.html，最后
访问日期：2022 年 8 月 15 日。

〔2〕 黄惠康：《从战略高度推进高素质涉外法律人才队伍建设》，载《国际法研
究》2020 年第 3 期。

法学研究生从 100 余人发展到 4 万多人，法学博士达到 3614人[1]。教育部、中央政法委曾于 2012 年共同发文批准中国政法大学、复旦大学、山东大学、武汉大学等 22 所高校为涉外法律人才教育培养基地，其中位于西部地区的高校包括西南政法大学、西安交通大学以及西北政法大学。目前，全国高校中开设专门的涉外法律人才培养专项课程的主要为顶尖大学法学院以及政法院校、财经院校等专业对口院校，例如华东政法大学开设的法学（涉外卓越商事法律人才实验班）、对外经济贸易大学开办的法学（涉外型卓越经贸法律人才实验班）等，且大多位于经济发达地区。2020 年初，教育部与司法部联合发布了《关于实施法律硕士专业学位（涉外律师）研究生培养项目的通知》，在 15 所高校开展法律硕士（涉外律师）的培养。在具体的高校名单上，西部地区仅西南政法大学与西北政法大学入列。上述这些措施为我国在过去十年中良好地处理各类涉外法律事务做出了巨大的贡献，但难免也存在一些政策制定之初难以设想的问题。下面将具体针对当前西部地区涉外法治人才培养中表现出的突出问题提出相应的应对之策，以供将来政策修订时参考。

三、当前西部地区涉外法治人才培养的问题

我国涉外法治人才的培养虽然在过程和结果两方面上都取得了非凡的成就，但难免也存在一些不足。新文科建设的目标就是在认清现有不足的基础上对其进行完善。总体来看，当下我国涉外法治人才的培养存在如下问题：

---

[1] 张力、丁丽柏：《论西部地区涉外法律人才的培养》，载《贵州社会科学》2020 年第 9 期。

（一）东西部发展不均衡

教育水平的不均衡是经济发展不均衡的必然后果。我国现有的绝大多数参与涉外法治人才培养的高校都位于沿海经济发达地区，这并非单纯由于发达地区高校的老师眼界开阔，国际化思维活跃，而是与当地繁荣的涉外法律服务市场等因素密不可分。过去我国与美国、欧盟等西方经济体之间的经贸往来较为频繁，但随着"一带一路"建设朝纵深推进，现阶段我国在中亚、东南亚、中东等地的贸易和投资越来越多，在与中亚、东南亚接壤的西部地区大兴涉外法学教育已经刻不容缓。甘肃政法大学校长李玉基教授就曾指出中西部地方高校人才培养定位于服务高校所在区域的经济社会发展，由于地方高校在人才培养过程中地域性、应用性特征明显，但国际视野不足，难以适应"一带一路"建设的内在需要。因此，在全面建成小康社会，扎实推动共同富裕的新时代背景下，在法学教育领域缩小东西部的发展鸿沟，促进教育公平和发展均衡显得尤为重要。

（二）法学教育模式趋同

尽管目前国内法律院系有近 700 所，但在课程设计及教学方法上并无太大差别。一些法律院校虽然开设了若干门名称不同的课程，但这些课程讲授的内容实质上是相同的。这一问题表面上是开设不同课程的教师之间疏于沟通、教学秩序混乱，实质上则表明学校对教学目标、教学内容把握不清，开设课程流于形式而不重视不同课程之间的系统关系。[1] 全国各地大学的法学教育首先都要遵守教育部的规定，对法学主干课进行讲授，但如果不

---

[1] 许身健：《卓越法律人才教育培养计划之反思与重塑》，载《交大法学》2016年第 3 期。

同地区、不同类型的高校没有自己的侧重点、没有独特的优势，则显然是对学生的一种不负责任。以西部地区的高校为例，即应当开设介绍相邻国家的法律文化和外国语言的课程供部分对此感兴趣的学生选修，同时还可以聘请相邻国家法学机构的专家讲授与该国有关的国际经贸规则、国际仲裁等课程，并基于实践案例建立数据库，在分析讲解案例的过程中，帮助学生提升法学应用性、实践性和复合性的全方面发展，[1] 从而通过此类举措开展有地域特色的法学教育。

（三）培养计划无法满足实践需要

2018 年，教育部发布实行的《法学类本科专业教学质量国家标准》对法学本科核心课程进行了重大改革，将过去的十六门法学专业核心主干课程更改为"10+X"的分类设置模式，而在这一变更中，国际私法与国际经济法课程从必修变为了选修。杜焕芳教授对此即认为这有可能造成与涉外法治人才培养密不可分的国际私法课程和国际经济法课程被边缘化，并将深刻影响法学专业学生的国际视野和知识结构，对其将来从事涉外法律服务十分不利。[2] 这样的担忧并不是空穴来风，事实上，自上述标准发布后，包括浙江大学在内的一些国内知名高校已经修改了培养计划，明确了国际私法与国际经济法的选修地位。这一举措的负面效果可能在短期内不会全面展现，但从长远来看，这对于淡化国际私法和国际经济法在高校教学层面的地位，弱化学生国际法思维的培养乃至于影响学生法律英语水平都存在潜在的风险。因

---

〔1〕　张力、丁丽柏：《论西部地区涉外法律人才的培养》，载《贵州社会科学》2020 年第 9 期。

〔2〕　杜焕芳：《涉外法治专业人才培养的顶层设计及实现路径》，载《中国大学教学》2020 年第 6 期。

此，仍建议着力于培养涉外法治人才的西部高校继续将上述课程列为必修课程。本科阶段的学习是培养和塑造国际法治理念的黄金时期，也是涉外法治人才职业道路的起点，只有打牢基础才能为日后的发展奠定基石，而高等院校所应当承担的就是为学生尽力提供这样的环境。

除去上述培养计划的改变，涉外法治人才所要解决的工作本就是一项实践性非常强的工作，单纯依靠学校所学习的理论知识显然也难以在毕业后短时间内胜任工作要求，因此学校有必要为学生提供积累实务经验的途径。涉外法治人才仅掌握法学理论知识是不够的，还需要通过法律实务课程来培养、锻炼语言表达能力、逻辑分析能力、文书写作能力，但是我国高校法学院对开设涉外法律实务课程重视不够，涉外法律实践模拟的安排不足。[1]长期以来各高校自主举办以及由国内各学会等举办的模拟法庭、模拟仲裁比赛等大多是以国内案件作为背景，真正以培养涉外法治人才为目的而举办的以涉外案件作为题目的法律专业比赛并不多见。同时，部分西部院校对于此类模拟法庭比赛的重视程度远远不够，这都使得学生在实践能力上存在短板，并最终在能力上得到反映。

（四）割裂培养与服务地方发展

这一问题对于西部高校来说尤为突出。培育一个优秀的涉外法治人才并不容易，西部地区的经济、政策、环境等因素往往导致人才毕业后不会选择留在当地就业，而是前往发达地区寻找更好的机会。这一点对于国家整体层面来说或许尚无太大影响，但

---

[1] 王群、武姣：《"一带一路"法律外交视角下高校涉外法律人才培养机制探究》，载《黑龙江高教研究》2020 年第 6 期。

对于西部地区来说却是实实在在的人才流失。在这一点上，经济发达地区已经为西部地区做好了榜样，例如江苏省司法厅就牵头协调建立涉外法律服务人才境外培养机制，研究制定涉外律师领军人才、优秀人才和后备人才培养计划，定期选派本省优秀律师赴相关国家学习、培训、考察以及开展服务。[1] 如果不能为人才营造归属感，忽视人才培养的目的在于推动并服务当地发展，则难免在实际生活中给人以落差。因此，学校和当地政府应向涉外法治人才的培养给予包括就业、住房、落户等环节在内的政策扶持以及提供包括培训、研修等的职业发展支持，这对于人才毕业后留在当地工作发展起着至关重要的作用。可惜目前西部地区能够做到这一点的寥寥无几。

（五）警惕培养费用过快上涨

包含学费在内的培养费用的过快上涨虽然在眼下尚不是一个普遍的问题，但仍然是一个值得警惕的现象。有一种现存的误区认为只要把学生送到国外学习一段时间，自然就会掌握当地的外语和法律知识，更有甚者将上述的一段时间缩短为一个学期的交换留学抑或是暑期访学项目。诚然，在一定的语言环境和法律氛围中可以让人更快地适应并极大地提高语言和法律能力，但这并非必不可少。过度强调海外经历的后果就是加速涉外法治人才培养的小圈子化。理性地说，涉外法治人才培养与其他国家紧缺的人才培养计划相比，在目的和手段上别无二致，区别仅在于培养的过程和方法，人为地将法学学科的大门紧闭不仅违背了教育公平的原则，更有违基本的职业伦理。我国的高等院校应当创新人

----

〔1〕　倪方方：《助力"一带一路"！江苏实施涉外法律服务发展三年行动》，载新浪网 https：//k. sina. cn/article_2056346650_7a915c1a02000y9z1. html，最后访问日期：2022 年 8 月 15 日。

才培养模式，向着更加公平普惠的目标迈进，不应当让教育陷入垄断，学生沦为商品的现象出现。

四、对西部地区培养涉外法治人才的建议

以上就是当前西部地区涉外法治人才培养过程中频现的问题。这些问题中有些可以依靠西部各省市地方政府以及在地高校协力解决，但对于另一些重点问题地方所能进行的尝试就极为有限，只能呼吁中央尽快就该问题展开研究。下面将针对上述具体问题提出一些可行的建议，以期我国的涉外法治人才培养未来能够得到改进。

（一）从地方政府与社会统筹布局出发

1. 坚定政治立场，维护国家利益

在新冠疫情防控期间，部分外国媒体故意抹黑我国防控政策，使得我国国际形象受损。但与此同时，从法律角度上讲，我国缺乏能够在国际舞台上为我国进行正面宣传的杰出人才。相反，一些人企图危害国家主权、安全和发展利益。因此，无论何时，我国始终应当坚持把政治建设摆在首位。涉外法治人才扮演的角色在国际舞台上代表中国的国际形象，因此在进行涉外法治人才培养过程时，一定要坚持以习近平法治思想为引领。这一点要求法学教师在授课和法律技能培养过程中加强课程思政的建设，引导学生树立正确的法治理念，理解社会主义法治理念的深刻内涵，通过形式多样的法律职业伦理教育等途径深化法治信仰教育，使涉外法治人才具有"国际视野、家国情怀"并内化

于心。[1]

涉外法治人才培养所追求的目标是"德才兼备"，而其中道德是作为基础存在的。"德"要求涉外法治人才以建设社会主义法治国家为己任，怀有建设法治中国的坚定信念，具有强烈的爱国情怀与人文精神，始终将公平正义作为自己的终身追求，具有为中国法治建设贡献自己应有力量的时代使命感，具有维护国家主权与国家利益的国家责任感与正义感。[2]涉外法治建设离不开一批将国家利益与个人利益有机统一、将国家发展与个人奋斗紧密融合的新时代新青年，所有参与涉外法治人才培养工作的教师在培养时应帮助广大学生系好人生"第一颗扣子"。

2. 强化培养过程与服务地方发展之间的联系

对于西部地区而言，为当地培养涉外法治人才，其重要性显然高于单纯培养涉外法治人才。若不能将这些人才留在当地，即使培养得再好，也只能是"为他人作嫁衣裳"。因此，各地教育主管部门应协同其他部门强化高校培养过程与地区发展之间的联系。具体而言，该部分又包括下面几个方面。

首先，应积极落实涉外法治人才在高校所在地就业的奖励和照顾政策，例如甘肃省通过选拔并对"陇原人才"进行认定等途径完善对人才的经济支持，使人才在择业时免去后顾之忧，并且能够感受到当地的亲切感。具有中高级职称、取得博士学位或拥有丰富实务经验的涉外法治人才在申请此类认定时同样应作为服

---

[1] 林嘉：《新时代涉外法治人才的培养》，载中国法学会官网：https://www.chinalaw.org.cn/portal/article/index/id/19651.html，最后访问日期：2022年8月15日。

[2] 徐伟功：《我国涉外法治人才培养的标准研究》，载《新文科教育研究》2021年第4期。

务地方发展的紧缺人才获得优先资格。

其次，还应通过各种形式鼓励涉外法治人才运用专业技能为当地发展贡献智慧，就如甘肃政法大学党委书记马建东教授呼吁的那样，可以使涉外法治人才参与政法人才培养基地、法律科学研究基地、政法干部培训基地和决策咨询智库等平台的建设，积极促使"高校+学术组织、部委、地方政府"的联动学术论坛模式常态化、制度化。[1] 支持涉外法治人才的培养，并将其在工作学习中产生的新思想、新成果回馈社会，这样不仅能够让其对当地产生归属感和依赖感，更能促进当地整体法治水平的提升。

此外，包括地方教育部门在内的当地政府还应为涉外法治人才的终身发展和职业规划提供相应的帮助。例如各部门可以通过组织学习研讨、担任当地高校法学院实践教师等方式为涉外法治人才更好地服务当地提供更多途径。由北京市法律援助基金会联合北京市 12 家律师事务所组织开展的"西部律师研修计划"研修班到目前为止已经举办了四届，研修班制订了具有前沿性、实用性的培训计划，帮助学员掌握前沿理念，适应社会环境变革，转变思维方式和提升执业能力水平。[2] 举办此类研修可以提升西部地区法律行业从业人员的职业技能，促进东西部地区的均衡发展。未来还可以专门举办针对涉外法治人才的培训项目，从而更好地强化培养过程与服务地方发展之间的联系。

---

〔1〕《全国高校甘肃倡"依法治校"推动"丝路+"涉外法治人才培养》，载 https://www.chinanews.com.cn/gn/2021/04-19/9458244.shtml，最后访问日期：2022 年 6 月 15 日。

〔2〕《第四期"西部律师研修计划"在京成功举办》，载北京市司法局官网：http://sfj.beijing.gov.cn/sfj/sfdt/sfxzyw59/11146712/index.html，最后访问日期：2022 年 6 月 15 日。

（二）从高校开展教育管理出发

1. 完善招生管理和培养计划

高校在招生时应当重点加强对于涉外法治人才的宣传，尤其是向有意向攻读双学位和转专业的学生进行宣传。涉外法治人才属于跨学科领域，除了作为基础的法学学科以外还需要具备作为沟通交流工具的外语能力、审时度势的国际政治分析能力以及处理具体事务时的国际贸易相关背景，因此对于双学位和转专业的同学需要重点关注。此外，还需为这些学生制定切实有效的培养方案，以国际化视野作为出发点和目标，尽早为其作好职业生涯规则并提供相匹配的实习机会。

2. 把握区位优势，发挥特色优势

西部高校曾一直身处经济不发达地区，但"一带一路"建设等加快对外开放的举措客观上给了西部地区一次迎头赶上的机会，西部高校应立足当地特色，有针对性地制定灵活的培养计划和培养目标。西北省份与中亚中东国家临近或接壤，西南省份与东南亚国家也有着紧密的经贸往来，位于这些地区的高校首要任务即在于把握自己独有的区位优势，例如距离较近便于了解对方国家的国内法规现状等。另外，行业类高校也应该树立自己的特色优势，比如说民族类高校可以发挥少数民族学生会其本族语言的优势，师范类高校可以充分挖掘对外汉语专业的学生并对其进行重点培养。要综合考量高校自身的学科特色、生源质量等因素后并设定力所能及的目标，将有利于各高校依托当地资源优势培养出具有综合性、专业性等多元化的涉外法律人才，并形成自己的办学特色，避免同一化的现象。[1]

3. 加大国际化力度，加快对外交流广度

在涉外法治人才培养过程中最为重要的一点是让学生亲自体会不同国家的法律体系和法律文化。高校法学院应当积极开展与境外高校的学术交流与合作，通过聘请外籍专家、举办学术研讨会等方式对该外国的法律制度与法律文化进行深度和透彻的了解。此外，还可以加强中外联合办学，积极推进教师互派、学生互换、课程互通、学分互认和学位互授联授等实质性合作。[2]与此同时，我国法学院还应积极向外国宣传我国法学研究的最新成果与动态，加强各国法律职业共同体之间的交流，让畅通的交流取代闭塞的阻碍，这些都对涉外法治的人才培养大有裨益。

（三）从教师从事一线教学出发

1. 重点培养外语能力

法律作为一种实践科学，光靠理解是不够的，必须要能够准确、清晰地表达出来才能够发挥作用。对于涉外法治人才而言，外语能力的重要性不亚于法律能力。但是由于语言的学习需要一个较长的周期，如果等到研究生阶段再开始接触外语的话很难在短时间内获得突破，因此应当在本科时期就对学生进行外语与法律的组合教学。一些学校针对这一问题推出了双学位的政策，可以说是一种良好的尝试。但究其重点还是要加强对于法律外语的教学和实践。中国法律英语教学与测试研究会会长张法连教授认为：不能简单地把法律英语看作一门课程，应该从学科专业的角

---

〔1〕 王群、武姣：《"一带一路"法律外交视角下高校涉外法律人才培养机制探究》，载《黑龙江高教研究》2020 年第 6 期。

〔2〕 杜焕芳：《涉外法治专业人才培养的顶层设计及实现路径》，载《中国大学教学》2020 年第 6 期。

度正视法律英语教学。法律英语是系统独立、内涵丰富、实践性很强的新兴交叉学科。涉外法治人才的专业语言素养决不可仅寄托在一门英语课上，只有设置法律英语专业才能全面系统地培养涉外法治人才。[1]

除英语外，涉外法治人才培养对于掌握小语种的复合型人才需求也日益旺盛，对于此类客观存在的需求不应过度鼓励，但也不能视而不见。有观点认为开设小语种难以实现，且成本较高，但事实并非如此，一方面学校可以通过修改培养计划，明确学生选修公共外语课时选择小语种亦可以满足学分要求，另一方面有条件的高校可以通过设立法学与小语种外语的双学位培养模式满足学生的此类需求。近期，西南政法大学与四川外国语大学获批开展的"西南政法大学法学+四川外国语大学法语"联合培养双学位项目创新了跨校"法学+小语种"的复合型国际化培养模式，为"一带一路"涉外法治人才培养提供了新的可能性，[2] 未来其他学校也可以参考借鉴此种做法。

2. 加强实践性、案例性教学

美国法学家霍姆斯在《普通法》一书中提出"法律的生命不在于逻辑，而在于经验"这一著名论断。对于法律的学习，尤其是英美法系国家的法律学系，学习并掌握案例是非常重要的一环。教师在授课过程中不能拘泥于书本中的理论知识和高屋建瓴式的逻辑框架，尤其是学科发展史等内容，而更应聚焦于实践性

---

〔1〕　张法连：《涉外法治人才培养要走出"法律+外语"误区》，载《法治日报》2020年9月21日，第6版。

〔2〕　西南政法大学教务处：《西南政法大学、四川外国语大学联合打造"一带一路"涉外法治人才培养新模式》，载西南政法大学教务处官网：https://jwc.swupl.edu.cn/xwdt/302827.htm，最后访问日期：2022年8月16日。

突出的环节，如从具体案例出发引出各理论知识点的内容。这并不是说理论知识和发展历史不再重要，而是应有所侧重。理论只有当其服务于实践时才能发挥作用，空谈理论不过是纸上谈兵，唯有将理论联系实际，使理论服务于实践才能发挥基础知识真正的作用。对于在校学生而言，亲身参与真实的涉外案件并不现实，因此只有通过模拟法庭、模拟仲裁等途径在专业人员的指导下将难以接触到的实务流程简化为普通学生也能参与的形式。此类竞赛中较为知名的有国内举办的"理律杯"全国高校模拟法庭竞赛和"贸仲杯"模拟商事仲裁竞赛，此外还有一些国际性的赛事，如杰赛普国际法模拟法庭竞赛等。一线教师应积极推荐、鼓励并支持对参与此类赛事有兴趣的同学踊跃参与。

五、兰州大学针对涉外法治人才培养的一些举措

在新文科建设的大背景下，兰州大学在学校和学院两个层级均对涉外法治人才培养工作进行了一定程度的创新，具体可以分为以下几个方面。

（一）开展本研贯通人才培养计划

本研贯通人才培养模式作为近年来国内高校本科阶段教育教学体系改革的重大突破，愈发受到各方面的重视。与已经运行卓有成效的"硕博连读"制度相比，本研贯通将连续培养体系向前倒推至本科阶段，从而解决了当前本科与研究生阶段分段式培养模式在实践中暴露出的一些问题，更好地满足学生和社会的需要。现有培养模式的割裂使学生在硕士阶段所接受的教育与本科阶段多有重合，本科四年级时仅需完成毕业设计的闲暇与后续研究生阶段课业与科研压力的繁重形成了鲜明的对比，这些因素既

干扰了学生开展科研活动的一贯性，又使其无法充分利用时间进行实践训练，造成学生知识、能力、素质的横向拓宽与纵向贯通之间的割裂。[1] 对涉外法治人才培养而言，硬性的学制分割同样是一大痛点。由于涉外法律事业更为偏向应用性的专业特点，一般情况下博士学位并非必须，因此硕博连读与直博对于学生吸引力不大。相反，由于法学学科作为实践科学对经验的强调，能否尽早步入工作岗位积累实务经验至关重要。因此，有必要打通本科阶段与硕士阶段之间的壁垒，在避免培养环节资源内耗的前提下优化培养模式，缩短培养时间，从而更好地回应学生与社会的共同期望。

兰州大学自 2021 年秋季学期正式实行"本研贯通人才培养计划"，此类计划在全国范围内尚属探索阶段，在西部地区大规模开展更是首创。兰州大学作为国家部署在西部地区的重点综合性大学有义务也有能力探索在西部地区实施此类教育改革与创新实践。该计划有机衔接本科生与研究生阶段的知识学习、科研训练和能力培养，将本科生培养与研究生培养之间的分界打破，同时创新培养模式、贯通培养方案，使学生获得更为连贯且个性化的培养计划，为培养新时代中国特色社会主义建设所急需的一流人才奠定了基础。该计划在人文社科领域内聚焦于国家人才紧缺的人文社会科学领域，显然涉外法治人才培养应被纳入这一领域。虽然目前法学院尚未试点参与该计划，但这一计划与培养涉外法治人才之间具有天然的亲和性，其他试点学院所取得的经验定能在未来用于改进具体实施措施上。

---

〔1〕 闫广芬、尚宇菲：《本研贯通人才培养模式的核心要义及发展路向》，载《研究生教育研究》2020 年第 2 期。

此外，虽然在学校层面上兰州大学尚未将法学院纳入"本研贯通人才培养计划"的试点学院，但法学院内部实施的与"本研贯通"培养理念完全契合的培养模式已经行之有效地运行了很长一段时间。当前各高校在本科四年级秋季学期伊始均会开展免试攻读硕士学位研究生的评选和推荐工作，在符合相关规定的情况下对于一些本科阶段成绩优异、培养潜力巨大的学生可以邀请其留在本校继续攻读硕士研究生。对于此类学生，若其接受邀请愿意留在本校读研，则对其培养的模式将由本科模式向硕士模式转变，在其同班同学仍处于原本的本科四年级时，此类同学事实上已经被视为硕士研究生一年级。与培养工作的转变相配套，首要任务在于确定研究方向和导师。为更好地吸引此类优秀学生留在本校读研，可以允许学生在学院内所有具有招收硕士研究生资格的教师中自由选择自己感兴趣的研究方向和熟悉的导师。在完成前述所有的铺垫之后，具体培养方案方面最重要的措施即在于培养学生的科研思维和能力，允许此类学生参与导师指导课、提前选修硕士阶段的课程、协助导师参与课题项目等方式都是对这一问题的有益解答。除此以外还有一点值得注意，即本科毕业论文的写作环节。与硕博连读免去硕士毕业论文的写作与答辩相比，"本研贯通"作为一种新兴的本科教育教学改革措施，尚未获得国家有关部门和法律法规的正式承认，因此只能在现有框架体系内采取灵活变通的姿态，这就使得本科毕业论文在"本研贯通"培养模式中仍然是一个必须要完成的课题。但这也并非一个难以解决的问题，在确立了研究领域和方向后，将本科毕业论文的选题作为硕士毕业论文选题的基础和铺垫对于维持研究活动的连续性和一贯性具有显著的可操作性。事实上，大多数学校都规定了学术类硕士在培养阶段内需要发表一篇学术论文作为申请学位的前提条件，而在"本研贯通"环节中可以将学生的本科毕业论文视为其在研究生阶段发表的学术论文，从而做到物尽其用。

无论是兰州大学试点的"本研贯通人才培养计划"，还是兰州大学法学院实施的契合"本研贯通"理念的培养模式，都是在减少培养过程中的内耗，在一体化科研与实践环节以及缩短培养时间上下了功夫。以法学为例，目前"本研贯通人才培养计划"的基本学习年限为"2+1+3"，其中"2"为本科学习年限，"1+3"为本研贯通学习年限。而法学院的培养模式为"4-1+3"，由于更为允分地利用了本科毕业学年的时间，最终使得两者在时间成本上是一致的。由于是否开展此类"本研贯通"培养计划通常是由学校层面决定的，而西部地区高校也未必对此类教改项目抱有浓厚兴趣，因此，一个潜在的障碍是学校层面无法给予足够的政策支持。但实事求是地讲，由学校全面开展还是由学院单独开展的区别只在于本研衔接的过程之中，而这一点亦可以通过下文所述的其他措施予以补充，并没有难以逾越的障碍存在。

（二）创新国际法学科培养计划安排

当前培养涉外法治人才的当务之急是扩大行业人数，尽早实现正规化与规模化，为此有必要吸引更多学生投入这一前景广阔的事业中。兰州大学法学院相比以往年份增加了转专业的接收人数，同时面向全校新开办辅修法学专业班、辅修法学学士学位班。优秀的涉外法律人才不仅要精通法律，更要在外语、商务、管理、人文等领域打好基础，而转专业、辅修课程的设置则为部分已经具有此类基础的同学进入法律世界敞开了大门。但是需要注意的是，目前兰州大学法学院对辅修同学所开设的课程仍存在改进空间。辅修专业和辅修学士学位教学计划表载明的必修课程中包括 12 门专业课，涵盖了过去法学学科 16 门主干课程中的绝大部分，但唯独缺少了国际法学相关学科。具体而言国际法与国际私法均为选修，而更为重要的是国际经济法更是不知所踪。今后修改教学计划时应将国际法学科与国内法学科置于同等重要的地位，不宜偏废。

在国际法学科培养计划上，兰州大学法学院也应积极开拓创新。针对涉外法治人才的培养模式，当前许多观点都认为应当厘清国际法人才与国别法人才的区别，此种分类一般将国际法人才所需的专业知识界定为国际公法、国际经济法、国际私法和国际知识产权法等，而对国别法人才所需的专业知识界定为他国基本法律，如宪法、刑法、民法、诉讼法、证据法等。[1] 事实上，此种分类标准基本沿用了我国部门法的传统划分标准，将其照搬到国际法领域上会存在兼容上的障碍。例如国际公法、国际私法、国际经济法这三个部门法作为传统意义上的大国际法，其"国际"二字是与其他部门法的国内性相区分的。笼统地将其称为国际法人才，显然只是对国内称呼的沿用，而没有考虑到国际法与国别法之间水乳交融的关系。举例来看，国际知识产权法一般以国际公约作为表现形式，而由于各国对公约在国内法上地位规定的不同更多地可能通过其本国法对公约进行转化适用。这样一来如果按上述标准，一位精通国际知识产权的优秀律师可能既是一名国际法人才，又是一名国别法人才。另外，精通国际私法的人士按上述标准将被视为国际法人才，但国际私法通过准据法

---

〔1〕 参见杨雅妮：《新文科建设背景下法学教育的变革》，载《新文科教育研究》2021 年第 2 期。

的指引最终指向的是外国的实体法律，那么如果其对外国的法律一窍不通，仅对国际私法了如指掌又能在司法实践中发挥多大程度的作用呢？因此，该种分类并不科学且无必要。不如仅通过法律的公私法属性对其进行划分，将国际公法、狭义国际经济法（即国际经济管制法）以及各国国内法中的公法性质的部门法等划分为公法类，将国际私法、国际商法、各国国内法中的私法性质的部门法等划分为私法类，此种划分与各部门法自身调整关系的性质更加密切，同时也更加直观与科学。与我国法律体系相似的日本较早地采纳了此种分类标准，其多数教科书都将国际私法、国际民事诉讼与国际商法涵盖在一本书内，例如泽木敬郎教授与道垣内正人教授合著的《国际私法入门》以及松冈博教授编写的《国际关系私法入门》等。我国正在进行的国家统一法律职业资格制度改革也遵循了这一精神，通过将客观题试题按公法类与私法类进行区分，国际（公）法试题被置于上午进行的考试，而国际私法与国际经济法被置于下午进行的考试中。未来在涉外法治人才培养过程中也可采纳此种分类方式。

目前，兰州大学法学院国际法学科组在满足现有培养计划要求的前提下积极采取行动以适应上文关于"公法私法二分"的学科划分方式。诚然，此种划分方式非常粗糙，在科学性上也受到过质疑，[1] 但对于更为偏重实践的涉外法治人才培养目标而言，将相关概念尽可能地简化非但不会迷失目标，反而会让目标所在之方向更为清晰明确。著名国际法学家黄进教授在谈到 1997 年学科专业调整取消了国际法本科专业，并将国际公法、国际私

---

〔1〕 参见朱炎生：《私法和公法：二分法的坚强与脆弱——关于〈公法与私法〉的两个支点》，载《厦门大学法律评论》2006 年第 2 期。

法、国际经济法三个法学二级学科归并为一个国际法二级学科这一历史问题时，将其评价为耽误了我国涉外法治人才培养 20 年。[1] 教育部在答复全国人大代表提出的"关于将国际法学列为一级学科，加强涉外法治人才培养的建议"时也提到支持有条件的高校自主设立国际公法、国际私法、国际经济法二级学科，支持学位授权自主审核的高校探索设置相关一级学科。[2] 这些都表明了我国主流国际法学界已认识到了现有学科划分与培养计划暴露出的问题，正积极寻找改进措施，无奈由于既往积存的惯性使得无法短时间内在全国范围内进行大幅度的改革，只能在各学校、学院体系内灵活探索。

为此，兰州大学法学院在教学模式和课程设计上突出的创新在于强化各自分类体系内相关学科的重要地位。以传统理论上属于"私法系"的国际私法专业为例，国际私法作为调整涉外民商事法律关系的部门法，其与国内民法、国际经济法学科中的国际商法部门等私法性质的部门法的关系是不能被割裂的。当前西部地区许多高校对于国际私法学科的教学要么采用就国际私法论国际私法的"孤立式"，要么采用将国际公法、国际私法、国际经济法三个性格迥异的部门法堆砌形成的"三明治式"，从某种意义上说这也是上一次专业调整所导致的负面效果。国际法相关学科由于其调整对象往往在宽度和广度上大于纯粹的国内法学科，

---

〔1〕 黄进:《中国法学会副会长、中国国际法学会会长、中国政法大学教授黄进在对外经贸大学涉外法治研究院成立大会上的发言——国际法学科专业是涉外法治人才培养的平台》，载对外经济贸易大学法学院官网：http://law.uibe.edu.cn/zt/md-fxxkcj/443e4d955b364cf18eb9bf4d02be2793.htm，最后访问日期：2022 年 8 月 15 日。

〔2〕 教育部:《对十三届全国人大四次会议第 8342 号建议的答复》，载教育部官网：http://www.moe.gov.cn/jyb_xxgk/xxgk_jyta/jyta_gaojiaosi/202109/t20210907_560085.html，最后访问日期：2022 年 8 月 15 日。

因此开展跨学科组的教学与经验研讨是必不可少的。以国际私法学科为例，其硕士研究生的培养计划中国际商法、国内民法与比较民法的教学工作是不可或缺的，即使出于学分制度等原因无法体现在培养计划中，导师也应通过导师指导课等途径进行针对性的指导和培养。有时在某一特定学科内部也存在对某些重要组成部分的有意忽视，这一点也值得重点注意。例如在国际私法课程中，部分学校在教学过程中将国际私法狭隘、机械地等同于冲突法，而对具有同样重要地位的国际民事诉讼法草草略讨，此举在否认国际民事诉讼法独立地位和重要价值的同时也对学生知识体系的完整性造成了冲击。

此外，在开展教学环节中，兰州大学法学院还将一系列具有相同目的或功能的法律部门或环节进行系统化与体系化的讲授，例如在处理国际民商事纠纷解决这一问题上，由于国际民事诉讼、国际商事仲裁、国际调解等途径和手段都是化解纠纷的重要方式，因此可以在同一课堂上进行专门教学。此类明确将纠纷解决作为目标的课堂更具有实践意义，清华大学法学院国际仲裁与争端解决项目（IADS）也是基于同样的理念而设立，兰州大学法学院虽然由于诸多因素导致其在各方面均与国内一流法学院有一定的差距，但在从西部地区向发达地区学习并转化经验这一点上也做出了一定的贡献。

在面对如何提升学生法律英语能力这一问题时，兰州大学法学院的举措为在计算授课教师的工作量时，纯外语课程和双语课程的课时量相应乘以一定系数。但不可否认的是，一方面西部高校具有开设此类外语课程能力的教师数量相对缺乏，另一方面对于一些在职业规划方面无意于从事涉外业务的学生来说使用英语授课收效不大。因此如何在教与学两者间寻找平衡点还需各校从自身实践经验中总结得出。

(三) 挖掘区位优势的独特价值

如前文所述,"一带一路"倡议是西部地区在西部大开发战略开展二十年后又一次面临的历史性机遇,是当下西部地区最大的区位优势,必须抓住。兰州大学在学校与法学院两级分别采取了相应措施以更好地利用和发挥区位优势的独特价值,为培养涉外法治人才铺平了道路。

在学校层面上,兰州大学于 2017 年将原"兰州大学丝绸之路经济带研究中心"拓展为"兰州大学'一带一路'研究中心",并与作为教育部国别与区域研究中心的兰州大学中亚研究所、印度研究中心、阿富汗研究中心、格鲁吉亚研究中心和意大利研究中心等协作开展研究,聚焦我国西部地区和"丝绸之路经济带"沿线地区的政治、经济、外交、安全和社会发展问题。作为国内具有影响力的"一带一路"专项智库,兰州大学"一带一路"研究中心立足西部,将研究对象选定为在地理上临近我国西部边境,并且过去并未受到足够重视的中亚、南亚诸国,在与东部地区高校的竞争中另辟蹊径,摸索出了一条具有西部特色的智库发展之路。在实际运行中,校级机构由于处于较高的层级与平台,研究领域大多涉及国际关系、国家安全与地区稳定、国际投资风险防控等领域,属于国际公法与国际经济法的调整范围。例如于去年年末发布的多份《"一带一路"投资机遇和风险管控系列报告》,致力于后疫情时代为"一带一路"沿线国家和地区多领域交流"把脉问诊",提供智力支撑。[1] 此类机构对于培养国际法高端学术人才,为今后"一带一路"倡议向纵深发展提供了专业的涉外法治人才保障。

　　与此同时,兰州大学法学院同样凭借身处丝绸之路经济带关键节点的独特区位优势,成立了"一带一路"法律研究与服务中心,为推动服务"一带一路"法律建设提供了支持。学院层面设立的科研机构因更加贴近学生群体,因此在研究内容和参与广泛性上不能飘在半空,而是要扎进基层,开展一线教学活动。自成立以来,该中心承办或参与承办了第六届"中国仲裁周"兰州大学专场、第七届中国仲裁周西部论坛以及"一带一路"商事法律(黄河)论坛等具有全国影响力的学术活动,为全院师生了解并掌握包括国际仲裁在内的国际商事纠纷预防与解决发挥了重要作用。在参与活动筹办工作并担任志愿者的学生中凭此契机对国际法学科产生浓厚兴趣,并最终前往国内一流法学院攻读博士学位,或进入开展涉外业务的律师事务所的例子并不鲜见。除举办大型学术活动外,中心还在全校范围内开展了一系列"一带一路"沿线国家国别法律系列讲座,覆盖了马来西亚、越南、缅甸、印度等国与投资和企业制度等相关的法律制度,为学生把握并利用西部地区特殊区位优势创造了条件。这一部分将重点放在下文开展国际交流部分讨论。

　　西部12省(自治区、直辖市)中有半数拥有国境线,还有一些省份虽未直接与邻国接壤,但距离同样很近。对于西部地区高校来说开展具有当地特色的国际法学研究宛如一片红海,仍然

---

〔1〕　商务部:《兰州大学对外发布〈"一带一路"投资机遇和风险管控系列报告〉》,载商务部官网:http://tradeinservices.mofcom.gov.cn/article/ydyl/yaowen/gnyw/202111/123774.html,最后访问日期:2022年8月15日。

大有可为。西南政法大学设立的中国—东盟法律研究中心即为一个典型的成功案例，西部地区其他高校同样应发掘当地历史文化与对外交往中积累的宝贵财富，形成自身竞争优势，并将其与涉外法治人才培养有机结合起来。

（四）开展多元化国内外交流与实践教学

兰州大学在积极推进国内外交流与开展实践教学方面也进行了一些积极的尝试。其中国际交流因开展时间较长，经验也因此相对丰富。而国内交流与实践尚处于摸索阶段，采取的一些措施虽有一定的进展，但成效尚未显著体现，仍需进一步观察。

在国际交流方面，兰州大学为贯彻落实国际组织人才培养基地建设方案，通过开展"鲲鹏计划"，允许在校学生辅修"全球参与和发展共享"专业。为在校内推广这一计划，学校多次邀请了在国际组织工作过的中国外交官向学生讲述自己的亲身经历，并通过支持学生参与国际组织实习的方式，努力将其培养为专业复合型的涉外法治人才，从实质上提高中国在国际组织中的话语权和影响力。

兰州大学法学院在过去几年中通过举办"一带一路"国别法律系列讲座，邀请马来西亚、缅甸、越南、菲律宾、印度尼西亚和印度等"一带一路"沿线国家的国际法律实务专家，向学生介绍当地的政治、经济与文化基本情况及法律制度，并就中国企业出海可能遇到的法律风险等问题在实务与操作层面给予了指导。同时，与境外法律实务专家开展共同研究形成研究成果《中国企业涉外法律风险防控专题研究》一书，针对实践中经常遇到的投资、并购、电子商务、纠纷解决等问题，利用实践中的经验，为中国企业规避投资风险提供前沿的政策与法律指引，真正做到理论与实践的有机结合并推动产学研的深度融合。除讲座外，法学院还积极促成学院学生与外国专家之间单独进行学术交流和实务工作经验分享，通过举办讲座、教学、实习、共同研究等学术活动，全方位地提升学生对于外国相关法律制度的了解和认识。在达成相关合作后，法学院推荐学院内优秀学生通过线上方式参与由马来西亚知名律师事务所组织的线上实习活动，让学生切身参与国际案件的处理工作，提前感受国际律师职业的魅力，为推动其致力于成为涉外法治人才奠定了基础。目前，该计划的第二批次也已进入筹备阶段，在已取得经验的基础上预计将吸纳柬埔寨、缅甸等国的法律专家从而进一步拓宽计划覆盖的广度，并开展更为深入、系统的实践性教学活动从而挖掘计划的深度。

在促进国内交流与实践领域，兰州大学法学院从校内校外两条路径出发，根据对象的不同，开展共同但有区别的涉外法治人才培养。

在校外路径上，主要针对的是甘肃乃至西北地区的执业律师群体。近年来兰州大学法学院成立了法学教育与实训管理中心，作为产教结合、资源整合、合作互利的生动实践，该中心利用平台优势向社会和当地法律职业共同体进行专项教育宣传。作为实现涉外法治人才培养目标的重要一环，兰州大学法学院联合甘肃省律师协会共同面向律师和企业举办涉外法律服务业务专题讲座，为省内律师和企业开展涉"一带一路"沿线国家的国际法律业务，拓宽职业发展道路提供了智力支持和知识技能保障。

在校内路径上，法学院积极与法院和律师事务所等开展活动，为学生参与实习工作提供便利。西部地区涉外案件相对较少，少数案件也都聚集于较高等级的人民法院，因此若仍聚焦于鼓励学生在基层法院实习，这对于涉外法治人才培养将事倍功半。唯一的对策是将学生推荐至涉外案件相对较多的法院开展实习，兰州大学法学院为实现之一目标即与甘肃省高级人民法院、最高人民法院第六巡回法庭等高层级的人民法院合作，通过派送实习生的方式为优秀学生参与涉外法律工作创造条件。未来还有可能将此计划拓展至最高人民法院第二国际商事法庭。国际商事法庭作为专门处理国际商事纠纷的审判机构，在专业性上是国内翘楚，允许学生参与其中将对于提升其专业素养、树立职业发展目标大有帮助。在法院系统外，涉外律师应当是涉外法治人才培养工作的重点，对于高校而言，培养涉外律师相比培养其他涉外法治人才也确为是更加现实和合理的考虑。涉外律师离不开案源，而西部地区案源匮乏已然成为现实的困境，因此高校向东部沿海地区扩展实习基地，这对于强化包括涉外律师在内的涉外法治人才培养具有重要价值。兰州大学法学院以往届毕业生为抓手，在中国经济发展水平最高、对外开放程度最高的长三角地区成立了兰州大学苏州校友会法律分会，并与当地多家知名律师事务所建立教学实践基地，聘请往届优秀毕业生担任校外实务导师，为参加实习工作的在校师生提供便利。西部地区其他高校同样应从宝贵的校友资源中发掘优势，利用好从事涉外法律事业或是在经济发达地区开展法律事业的校友群体，做好毕业生与在校生之间的"传、帮、带"，增强实践教学，开拓学生眼界，为涉外法治人才培养凝聚一切可以利用的资源。

（五）积极参与国际法相关竞赛活动

兰州大学法学院对这一问题有着深入的思考，并且已然取得了显著的进步。毫不夸张地说，兰州大学法学院是近两年来参与国际法相关竞赛数量最多、成绩最突出的西部高校之一。在近一年时间内，兰州大学法学院参与国际法相关竞赛活动的成绩相比过往取得了突飞猛进的进步，取得的成果包括法学院学生参与首届中国法律外交翻译大赛中获得二等奖、三等奖各一名（一等奖空缺）并且兰州大学法学院也获得大赛组织奖；在第十八届"理律杯"全国高校模拟法庭竞赛中挺进全国八强，创造了参赛以来的最好成绩；在第18届CASC杯曼弗雷德·拉克斯国际空间法模拟法庭竞赛中获得中国赛区三等奖（为获奖名单中唯一一所西部地区高校）；在2022国际刑事法院中文模拟法庭竞赛中获得中国赛区三等奖（为获奖名单中仅有的二所西部地区高校之一）；以及在2022年杰赛普国际法模拟法庭竞赛中获得本年度最佳表现奖。兰州大学法学院在国际法相关竞赛上取得的成果对于吸引西部地区其他高校积极参与此类赛事活动具有显著的促进效果。学科竞赛是一项高投入、高产出的事业，一旦给予了足够的重视将获得出乎意料的优异结果。西部地区高校由于存在专业基础较弱，培训资源缺乏等现实困境，这就更加意味着西部地区高校应团结协作、共同奋斗，例如通过组建跨校联队，通过线上教学的方式共享优质培训资源等途径，进一步消除西部高校参与此类赛事的障碍，为东西部涉外法治人才培养的协同发展创造条件。

对相关赛事的重视更需要观念上的不断革新。不久前加入兰州大学法学院的朱文奇教授作为国内最先关注杰赛普国际法模拟法庭辩论赛并将其引入中国的学者，不仅承担了选拔并训练兰州大学法学院代表队的职责，更是为兰州大学法学院积极参与国际竞赛这一转变引来了变革的活水。法学是一门实践科学，无论是国内法治人才还是涉外法治人才都需要经历实践的考验，只有能够将理论学习与司法实践紧密结合才能称得上是合格的涉外法治人才。在朱文奇教授的带动下，法学院学生参与竞赛的面貌焕然一新。朱文奇教授也不辞辛劳，亲自向学生进行相关竞赛的宣讲，组织开展参赛选手的选拔，并对参赛队员进行有针对性的训练。2021 年兰州大学法学院第一次参与杰赛普国际法模拟法庭，抱憾未能进入复赛。在深刻吸取经验教训并加强训练后，兰州大学法学院代表队在 2022 年的杰赛普比赛中获得最佳表现奖，获得这一含金量极高的荣誉是对所有参赛队员近半年来认真付出的最好回报。朱文奇教授指出，兴趣是驱使学生参与大赛、积极应战的第一要素。以赛代学、以赛代练的培养模式对于涉外法治人才培养来说同样非常契合。杰赛普比赛被誉为"法科生的奥林匹克竞赛"，是世界上最大和历史最悠久的国际法律学生模拟法庭竞赛，也是现阶段我国影响力最大、参赛队伍最多的国际法竞赛之一，自 2003 年首次落地中国至今即将迎来 20 岁生日。兰州大学作为扎根祖国西北边的一所中国特色世界一流大学，加入杰赛普大家庭将进一步提升兰州大学法学院的声誉和学术影响力，同时也为西部地区高校就涉外法治人才培养这一课题向其他兄弟院校交流学习提供了契机和平台。

新时代校园安全法治教育建设的现实困境与优化路径

——基于北京市大中小学的实证研究[*]

新时代校园安全法治教育建设的现实困境与优化路径

——基于北京市大中小学的实证研究[*]

◎罗冠男[**]

摘　要：在新时代背景下，校园安全法治教育既是素质教育的重要组成部分，也是人才培养的基本保障。全面推进校园安全法治教育建设，对于提升学生们的安全意识以及法治素养，对实现立德树人的根本目标有着重要的意义。当前我国的校园安全法治教育实践还存在着一些不足之处，为了发现和解决这些问题，研究基于北京市大中小学展开实证考察，通过问卷调查和访谈深入了解实践现状，并借助图表和数据的形式加以呈现，从中剖析和归纳出了目前校园安全法治教育实践中的难点所在。最后从多个方面探索纾困路径，以期为全面推

[*] 国家社科基金项目"'大思政'视域下的校园安全法治教育研究"（项目编号：21VSZ111）。

[**] 罗冠男，中国政法大学法律史学研究院副教授、博士生导师。

进校园安全法治教育建设的提供有建设性的意见。

关键词：校园安全；法治教育现实困境；优化路径

一、追源溯市：新时代校园安全法治教育建设的内在机理

（一）教育体系现代化：校园安全法治教育的生发逻辑

在以习近平同志为核心的党中央领导下，新时代中国特色社会主义教育现代化迈入了新征程，全国大中小学教育规模不断扩大，学校的教学实践活动种类更加丰富，学生处在更为开放多变的空间，而校园安全也面临着各种难以预防的风险。一方面，校园安全事件容易引起全社会的关注，师生员工的人身安全在很大程度上取决于校园的安全教育和相关管理工作；[1] 另一方面，学生正处于自觉养成守法良好习惯的关键时期。校园是预防和减少青少年违法犯罪的重要场所，必须给予足够重视。

校园安全不仅是学校一切教育活动正常开展的基础，[2] 还是我国教育系统改革和发展的根本保证。在稳步发展教育事业的同时，更应该重视安全法治教育体系的建设。[3] 为了让学生尊重他人的生命安全，也会用法律知识提高自我防范能力，校园安全法治教育应运而生。它的出现具有独特的意义，既是和谐社会

---

〔1〕 付欣：《德育视角下校园安全教育与管理工作开展方法的改进——评〈中小学校安全管理〉》，载《安全与环境学报》2021 年第 1 期。

〔2〕 2021 年 10 月 23 日，全国校园安全专项整顿会议以视频形式召开，曾任国务院副总理孙春兰强调："校园安全是学生健康成长、全面发展的前提和保障。"会议指出，要把平安校园建设放在平安中国建设的高度，从全局出发，谋划和推进校园安全专项整治建设，切实维护师生人身和财产安全，维持校园秩序。

〔3〕 2016 年，教育部、司法部、全国普法办三部门印发了《青少年法治教育大纲》，对各学段（义务教育阶段、高中阶段、高等教育阶段）法治教育的阶段目标、内容要求和实施途径予以明确，该大纲强调，法治教育要覆盖各教育阶段，形成层次递进、结构合理、螺旋上升的法治教育体系。

建设的基本要素，也关系社会上千家万户的安全。

（二）总体国家安全观：校园安全法治教育进阶发展的时代需求

如今中国正处于"两个一百年"奋斗目标的历史交汇期，国家安全范围的外延比任何事情都要丰富，内外因素也更为错综复杂：全球不安定成分的影响加剧，诸多社会安全等问题凸显。[1]随着我国教育事业的发展和学校对外交往的日益频繁，制约校园正常发展的各种因素也日趋复杂多元，思想领域的交锋与斗争、网络的复杂、校园的安全、社会的安全等问题，都会对校园的和谐与安定产生不利影响。2022年10月16日，习近平总书记在党的二十大报告中强调，必须坚定不移贯彻总体国家安全观，要全面加强国家安全教育，增强全民国家安全意识和素养。

总体国家安全观在内容和范围上打破了传统安全观的内涵和外延。国民安全意识、安全知识、安全技能等素养的高低，既是总体国家安全战略的重要组成部分，又是实现总体国家安全战略的重要基础性因素，这为实现国家总体安全提供重要的支撑。而整个国民安全素养的高低，在很大程度上是由学生安全教育水平决定的。因此，作为总体国家安全观在校园中的支点和体现，必须重视校园安全法治教育，提高素质教育的质量，更高水平地培养人才。系统科学的安全教育培训可以为国家安全的实现打下坚实的基础，不仅对学生自身安全起到重要作用，而且也是帮助学生成长为一个具有科学安全理念、丰富安全知识、有效安全技能

---

[1] 张琳、杨思：《统筹推进国家安全教育一体化建设思考》，载《中学政治教学参考》2020年第37期。

社会成员的重要基石。[1]

（三）习近平法治思想：校园安全法治教育全面推进的根本指导

2020 年 11 月，中国共产党在京首次召开的中央全面依法治国工作会议上将习近平法治思想确立为全面依法治国的根本指导。其在政治、理论、实践、法治教育方面有着重大的战略价值。习近平法治思想从多个方面为我国校园安全法治教育提供了理论支撑，在教学活动中学习和宣传贯彻习近平法治思想，是需要我国教育系统长期坚持的一项政治任务，[2] 也是提高依法治理能力的内在要求。

习近平法治思想明确了树立社会主义法治信仰的价值目标，校园安全法治教育则是培养法治中国建设生力军的基础工程。校园安全法治教育以习近平法治思想为指导，突出坚定树立社会主义法治信仰的价值导向，除了可以培养学生的安全意识和安全行为，还可以使他们对社会主义法治体系建立起"四个自信"，不被任何外来干扰所惑，坚定地抵御各种安全风险，肩负起中华民族伟大复兴的时代重任。

二、实证考察：我国校园安全法治教育的实践现状

针对不同年龄段、不同主体的安全法治问题进行全面分析，对增强高校安全法治教育的实效性具有十分重要的现实意义。为

---

〔1〕 高茂春：《未成年人安全教育体系构建探析》，载《犯罪学论坛（第五卷）》，中国法制出版社 2018 年版。

〔2〕 2021 年 6 月，中共中央、国务院转发《中央宣传部、司法部关于开展法治宣传教育的第八个五年规划（2021—2025 年）》，并发出通知要求各地区各部门结合实际认真贯彻落实。其中明确要求："把习近平法治思想融入学校教育，纳入高校法治理论教学体系，做好进教材、进课堂、进头脑工作。"

充分了解我国校园安全法治教育的实践现状，实证考察先后采取问卷调查和访谈的方法展开。

（一）问卷调查

1. 调查过程

在问卷设计上，问卷内容主要围绕教育理念、教学现状、教育途径、保障机制、教育效果等多个方面进行展开，在问卷对象选择上，遵循有效原则，选择北京市及全国各省市大中小学的小学生、中学生、大学生、家长、教师五类主体作为研究对象，重点针对北京高校的领导与小学开展校园安全法治教育的形式教务处相关人员、负责学生安全法治教育工作的教师以及在校大学生进行调查，见下图1所示。研究采用了整群分层抽样的方法，[1] 现将问卷发放和回收情况说明如下：

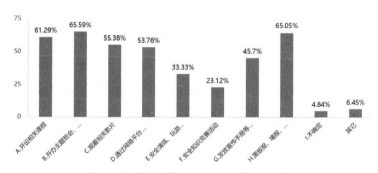

图1　小学开展校园安全法治教育的形式

---

〔1〕　考虑到问卷调查的回收率和有效率一般都不可能达到100%，因此研究在选择调查对象时，数目一般多于根据抽样要求的研究对象，即：n=n0/（R×K）。其中，n0 为通过抽样确定的研究对象数，R 为预测问卷回收率，K 为预测问卷有效率。例如：假定通过抽样确定研究对象有 n0=100 人，问卷回收率一般在 30%~60%，取 R=50%，预计问卷有效率可达 K=85%，则应发出问卷数 n=100÷（50%×85%）≈235（人）。

校园安全法治教育调查问卷（小学生）发放问卷 200 份，回收问卷 186 份，回收率 93%；校园安全法治教育调查问卷（中学生）发放问卷 180 份，回收问卷 169 份，回收率 93.89%；校园安全法治教育调查问卷（大学生）发放问卷 230 份，回收问卷 212 份，回收率 92.17%；校园安全法治教育调查问卷（家长）发放问卷 400 份，回收问卷 369 份，回收率 92.25%；校园安全法治教育调查问卷（教师）发放问卷 200 份，回收问卷 200 份，回收率 100%。

2. 问卷结果分析

（1）校园安全法治教育的意识。有 91.4% 小学生、92.31% 中学生和 98.92% 的大学生均表示校园安全法治教育特别重要，这说明绝大部分学生都树立了相关知识的基本学习意识，安全法治教育在大中小学校园中都有着举足轻重的地位。同时，有超过 98% 的大中小学学生认为法治教育可以提升自身的安全保护意识和能力。

（2）开展校园安全法治教育的现状。在教育形式上，小学生群体中排在前三位的安全法治教育活动分别是开办主题班会和讲座，黑板报、墙报、手抄报等展览参观，以及开设相关课程。

中学生群体中排在前三位的安全法治教育活动分别是开办主题班会和讲座，黑板报、墙报、手抄报等展览参观，以及通过网络平台教育和观看影片，中学生的安全法治教育活动的形式依然比较单一和传统，如下图 2 所示。

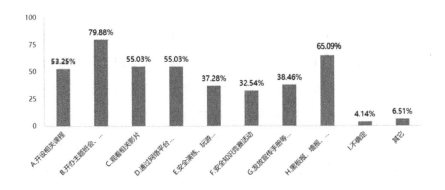

图 2   中学开展校园安全法治教育的形式

而大学生群体则有所不同，随着网络的快速发展，通过网络平台进行安全教育，占比例为 72.64%；线下开设主题班会、讲座的占比 64.15%，开设相关课程的占比 55.19%，安全知识竞赛活动的占比 49.53%，这些高比例选项是目前高校安全法治教育的主流方向。网络平台的充分运用是大学生接受安全法治教育的特点，如下图 3 所示。

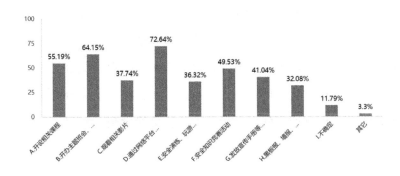

图 3   大学开展校园安全法治教育的形式

在授课主体上，过半数小学的相关课程由班主任讲授，没有聘请专职教师。中学安全法治教育的主体一般为班主任和任课教师，占比 81.66% 和 50.89%，中学负责校园安全法治教育的主体呈现出多样化的趋势，但教授该课程的教师仍呈现出不固定、不专业的特点。在大学安全法治教育之中，由辅导员和班主任作为学校的主体开展法治教育较多，占比 78.3%；其余的主体由任课教师、学生处、保卫处、学生组织等担任学校和学生自发方向上的法治教育。专门讲授校园安全法治教育的任课教师均不到 50%。

（3）开展校园安全法治教育的效果。对于目前校园安全法治教育存在的不足，小学生问卷样本中有过半数的人提出对现有课程缺少学习兴趣或无法参与到课程之中。中学生问卷样本中则有过半数的人认为当下的教育方式理论大于实际，超过三分之一的人认为目前教育形式依旧过于单一，且存在人力物力不足的问题。大学生问卷样本中，大学生普遍认为目前的校园安全法治教育多侧重理论层面，有过半数的人认为教育形式或教育主体单一。同时，有 51% 的教师认为课程形式单调，流于形式。

对于目前校园安全法治教育的具体效果，小学生数据样本表示大部分人在学习中提高了自我保护意识和能力，获得了良好的思想品德，也收获了良好的安全生活习惯，提升了法治意识和实践能力。但也有近三分之一学生表示，虽然学到了知识，但是感觉用不到。

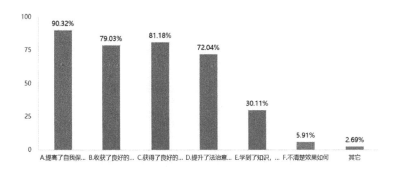

图 4　小学开展相关课程的具体效果

中学生数据样本显示开展校园安全法治教育的效果是明显的，超过七成的人表示能够提高自我保护意识以及提高法治意识和实践能力。

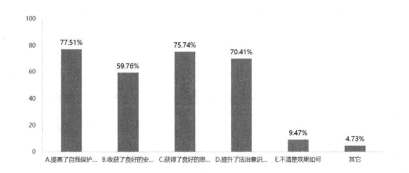

图 5　中学开设相关课程的具体效果

大学生数据样本中过半数的人都认为校园安全法治教育能够带来积极的影响性。随着年龄提升，学生知识转化的能力有所提高，安全法治教育应综合年龄和教育阶段因材施教，对于高年级学生可以适当拔高，来保障应有的教学效果。

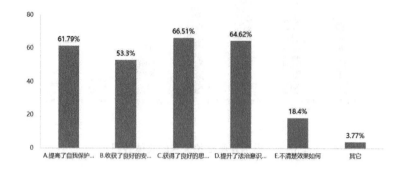

图 6　大学开设相关课程的教学效果

（4）校园安全法治教育家校共育的情况。

（5）多数父母都对学生进行法治安全教育，超过七成的家长较高频次地对学生进行教育。有 90.32% 的父母通过交流谈心进行法治安全教育，认为谈心的方式能够加强双方之间的有效沟通，并且让学生更容易接受教育。至于家庭内部安全法治教育的具体情况，超过八成的家长都对孩子进行过人身安全教育，在家长眼里人身安全是排在首位的。其余如心理安全、社交安全、环境安全的安全教育也是多数家长会选择的教育方向。

（6）关于对校园安全法治教育中实行"家校共育"政策的态度，66.12% 的家长认为家校共育的方式非常有必要，剩余的多数家长也在数据中表明了其对家校共育所持支持的态度。对于目前"家校共育"存在的潜在问题，60.43% 的家长认为家长与学校之间的沟通较少，52.03% 的家长则是因为没有足够的时间进行与学校联系，如下图 7 所示。

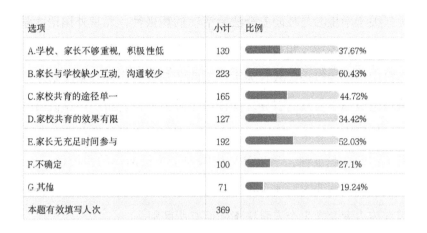

选项	小计	比例
A.学校、家长不够重视，积极性低	139	37.67%
B.家长与学校缺少互动，沟通较少	223	60.43%
C.家校共育的途径单一	165	44.72%
D.家校共育的效果有限	127	34.42%
E.家长无充足时间参与	192	52.03%
F.不确定	100	27.1%
G.其他	71	19.24%
本题有效填写人次	369	

图7　家长认为"家校共育"政策（可能）存在的问题

而教师的调查数据表明，69%的教师认为，通过"家校共育"能够有效地衔接家长和学校之间对于教育方向的有效沟通，因此"家校共育"是非常有必要的。但仍有31%的教师认为"家校共育"政策没有必要，教师眼中的问题主要有教育实践不足、侧重理论层面，教育主体单一、缺少合作等。

（二）个人访谈

1. 基本情况

从问卷调查结果中可以看出，我国校园安全法治教育在内容与实践方面尚有较多不足之处。为进一步探讨这些问题，研究采用了一对一发放问卷与面谈相结合的方法，并辅之以现场观察，向不同学校、不同年级的辅导员、班主任、学工、教师、保卫部门人员等收集意见和看法，通过访谈直观反映学校开展安全法治教育工作的实际进展情况，对当前校园安全法治教育现状进行重新梳理和界定。

2. 访谈内容分析

关于学生参与校园安全法治活动的积极性，北京外国语大学教师刘时剑说道，相较于大学生，中小学生的参与热情更高，但多数中小学校以理论教育为主，实践活动较少，并且缺少对学生将理论应用于实践的引导。学校以学院为单位，组织各学院合作开展校园安全法治教育活动。也有北京交通大学从事保卫处治安科工作的教职工称，学生参与校园安全法治活动的积极性一般，基本都是强制要求后才会参与，实践转化能力也因人而异，主要因宣传力度及学生个人看法不同而有所区别。

关于学校和社会投入资源支持的比重，多数教师认为在教育的不同阶段两者比重大体一致，但根据具体情况会略有不同。中小学阶段社会投入资源去支持安全法治教育的比重应该会更大，因为社会不仅要关注儿童这类弱势群体，更要对未成年在校学生加以呵护和关注。而大学生群体多数为成年人，对安全教育和安全知识的了解也基本已经成熟，此时一般由学校进行主要的安全法治教育工作。

在访谈中得知，大多数教职工都曾和家长进行过沟通交流，一部分教师认为，家长应当有一定法律意识，重视对孩子的安全法治教育，在生活中以身作则，并加强与学校的交流，积极配合老师的教育工作。关于"家校共育"政策的主导方，部分教师认为学校是主导的一方，部分家长缺乏安全法治意识及教育经验，不能有效地指导孩子，这就要求学校建立家校联系，为家长提供教育方法；同时，学校是对学生进行教育的主要场所，有适用于大部分学生的教育方式，并且可以组织开展多样的活动对学生进行教育。但也有教师认为，孩子既是家庭的人，又是学校和社会的人，家庭和学校都是"家校共育"的主体，不存在谁主导的问题。

三、现实困境：我国校园安全法治教育建设的问题分析

（一）主体动力不足

1. 教育主体：学校

现在很多大中小学对校园安全法治教育都很重视，但是在执行的时候却并不尽如人意，很多学校都是在上级教育行政部门的监督下临时应付，不少都是敷衍了事，未能形成合理的教育体系。就目前的安全法治教育实践情况而言，学校作为教育主体主要存在着两类问题。

第一，学校教学制度存在瑕疵。爱因斯坦曾经说："学校应该永远以此为目标：学生离开学校时是一个和谐的人，而不是一个专家。"长期以来，由于应试教育的影响以及对传统教育认识存在偏差，导致教师过分注重文化课程的教学，把大量的精力放在了升学率、就业率上，而在校园安全法治教育工作方面所付出的时间甚少，且只停留在表面。[1] 目前我国学校安全法治教育制度中存在形式单一、内容单一、学校重视不够、教师不具备教育能力、教育缺乏连续性和持续性等问题，制度设计缺乏广度和深度。

第二，学校教学资源较为缺乏。近年来我国高校在建立健全安全法治教育的长效保障机制上已初步形成了基本的组织架构，但资源的缺乏或分配不均导致完善的保障体系难以建成，主要体

---

〔1〕 王昌伟、赵晓：《浅析中小学有关安全教育方法和内容的相关思考》，载《中国校外教育》2019年第22期。

现为很多学校专业师资薄弱、硬件设施较差和课程经费不足等问题，开展校园安全法治教育需要大量的人力、物力、财力，如果在资源条件上达不到基本门槛，那么在后续的教学工作上就会遭遇层层阻挠而不能有效、有序地进行。

2. 共育主体：家长

校园安全法治教育不仅仅是学校的责任，还需要学校和家庭的共同努力，父母要和老师沟通，了解学生的心理变化，进行正确的管理干预。然而，家长作为共育主体，存在着主动性不足和家庭教育方式单一的问题。一方面，许多父母过分强调学习成绩，与老师进行交流时，往往会有许多观念上的偏差，会影响到家校共育的效果。还有不少家长认为，教育孩子是学校的义务，不愿意去教育孩子关于人身安全、心理安全的知识，不愿意去想自己的孩子的心理、教育方式，更不愿意去主动地帮助孩子排解学业压力。另一方面，在教育方式上，大多数家庭依然采用谈心、谈话等方式与孩子进行沟通，但是随着孩子年龄的增长和青春期的到来，继续采用这种方式可能会引起孩子的叛逆心理，或错误理解家长动机，效果适得其反。

3. 学习主体：学生

学生作为校园安全法治教育的直接学习主体，同样也存在着两方面问题。

第一，缺乏自我保护能力，安全法治意识薄弱。当前教育改革的背景下，学生尤其是中小学生的生活环境、学习环境、网络环境复杂多样，给学生安全带来了极大的冲击和挑战，而大部分学生的自我保护能力不足，面对现实生活中的安全隐患，学生往往不知如何应对，在学生安全法治意识不强的情况下，出现安全事故的风险往往会增加，极易造成人生损害和心理创伤。

第二，对安全法治教育的课程缺乏学习兴趣，理论知识向实践能力的转化率低。学校为了通过开设相关课程给学生们提供校园安全法治的学习机会，但这些课程大多被学生评价为"水课"，对知识内容的理解并不是很深刻。当通过了考试之后，绝大部分的学生也就忘记了这些知识，使得这些知识产生理论指导实践的作用。当自身合法权利受损时，既不知道应当维护权利，也不知道究竟有哪些途径可以保护自身的合法权利，以及这些途径是否合法、是否可行。

（二）外部影响因素

1. 政府投入不足

目前多数学校都陆续建立起相对完善的安全管理措施，但在法律层面，仍然缺乏系统的法律保障。涉及校园安全的地方性法规通常是一些教育专门法以及相关法的实施办法，而地方政府规章中涉及教育专门法和相关法的实施办法很少，部分地方政府规章甚至仅涉及校园内部和周边的安全区域划分。[1] 此外，校园安全法治教育工作的开展需要各部门的合力，然而目前在行政部门、司法机关、教育主体之间的责任分工仍不够清晰，在协作过程中，由于政府一方投入不足，导致缺乏制度保障、资金支持和人员协助，经常出现资源浪费、分工不明、缺乏有效监管等问题。

2. 社会环境复杂

社会教育对学生安全观的形成具有重要作用，其发展与社会

---

〔1〕 姚金菊：《我国学校安全立法模式研究》，载《青少年犯罪问题》2016 年第 2 期。

大环境息息相关。[1] 尽管目前的社会安全形势相对稳定，但是一些学生由于受到负面社会风气的影响，对一些消极价值观、不良生活方式的接受能力有所降低，上进心和自制力降低，导致了一些恶性后果的出现。大多数人都认为安全教育是学校的事情，出了安全问题就去问学校，而忽略了社会力量在学生安全法治意识培养过程中也扮演着重要角色。

四、优化路径：全面推进校园安全法治教育建设的制度设计

（一）深化主体合作，构建校园安全法治教育四位一体联动机制

保障校园安全稳定，让学生们拥有一个文明、健康的学习环境，是政府、社会及学校三方共同的责任和义务。[2] 为提高教育管理水平，校园安全法治教育多个参与主体之间应当建立起可靠有效的分工和信息交流机制，探索构建"学校主导、政府投入、社会参与、家庭支撑"的四位一体联动机制。

首先，政府要配合学校，加强校园安全法治方面的政策宣传。政府部门要统筹协调社会各方资源，主动搭建合作平台，从根本上探索解决校园安全法治教育建设进程中存在的困难和问题。同时还要加强与学校之间的沟通，为营造安全的学习环境添砖加瓦，使学生们对法治进程多一分尊重与了解，引导建立上下联动、横向协作、分工明确、有序配合的新时代校园安全法治教育格局。

---

〔1〕 张文显：《法治与国家治理现代化》，载《中国法学》2014 年第 4 期。
〔2〕 余宏明：《美国高校安全管理及启示》，载《中国安全科学学报》2004 年第 8 期。

其次，学校和家庭在各自的教育领域中都要明确自己的角色，做好分工合作。苏联著名的教育实践家苏霍姆林斯基曾经提出："最完备的社会教育就是学校——家庭教育，家庭是智育、德育、美育和体育的第一所学校。"[1] 在家庭教育中，父母是教育的主要参与者，而学校起着辅助作用；在学校教学中，老师是主体，家长扮演辅助者的角色。老师要和学生家长结成统一战线，积极地进行课外实践，切实做到对学生进行安全的生活教育，为了促进孩子的身心发展共同努力。

最后，社会是一个生动的大课堂，它是安全法治教育丰富资源和活生生材料的持续来源。要组织学生到社区实践学习，拓展公民课堂空间，开展课外实践活动，从"课堂教学"走向"课外实践"，让学生沉浸在丰富多彩的社会生活中，用丰富生动的社会实例和生活案例，把学生的视野融入影响他们的重大现实问题和时代大流中，贯通历史和现实，将理论与实践联系起来，使现实生活成为教学的丰富资源，使学生与新时代产生共鸣。[2]

（二）完善客观环境，营造良好的校园安全法治教育氛围

当前，我国校园安全法治教育尚缺少整体规划和系统的规划，应依托法律手段，加强顶层设计和整体规划。政府作为校园安全法治教育的投入者和保障者，应当以国家安全战略需要为导向，统筹各领域各学段教育内容，完善体制机制，细化政策措施，及时出台诸如《校园安全法》等涉及校园安全法治教育的法律法规和政策性文件，从组织体系、制度保障、评价机制等方面

〔1〕 苏霍姆林斯基：《苏霍姆林斯基选集（五卷本）第 4 卷》，教育科学出版社 2001 年版，第 10 页。
〔2〕 朱旭：《"大思政课"理念：核心要义、时代价值与实践路径》，载《马克思主义理论学科研究》2021 年第 5 期。

加强教育保障机制的全面建设。

此外，要使校园安全法治教育在学校顺利开展、有效进行，仅依靠制度和强制性手段是远远不够的。获取正确的思想政治观念、增强法治意识和培养安全能力，绝非几次讲座、几节课就可以完成的。这种思维的培养不能仅限于在校园里的学习，而应该在平时的生活中加以重视。安全法治意识的养成需要全社会共同努力，共同创造一个良好的环境，是一种公共教育的结果。因此，必须要创造一个良好的教学环境，使学生在积极正面的教学氛围中确立正确的学习观念，自发重视对安全法治知识内容的学习和运用。

（三）升级教学手段，将校园安全法治教育与道德教育相结合

法安天下，德润人心。当社会处于转型期时，法治教育和德治教育可以将利益冲突尽量限制在可控范围内，避免利益冲突的加剧，最终解决那些尖锐对立、影响社会稳定的利益冲突。为了实现两种教育的有机融合，需要对原先的教育内容及方式进行改变，而这种改变则主要通过教学手段的升级和课程的改革加以促成。校园安全法治教育以人的全面发展为最高目标，自然应当是德法并重的教育，是使学生个人的思想道德和法治意识均衡发展的教育。[1]

学校在校园安全法治教育中承担着协调和引导的职责，应当在教学过程中保持道德教育和法治教育的和谐与统一，将二者充分融入到学校规章制度中，融入现有教学活动和社会实践中，如与思想政治教育相结合，在大中小学的思政课堂上加入安全法治

---

[1]　李淑慧：《法治教育：大学生思想政治教育的新维度》，载《学术交流》2007年第 12 期。

教育方面的内容，丰富现行的素质教育体系。此外学校还应当招聘和培养专职教师，现有教师也应当重视教学手段的转型升级，突破原先的纯理论教学方法，与时俱进，结合传统与非传统的教育方式，充分调动一切有益教学资源，组织形式丰富、充满活力的各项校园安全法治文化活动，如设计宣传栏、绘制板报、举行安全知识竞赛、举办法律讲座等，还可以将安全法治教育统一纳入新生入学教育，引导学生掌握防诈骗知识和学校安全管理规定等内容。

五、结语

在新时代总体国家安全观和习近平法治思想的指引下，校园安全构成了总体国家安全的基础和支点，校园安全法治教育的发展水平关系到社会主义时代新人的身心健康和价值认同，事关立德树人根本目标的最终实现。校园安全法治教育工作的推进，不能仅仅停留在纯粹的理论层面，而应当把握时代大势、直击当代挑战，从量到质、从静态到动态，将法治教育与道德教育有机融合到学校安全法治教育建设和管理的各个领域和环节，全主体、全过程、全方位地推进校园安全法治教育建设，为中华民族伟大复兴培养出一批又一批安全意识和法治素养兼备的时代新人。

课堂与教学

Curriculum and Teaching

法学研究生课程思政教育的审视与改进

——以 J 高校法学专业教育为例　秦嫒嫒　牛玉兵

"四史教育"融入博士研究生思政课程教育

——从三对范畴谈起　周　玥

数字经济时代政法院校提升大学生数字素养的培育路径研究

——基于中国政法大学的观察　孙瑜晨

"法商融合"在商务英语教学中的实践与探索

——以《商学英语读写》教学为例　王清然　庞家任

隐私权在英国的起源与启示　张　南

理论实践一体化创新培养模式在法学教学中的探索

——以中国政法大学《网络审判实务》课程为例　张　婷

法学研究生课程思政教育的审视与改进

——以 J 高校法学专业教育为例 *

◎秦媛媛　牛玉兵 **

摘　要：课程思政教育是培养"德法兼修"的高素质法治人才的重要途径，是回应法学专业性、社会实践性、政治倾向性等学科特性，满足研究生高层次人才培养要求的重要举措。通过对 J 高校法学研究生及教师的调研发现，当前法学专业课程思政教育还存在师生对于课程思政的理性认识有待提升、专业教师以及导师作用发挥有待加强、课程思政元素融合以及课程体系内容有待凝练、课程思政教学方法有待创新等问题。针对这些

* 司法部国家法治与法学理论研究项目"公共法律服务体系建设助推乡村有效治理的机制研究"（项目编号：19SFB2005）；江苏大学高等教育教改研究课题"新时代高校卓越法治人才培养体系创新研究"（项目编号：2019JGYB018）阶段性成果，同时受江苏省研究生课程思政示范课、江苏大学研究生课程思政示范课"法理学专题"课程建设经费支持。

** 秦媛媛，江苏大学法学院讲师；牛玉兵，江苏大学法学院教授，副院长。

问题，可从提升法学专业研究生课程思政教育理念、构建法学课程思政与思政课程协同育人机制、打造法学专业研究生课程思政的通融体系、构建新型法学专业研究生课程思政导师育人团队、优化法学研究生课程思政教学方法等方面加以改进。

关键词：法学研究生；课程思政；研究生教育

2016 年，习近平总书记在全国高校思想政治工作会议讲话中提出，"要用好课堂教学，开展思想政治教育。"在此之后，我国课程思政教育得到各高校重视，课程思政逐步从本科教育朝向研究生教育深入。在这一过程中，法学专业研究生课程思政也随着我国高校课程思政建设的推进而不断发展。然而，受制于法学学科特性以及研究生学习层次等因素的影响，法学专业研究生课程思政教育相较于本科课程思政建设仍相对滞后，其中的问题也亟须认真分析。本文以法学专业研究生课程思政教育意义的思考为基础，结合江苏 J 高校法学专业研究生课程思政教育的实际调研，尝试管窥当前法学专业研究生课程思政教育的现实问题，进而提出相应的对策，以期通过对个案的分析助益于我国法学专业研究生课程思政教育的深入发展。

一、对于法学研究生课程思政教育意义的再思考

教育部《高等学校课程思政建设指导纲要》强调指出，"培养什么人、怎样培养人、为谁培养人是教育的根本问题。"就研究生培养而言，课程思政的推行，无疑同样是对这一"教育根本问题"的积极回应，研究生课程思政教育在"潜移默化地将主流意识形态、核心价值观念等传递给大学生，帮助他们解决'何以

为才'‘以何为才’‘才何以为’的思想、观念、价值问题"[1]等方面发挥着至关重要的作用。法学专业研究生课程思政教育在这一点上与其他各专业各层次的课程思政教育当无实质性差异。然而，鉴于法学专业的专业性、社会实践性、政治倾向性等特性[2]以及研究生教育对于"高层次人才"的培养要求，与此相关的课程思政教育也就仍有着值得注意的特殊意义。

其一，法学研究生的专业性教育需要与包括课程思政在内的素质性教育相配合。法学研究生教育是在本科基础上对法律人才的专门性培养。这些专门人才，是将来治理社会、管理国家的人才，是维护社会公正、建构社会秩序的高层次人才。对于这些人才的培养而言，专业教育固然重要，但更为重要的是，要加强这些未来法律人才理想信念的培养。罗智强在其《法律人，你为什么不争气？——法律伦理与理想的重建》一书中曾经写到，"过度强调实证条文诠释的主流法学教育方式，使得法律人退化成法律的技艺工匠，或许是今天法律人在整体表现上获得社会极低评价的主要原因。在这样的法学教育逻辑下，法律人背诵法律的能力一流，但却缺乏成为法律人最重要的一项条件：对正义的信仰与信念。"[3] 这虽然是对我国台湾地区法律教育的批评，但对于大陆法律人才的培养，其实也同样值得我们借鉴。正是由于这一缘故，在法学研究生教育中，"德法兼修"就必然成为法学研究生培养的重要方向，而课程思政作为研究生教育中素质培养的重

〔1〕　郝晓美：《高校研究生课程思政教学改革论》，载《学校党建与思想教育》2020 年第 23 期。

〔2〕　刘湘溶、蒋新苗：《大学生专业学习指南——法学（分册 5）》，湖南师范大学出版社 2006 年版，第 8 页。

〔3〕　陈长文、罗智强：《法律人，你为什么不争气？——法律伦理与理想的重建》，法律出版社 2007 年版。

要方式，其之于法学研究生教育的重要性自然更为突出。

其二，法学研究生教育的实践性需要由包括课程思政在内的思想教育来支撑。法学是实践性学科，法学研究生教育是学生迈向法律职业实践的重要环节。由于法律职业实践不仅事关社会个体的生命、财产等重要权益，而且事关社会整体秩序与公平正义，法学研究生的教育就不得不考虑其对受教育者未来行为及其对所在社会可能产生的影响。在今天，伴随着社会迅速变迁，"现代社会对法律人才需求的功利化趋势日益明显，对法律专业学生在法理造诣和法技术有着等质的要求，精通法律技术并能够运用法律技术服务于社会，是社会衡量和取舍法律人才的基本要求。"[1] 因而法律职业者不仅要有高超的法律职业技能，而且还应有关心社会、肩负责任的担当精神。对此，唯有全面、多元的思想教育方能够完成。课程思政作为思想政治教育的重要方法，也就更应引起法学专业研究生教育的足够重视。

其三，法学研究生教育的政治性需要由包括课程思政在内的教育过程来实现。"法学专业具有极强的政治倾向性。"[2] "尽管有些法学家尤其是西方某些法学家否认法学的政治性，强调法学的独立性和中立态度，但历史和现实都明确表明：法学总是与本国的政治、经济有直接关联，尤其是在经济危机与政局不稳时期，法学必将为其保护的政治、经济服务。"[3] 法学的这种政治性，决定了在法学教育中开展思想教育的必要性；而法学专业研

---

〔1〕 陈剑峰、陆小平：《实践教学论文集》，漓江出版社 2013 年版，第 160 页。

〔2〕 刘湘溶、蒋新苗：《大学生专业学习指南——法学（分册5）》，湖南师范大学出版社 2006 年版，第 8 页。

〔3〕 李龙、汪习根：《国家精品课程教材：法理学》，武汉大学出版社 2011 年版，第 7 页。

究生教育对于高层次人才的培养定位，更使得包括课程思政在内的教育过程显得更为重要。通过课程思政教育，不仅有利于更好的实现法学专业研究生教育"立德树人"的目标，而且更有利于培养具有坚定的社会主义法治理念、法律信仰的高素质、高层次法律人才，使法学专业研究生真正成为德智体美劳全面发展的社会主义建设者和接班人。

总之，面向法学专业研究生开展课程思政教育，不仅是对法学专业学科特点的回应，更是研究生这一高层次人才培养的现实内在需要；不仅是法学职业实践性积极社会效果的保障，而且更是引导法学研究生树立正确的世界观、人生观和价值观，确立奉献社会、报效国家理想的必要举措。[1] 所有这些，均使得课程思政教育在法学专业研究生教育中具有了重要地位，成为培养"德法兼修"社会主义法律人才的必要举措。

二、法学研究生课程思政教育的实践审视——以 J 高校为例

鉴于课程思政对于法学专业研究生教育的重要意义，研究生课程思政正成为我国高校课程思政改革实践的重要内容，其中存在的问题也得到人们不同程度的关注。例如，已有研究分析指出，在课程思政嵌入法学研究生课程方面，不同地方的院校还存在"法学知识传授与价值引领间关系缺乏正确认识，思政教育融入法学的力度明显不足，教师（包括导师）对课程思政认识不到位甚至忽视"等问题。[2] 这些分析无疑为我们把握法学专业研

---

〔1〕 孙广俊等：《高校课程思政的价值蕴涵、育人优势与实践路径》，载《江苏高教》2021 年第 9 期。

〔2〕 郑丽清：《将"课程思政"嵌入法学研究生课程》，载《中国社会科学报》2020 年 6 月 12 日，第 A04 版。

究生课程思政教育实践提供了思考的基础，然而，观察既有研究，相关讨论对于我国法学专业研究生课程思政教育实际状况如何，大多缺乏具体的个例分析。法学专业研究生课程思政教育的实践情况究竟如何，学生和教师对于课程思政的真正想法处于何种样态，也缺乏足够的说明。由此展开的分析，无疑缺失了现实的依托。有鉴于此，我们选取了江苏 J 高校为样本，开展了一定的调查研究。J 高校为一所综合性高等院校，是教育部 2019 年确定的第二批"三全育人"综合改革试点高校之一，学校对于包括课程思政在内的三全育人工作倾注了大量投入，取得了较为丰富的经验。以其为调查对象，无疑是较为合适的选择。[1]

从调查的总体情况来看，目前 J 高校法学研究生课程思政教育实践呈现出以下特点：

（一）多数研究生对课程思政教育有较高程度的了解，但理性认识的程度有待提升

在对学生进行的课程思政认知度调查中，54.94% 的学生表示清楚并了解课程思政建设，30.25% 的学生表示对课程思政建设仅了解一些，14.81% 的学生表示目前仍不了解、不清楚课程思政建设。调查结果说明，J 高校绝大多数法学专业研究生了解课程思政，但也存在少数学生不知道课程思政的情况。此外，在"课程思政在专业课教学中的意义"调查中，117 人认为专业课程融入

---

〔1〕 调研主要采用了问卷调研、实证分析、个别访谈、归纳总结等方法，时间持续一个半月，调研对象以法学院在读研究生和部分研究生授课教师为主要对象，同时也对其他院系的部分老师和同学进行了比较性的调查访谈。由于法学研究生课程多集中于研一和研二上半学期，因此本次所调查的学生主要涉及研一和研二两个年级，受访教师则来自不同的专业，教授不同的研究生专业课程，主要包括法理学、刑法学、宪法学、伦理学等。本次调查共针对学生发放调查问卷 150 份，共收回有效问卷 137 份。针对研究生专业课授课教师和课程思政相关课题研究的教师则主要采用了个别访谈的形式。

课程思政建设元素具有重要意义，且感受到课程思政的思想引领作用，占总数的 85.4%；18 人认为专业课融合课程思政元素是出于课程建设的需要，实际意义不大，占总数的 13.1%；仅有 2 人认为课程思政没有意义，对实际学习和生活并没有帮助，占总数的 1.5%，调查结果如图 1 所示。

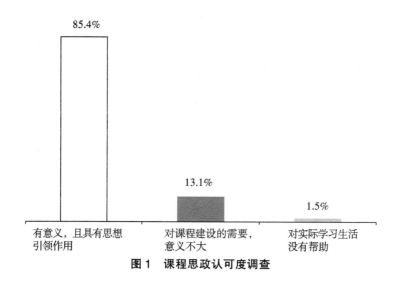

图 1　课程思政认可度调查

调查发现，学生对不同类型的课程思政教育效果的认识存在明显差异。在"哪类课程对良好品格的形成影响较大"调查中，48.77%选择传统思政课程，30.25%选择专业课程，20.99%选择通识类课程。调查结果如图 2 所示，J 高校法学专业近半数研究生仍习惯于传统思政课程对品德的形成和思想的引领，专业课、通识类课程隐性的思政教育无法替代传统思政课的显性思政教育，但这与课程思政建设的初衷并不冲突。不过，课程思政元素的渗透效果还远远没有达到人们预期的效果，研究生课程思政教育理念还未深入法学教育各环节之中。

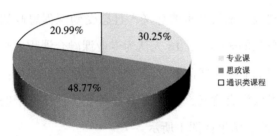

图 2　课程类型对学生品德的影响

（二）专业教师在课程思政教育中具有重要的作用，教师的思政意识提升至关重要

在对学生进行的"专业课教师是否需要重视学生思想品德修养"调查中，94.4％的学生希望专业教师关注他们的思想动态，得到教师的引导和帮助。这意味着通过专业课教师展开思政教育，是非常可行也非常有必要的。

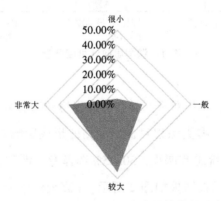

图 3　法学专业教师对研究生品德的影响力

在对学生进行的"专业教师理想信念、道德情操和职业操守对学生的品德影响程度"调查显示，45.84％认为影响较大，32.28％认为影响非常大，17.09％认为影响一般，仅有 3.8％认为

影响程度微乎其微，详细数据如图3所示。调查结果表明，J高校法学专业近八成的研究生认为专业教师是其品德形成的重要影响因素。蕴藏于教师的政治方向感、政治敏锐性和政治是非观是课程思政根本性质和专业教师主体自觉的重要保障。[1] 专业教师的道德修养、育人意识和育人能力必将成为课程思政的关键因素。专业教师只有对专业知识和思政教育有同样深刻的理解和坚定的认同，才能在课堂教学过程中有效地实现思政教育功能。[2] 但是我国相当长一段时间内专业设置分类过于细化，专业课教师较少的接受专门的教师教育培训，课程思政能力不足，[3] 个别教师的不规范行为还会对学生造成负面影响。因此，如何着力提升专业教师的思想道德水平、思政意识，这对课程思政改革具有极为重要的意义。只有如此，才能真正实现学生"亲其师，信其道"，实现传道与授业的有机统一。

（三）导师在课程思政建设中的作用日益重要，但如何进一步提升值得重视

在对学生进行的"哪些人对研究生良好品格、行为的形成影响最大"调查显示，76人选择导师，43人选择专业课教师，18人选择辅导员。调查结果表明，研究生阶段导师对学生品格的形成影响最大。这与本科阶段辅导员对学生影响较大有很大的区别。[4] 本科阶段辅导员承担着学生的日常管理工作，深刻影响

---

〔1〕 王莹、孙其昂：《高校课程思政教师的政治底蕴：学理阐释与厚植路径》，载《高校教育管理》2021年第2期。

〔2〕 丁丽、张贵友、方晓：《高职百万扩招背景下课程思政的实施路径探究》，载《淮南职业技术学院学报》2020年第2期。

〔3〕 何润、陈理宣：《试析高校专业课教师课程思政能力的提升进路》，载《学校党建与思想教育》2021年第18期。

〔4〕 郑鹏、赵师嘉：《案例教学法在会计学研究生教学中的应用研究》，载《大学教育》2017年第7期。

学生的学习、生活、思想等方方面面。而研究生阶段，学生年龄和心智逐渐成熟，学习重心由单纯地接收知识转为更多的研究和创新工作。在这一过程中，导师既是专业学科教学的中坚力量，更是研究生的人生导师、思政工作的践行者。对研究生而言，导师的重要性不言而喻，他们更加尊重，也更加依赖导师。在这种情况下，如何进一步强化研究生导师在课程思政体系中的角色，充分发挥研究生导师在课程思政主体协作模式中的作用，就成为一个值得注意的问题。

（四）法学院专业课程与课程思政元素的融合情况较好，但也存在改进空间

在对法学专业教师开展思政课程的访谈中，教师们均表示对课程思政有一定程度的了解，在具体教学实践中也尝试积极引入课程思政元素，但目前仍属于摸索阶段，还未实现专业课和思政内容的高度契合。

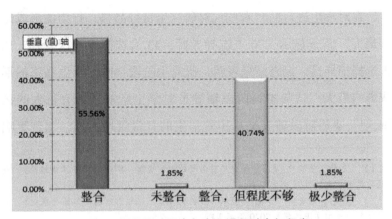

图 4　课程思政元素与专业课程融合何程度

针对研究生进行的"目前课程思政元素融合法学专业课程的

总体评价"调查显示，55.6%的被调查者认为二者融合较好；40.74%认为融合，但程度不够；仅有3.6%认为极少融合甚至未融合，详细数据如图4所示。且调查中76人认为思政元素融合专业课程中，对他们爱国、爱党、爱社会主义、关心国家发展和民族复兴影响较大，23人认为影响一般，24人认为影响较小，14人认为没有影响。

调查结果表明，J高校法学专业教师正在尝试将专业课程与思想政治教育相联系的元素、资源进行整合，并且已经在课堂上向学生传授，这是值得欣喜的。但或许是课程思政隐性教育技巧不足，抑或专业课程与课程思政元素融合点不够，导致学生对课程思政教育效果的感受不突出。

（五）课程思政体系内容还可以进一步凝练，教学方法还可进一步创新

表1是对"课程思政内涵、元素和融合点"的调查，具体数据如下。调查结果为法学专业教师今后开展课程思政建设提供了重要的依据

表1　课程思政内涵、元素、融合点调查

	内容	人数	百分比
课程思政内涵	在专业课程中融入思政教育内容，但角度和深度与思政课程不同	102	74.5%
	目的是构建全员、全程、全方位的育人格局	115	83.9%
	是要通过整合校内各种要素，建立立体的综合育人理念	113	82.5%
	是要弘扬社会主义核心价值观，培育四个自信	119	86.9%

续表

	内容	人数	百分比
课程思政元素	马克思主义	128	93.4%
	社会主义核心价值观	123	89.8%
	新时代中国特色社会主义	131	95.6%
课程思政融合点	文化自信	129	94.2%
	职业素养	114	83.2%
	国家意识	125	91.2%
	国内外形势政策分析	111	81.0%
	政治认同	122	89.1%
	社会价值和人生价值	131	95.6%

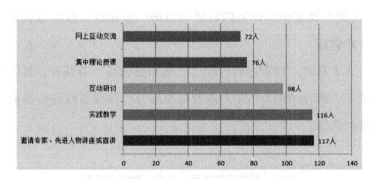

图 5　法学专业课程思想教育方式

在对学生进行的"较为喜欢的课程思政教学方式"调查显示，117 人选择讲座和宣讲的方式；116 人选择实践教学的方式；98 人选择互动研讨的方式，76 人选择集中理论授课的方式，72 人选择网上互动交流的方式，详细数据如图 5 所示。其中实践类课程，14.56%的学生认为对他们道德品质提升的影响非常大，41.77%认为较大，37.97%的学生认为一般。

调查结果表明，法学专业研究生对教学方式的选择呈现出多样化的特点，其中实践性和互动性较强的授课方式更受他们的欢迎。因此，如何在法学专业研究生教学中，利用学院和周边律所、公检法机构搭建的实践教学平台，创新课程思政教育方式方法，有待进一步思考。

三、法学专业研究生课程思政教育的改进对策

前述针对 J 高校法学专业研究生课程思政教育的调研，虽然仅是我国众多法学高等院系的一个个例，但其中的现状特点却也在一定程度上体现了当前我国法学专业研究生教育的某些共性困境。例如，有学者针对法学课程的课程思政中存在的"较强的现代性与实用性易阻碍思政元素的导入，主流教学模式对思政因素的弱化和课程受众对政治价值和政治参与的漠然和认同性缺乏"[1] 等困境的分析，无疑即可以在前述调查研究中得到一定程度的印证。结合前述法学专业研究生开展课程思政的重要意义以及 J 高校个例反映的现实情况的分析，我们认为，法学专业研究生课程思政教育，还可以从多个方面进一步改进。

（一）提升法学专业研究生课程思政教育理念，加大课程思政的宣传和研究

一是进一步加强课程思政意识，确立思想政治工作在研究生专业课程中推进的观念，有意识引导学院师生进行课程思政改革。这需要确保学院在实施课程思政的过程中始终以马克思主义为指导思想，以立德树人为育人目标，与各系、各支部共同促进

---

[1]　李磊：《法学类课程开展课程思政的进路研究——以民法学中"农村土地承包经营权"的授课为例》，载《攀枝花学院学报》2019 年第 6 期。

课程思政工作的落实。可以考虑成立专门的法学研究生课程思政领导小组，由专人负责，专人督导，实现课程思政落实到实处。也可以以系或支部为单位对法学研究生课程思政的建设情况进行交流。

二是加大对法学研究生课程思政的有效宣传，使广大师生进一步加深对课程思政的认知度、认可度和参与度。在学生宣传上可以通过宣讲、学术沙龙、微视频等活动方式进行；在教职工宣传上可以利用网络平台，教职工政治理论学习、教研室活动等方式进行，组织教师进行研讨，互相取长补短，并对法学研究生课程思政改革过程中遇到的难点问题进行讨论，共同出谋划策，相互启发、开拓思维，营造法学研究生课程思政的教学氛围，推进课程思政的建设。

三是积极鼓励广大师生开展法学研究生课程思政方面的课题研究，为课程思政提供现实依据。师生共同参与法学研究生课程思政方面的研究，以问题为导向，可以极大地调动他们的积极性，激发他们对课程思政的兴趣，尽可能地解决法学研究生课程思政改革中遇到的难题，为今后课程思政的开展积累丰富的经验。

（二）构建法学课程思政与思政课程协同育人机制

目前，硕士研究生阶段需必修《中国特色社会主义理论与实践研究》，选修《自然辩证法概论》和《马克思主义与社会科学方法论》等思政课程。从课程设置来看，思政课程的独特之处在于，这些课程是由具备马克思主义理论学科背景的教师来教授，他们将社会主义主流价值观和法律道德规范传授给学生，让研究生更加深入掌握中国特色社会主义理论体系，坚定科学的理想信念，提升运用马克思主义立场和观点展开思维和创新的能力。[1]在坚持全面依法治国、深化依法治国实践的时代背景下，法学专业研究生要成为具有较高法学专业水平的法学人才，成为深化依法治国实践、推进法治工作建设重要力量，就需要从法学研究生专业课程体系中深入挖掘与思政课立场、观点和方法相融合的方面，加强对法学专业研究生规则思维、良法思维和高尚的法治精神的培养。

在这方面，可考虑的措施包括：①为研究生专业课教师、专职思政教师创建沟通交流平台，搭建法学专业教师与专职思政教师之间的桥梁。②定期聘请专职思政教师为法学专业教师讲授思想政治教育的经验和方法，确保专业课教师保持政治方向上的正确导向性和思想觉悟上的先进号召力。③通过学术沙龙、专题讲座、学习研讨等方式，引导法学专业教师积极吸收思政课教师的教学理念、教学方式方法，做好专业课教师的思政教育工作，让思想政治教育的种子在专业课的土壤中生根发芽。[2]

（三）打造法学专业研究生课程思政的通融体系

课程体系是人才培养目标和高校办学使命的内在反映，是知识传授、技能培养、价值塑造的有效途径。研究生课程思政所提倡的课程体系是不同课程的通融体系，是各类课程的衔接体系，是全课程同向同行的育人体系。[3]打造法学专业研究生课程思政通融体系，就是要针对法学专业研究生专业课程体系、法学专

〔1〕 章忠民、李兰：《从思政课程向课程思政拓展的内在意涵与实践路径》，载《思想理论教育》2020年第11期。
〔2〕 李爽：《高校课程思政建设中存在的主要问题及应对策略研究》，载《东北师大学报（哲学社会科学版）》2021年第5期。
〔3〕 叶志明、王骞、陈伶俐：《论教书育人与课程思政之关系》，载《力学与实践》2021年第5期。

业研究生特点、法学专业办学特色和优势，找到专业课程与思政课程的衔接点，从培养社会发展所需要的法学人才的角度，最大限度地利用法学专业课程对研究生进行价值引领的功能。

目前，我国法学专业研究生课程设置大多是依据各院校自身办学特点、学科发展方向、教师队伍、导师结构等因素设置和安排。因此，设定法学专业研究生课程思政通融体系时，一方面要遵循法学课程的内在逻辑体系，掌握不同年级、不同专业研究生的认知与需求特点（例如学术型法学硕士研究生和专业型法律硕士研究生之间、法本和非法本的法律硕士研究生之间、全日制和非全日制的法律硕士之间），关注学生在学习、实践过程中的兴趣点、需求点。另一方面，要正视思政课的主导地位，借助思政课程教学内容和教学方法反哺法学专业课，避免出现专业课程中思政教育的显性化和由此带来的学生抵触情绪。根据对 J 高校的调研，我们认为，可以采取的措施主要有：

第一，在法制史的专业课程教学中，可通过对中国古代法律思想和法律制度的解读，启发学生的发散思维，增强其在专业领域的民族自豪感；通过对中国古代法治思想的阐释，让学生深刻理解我国依法治国的"中国基因"等；

第二，在刑法学的专业课程教学中，通过对保卫国家安全、保卫人民民主专政的政权和社会主义制度、保护社会主义的经济基础等内容中典型案例的阐释，激发学生的爱国热情和民族自信心等[1]；

第三，在法理学的专业课程教学中，通过对法理学基础理论

---

〔1〕　陆敏：《刑法案例课程思政教学的规范化问题》，载《社会科学家》2021 年第 7 期。

问题，如价值观念等内容的阐释，将其与社会主义核心价值观相融合；通过对传统法律文化，如儒家的礼主刑辅、道家的无为而治、法家的缘法而治的阐释，将其与新时代中国特色社会主义思想、新发展理念、命运共同体理念相融合；通过对法学的一般理论、基础理论、方法论和意识形态的阐释，对学生的知识体系、思维方法、伦理价值等进行引导，有意识地培养学生遵守法律的观念、尊重学术规范的观念、服务社会服务大众的公共观念等；

第四，在民事诉讼等专业课程教学中，通过对民事诉讼程序等相关理论的介绍，将工匠精神融入民事诉讼教学，实现庭审程序法治教育价值。加强对民事诉讼庭审实践的打磨与挖掘，将司法审判流程与法制宣传、法制教育相融合，提升学生的职业尊荣感，激发学生爱岗敬业的精神；以工匠精神打磨法律实务，养成职业理想信念和社会法治情怀；通过将家国情怀融入民事诉讼理论内涵教学，培养学生法律专业素养；克服简单粗暴的灌输模式，采用潜移默化式思想接纳方法，将爱国爱家和学法用法爱法结合起来，构建系统和谐的法学思政课程理论体系。

（四）构建新型法学专业研究生课程思政导师育人团队

研究生导师不仅要在课堂教学中注重学生知识和能力的培养，还要在生活和学习的方方面面做好学生思想引领和价值观的塑造，提升研究生思想政治素质、增强社会责任感、恪守学术道德规范，确保立德树人目标的最终实现。

结合目前国内法学院系研究生导师对学生的指导情况来看，多数研究生导师是根据自己的学科和研究方向对研究生进行指导和培养，呈现单打独斗的状态，团队意识相对薄弱，未能形成研究生导师育人团队模式。单一导师在指导研究生过程中呈现的弊端日益突出，如导师的知识结构相对单一，导师之间缺乏学术、育人的沟通和交流，部分导师虽然学术能力较强但育人方面缺乏经验等。从构建新型的符合课程思政建设理念的研究生导师育人团队出发，可以采取的措施有：

其一，根据导师的研究方向、学科发展方向，组建相对稳定的导师团队。导师团队定期进行思想政治教育培训，通过学习相关政策文件，了解改革与实践的热点问题，及时更新知识结构，掌握最新的育人知识理论，强化团队导师的育人观念和育人职责；

其二，定期召开座谈会和交流会，分享导师在课程思政教学改革中挖掘利用的思政元素和资源，携手团队成员共同提高，改进教学方法，提高育人能力；团队就研究生的思想动态和学习状况进行内部分析和交流，增强思想政治教育工作的针对性，形成教育的合力；

其三，由团队指派相对年轻的导师与研究生进行思想交流，减少年龄代沟，让学生敞开心扉，使教师能够随时了解学生动态，在学生遇到问题时能及时给予引导和帮助。实现导师主导性和研究生主体性的有机结合。

（五）优化法学研究生课程思政教学方法

习近平总书记在全国高校思想政治工作会议上指出，"好的思想政治工作应该像盐，但不能光吃盐，最好的方式是将盐溶解到各种食物中自然而然吸收"。[1] 这既说明了思想政治工作的生命线意义，又是对高校思想政治教育工作提出的新要求。课程思

---

〔1〕 张啸飞：《好的思想政治工作应该像盐》，载《内蒙古日报》2018年7月16日，第5版。

政作为一种柔性的思想政治教育方式，方式方法尤为重要。法学专业规范性很强，法学专业研究生对规则规范极度遵守，但又不呆板、视野开阔。对法学专业研究生更加要避免使用填鸭式的课程思政教学方法。这方面可能的改进措施有：

第一，在课程教学过程中注意引导学生参与，通过组织课程讨论小组、进行阅读汇报、小论文讨论、演讲（如有关法律职业的构想、对待法律人的理解和实现）等形式，激发学生参与的热情，避免单纯地说教和灌输，力争使教学过程生动活泼，能够充分吸引学生。

第二，在授课过程中充分利用现代信息化教学手段和信息化教学经验，运用云班课、ALPHA 法律智能操作系统、中国慕课资源、微信与 QQ 等技术平台或工具，结合网络媒体有关传统法律文化的知识课程，拓展学生知识视野，培养塑造学生正确的价值观。

第三，在教学过程中充分利用学院与社会相关法律实务部门建立的合作关系，邀请省内外知名法学专家来校参与课程。如邀请当地或省内外法治建设先进人物现身说法，通过榜样示范的方式，使学生既能深入了解法律实务，增长法律技能，也能通过这些优秀的法律工作者让学生感受法律职业的荣耀与神圣，鼓舞与培养学生职业伦理精神。

第四，利用当代中国法治建设的伟大成就丰富法学专业研究生课程思政素材。法治建设的成就与法律实践中涌现的职业楷模是法学与社会实践对接、法律理论学习与学生爱国、报国情怀相连接的重要桥梁。结合法治发展与实践中的典型人物，将影视、案例、情景演绎、实践体验等引入法学专业课程思政教学模式，激发学生爱国热情，坚定"四个自信"，培养学生家国情怀，进一步提升课程思政的有效性。

第五，组织学生参与校园治理，运用课堂理论知识解决身边问题，如组织学生在"12·4"国家宪法宣传日等法治节日开展校园普法宣传活动，组织学生开展法律服务志愿者活动，加强学生对法理学理论知识的认知和理解，在法律实践中加深学习，培养学生服务社会的公共精神。

结语

法学专业研究生课程思政教育是法学高层次、高素质人才培养的重要内容和有效途径。针对法学专业研究生开展的课程思政教育，契合高校法学专业人才培养的目标，对于培养"德法兼修"的社会主义法治人才具有重要意义，值得在实践中不断总结经验，持续加以改进，认真加以对待。

"四史教育"融入博士研究生思政课程教育

——从三对范畴谈起

◎周　玥*

　　摘　要：博士研究生思想政治理论课是博士研究生培养的必要环节，其定位在立德树人的根本目标上，以提升思想理论素质为核心内容，既需要与博士研究生个性化的专业方向相融合，又应该具有独立的思政课程价值。自从"四史教育"提出以来，我国教育教学各阶段均开始着力开展课程建设、课程改革研究，通过将"四史教育"融入课程、开设独立的四史课程等方式发挥其重要价值。对于博士生思政课建设而言，要面临提升思想政治理论课战略高度、有机融合"四史教育"等双重目标。该目标的实现要先解决三对范畴关系，即历史与当代、思政课程与课程思政、博士阶段与基础阶段。在

*　周玥，博士研究生，中国政法大学教务科科长。

厘清分属于不同逻辑范畴、但落脚点均在博士生思政课程建设上的三对关系后，提出博士生思政课程的建设路径——即回归一流课程的"两性一度"之路。

关键词：博士；思政课；四史教育；一流课程

"中国马克思主义与当代"是当前我国博士研究生教育的思想政治教育必修课程，其经历了改革开放 40 余年来的不断发展，被时代发展赋予其新的内涵与目标。"四史教育"于 2020 年 3 月正式纳入新时代学校思想政治理论课改革创新试点，成为思政课程内容改革重阵。如何在博士研究生教学中渗透"四史教育"，发挥"四史"课程在博士生思政课程中的价值定位，找到一条博士生思政课的改革创新建设之路，讨论的逻辑起点还要从三对范畴谈起。

一、书面历史与鲜活当代——关涉当下就不用回望历史了吗？

"中国马克思主义与当代"课程中的当代是指 21 世纪以来特别是党的十八大以来的时期。新的时期世界经历着百年未有之大变局，各国各地相互联系、互相依存的程度空前加深，越来越成为"你中有我、我中有你"的命运共同体。[1] 由此可见，该课程将中国马克思主义放在历史的前端探讨，探讨的是当下甚至未来的变革。然而，马克思主义并不产生于当下，亦非空中楼阁，自从 1848 年《共产党宣言》出版以来，东西方社会历经巨大变革，在本土视野中其与中国共产党史、新中国史、改革开放史和

---

〔1〕 参见《中国马克思主义与当代》编写组：《中国马克思主义与当代（2021 年版）》，高等教育出版社 2021 年版，第 1 页。

社会主义发展史交织杂糅，相互滋养。书面的历史与鲜活的当下是时间脉络上的两极，却在精神价值上延续耦合，焕发出新的时代风貌。

（一）历史研究对当代实践的价值

古语有云："以古为镜，可以知兴替"，[1] 用历史作为镜子，可以知晓历代兴亡更替的规律，从而指导当下及未来的实践活动。重视历史研究是中西方学者、政治家的共识，是符合人类发展进步规律的方法论。作为有着五千年文明的中华民族，关照历史更是我们延续发展的动能之一，也是中国共产党光辉百年历程发展的理论源泉及武器。习近平总书记分别在 2016 年、2021 年庆祝中国共产党成立大会上连续重申学习历史的重要性，指出历史是最好的教科书。"'明镜所以照形，古事所以知今'。今天，我们回顾历史，不是为了从成功中寻求慰藉，更不是为了躺在功劳簿上、为回避今天面临的困难和问题寻找借口，而是为了总结历史经验、把握历史规律，增强开拓前进的勇气和力量。"[2]"初心易得，始终难守。以史为鉴，可以知兴替。我们要用历史映照现实、远观未来。从中国共产党的百年奋斗中看清楚过去我们为什么能够成功，从而在新的征程上更加坚定、更加自觉地牢记初心使命，开创美好未来。"[3] 历史研究能为当下实践带来的价值可以总结为：认识自己，掌握规律，扬长避短。

（二）"四史"学习的提出

历史研究对当下实践意义重大，中华故事的延续和发展主要

〔1〕　吴兢：《贞观政要·卷二·论任贤》。

〔2〕　习近平：《在庆祝中国共产党成立 95 周年大会上的讲话》，载《人民日报》2016 年 7 月 2 日，第 2 版。

〔3〕　习近平：《在庆祝中国共产党成立 100 周年大会上的讲话》，载《人民日报》2021 年 7 月 2 日，第 2 版。

要依靠"四史"即党史、新中国史、改革开放史、社会主义发展史的研究和学习。"四史"学习的提出经历了从学习"党史、国史"到学习"党史、国史、改革开放史"再到提出学习"党史、新中国史、改革开放史、社会主义发展史"的逐渐完善过程。[1] 2013 年，习近平总书记在中央党校建校 80 周年庆祝大会暨 2013 年春季学期开学典礼上提出党员干部要认真系统学习党史、国史。2018 年，习近平总书记在学习贯彻党的十九大精神研讨班开班式上，将中国特色社会主义放置于中华文明史、中国近现代史、党史、新中国史、改革开放史的历史大视野中阐述。2019 年 7 月，中央"不忘初心、牢记使命"主题教育领导小组出台《关于在"不忘初心、牢记使命"主题教育中认真学习党史、新中国史的通知》。2019 年 10 月 31 日，十九届四中全会表决通过《中共中央关于坚持和完善中国特色社会主义制度 推进国家治理体系和治理能力现代化若干重大问题的决定》，该《决定》提出"推动理想信念教育常态化、制度化，弘扬民族精神和时代精神，加强党史、新中国史、改革开放史教育"。2019 年 11 月，习近平总书记考察上海时指出，要"引导广大党员、干部深入学习党史、新中国史、改革开放史，让初心薪火相传，把使命永担在肩"。2020 年 1 月 8 日，习近平总书记在"不忘初心、牢记使命"主题教育总结大会上强调，"要把学习贯彻党的创新理论同学习党史、新中国史、改革开放史、社会主义发展史结合起来"。2020 年 5 月 21 日，中央党校（国家行政学院）向各省、自治区、直辖市党委党校（行政学院），新疆生产建设兵团党委党校（行政学

---

〔1〕　参见赵卯生：《新时代持续推进"四史"教育的科学路径》，载《人民论坛》2021 年第 C1 期。

院），铁道党校，各副省级城市党委党校（行政学院）发出通知，要求深入贯彻落实习近平总书记关于深入开展四史教育的重要讲话和批示精神，切实加强"四史"教学工作，这普遍被认为是"四史教育"进入教学工作的标志。随后，2021 年 6 月，中共中央办公厅印发《关于在全社会开展党史、新中国史、改革开放史、社会主义发展史宣传教育的通知》，对"四史"宣传教育做出安排部署，是对四史学习工作较为全面的部署规定。

　　教育界对于"四史学习"有着极高的敏锐度和判断力，2019年 8 月，"四史"的教学工作便"官宣"进入教学研究的范畴。[1] 2019 年 8 月，中共中央办公厅、国务院办公厅联合印发了《关于深化新时代学校思想政治理论课改革创新的若干意见》（以下简称《意见》），提出"调整创新思政课课程体系"，"各高校要重点围绕习近平新时代中国特色社会主义思想，党史、国史、改革开放史、社会主义发展史，宪法法律，中华优秀传统文化等设定课程模块，开设系列选择性必修课程。" 2020 年 3 月 12日，教育部办公厅印发了《深化新时代学校思想政治理论课改革创新先行试点工作方案》，率先提出在北京、天津、上海、湖北落实思政课必修课+选修课体系，落实《意见》中规定的选择性必修课开设工作。2020 年 12 月 18 日，中共中央宣传部、教育部联合印发了《新时代学校思想政治理论课改革创新实施方案》，明确了大学阶段重点引导学生了解党史、新中国史、改革开放史、社会主义发展史。2021 年 4 月，教育部办公厅发布了《关于

---

[1]　这一时间比现能查到的最早提出"四史学习"雏形的，十九届四中全会《中共中央关于坚持和完善中国特色社会主义制度、推进国家治理体系和治理能力现代化若干重大问题的决定》还早。这可能与《决定》酝酿的时间较长有关系，十九届三中全会结束后，党中央便开始考虑十九届四中全会主题。

在思政课中加强以党史教育为重点的"四史"教育的通知》，自此四史教育工作在与高校思政课教学当中全面深入落实。

（三）"四史"与中国马克思主义当代

我们党的治国理政思路中一直有重视历史、借鉴历史的传统，历史教育也一直是人才培养中思政教育的重要组成部分。十九大以来，以习近平总书记为核心的党中央将历史学习提升到新的高度，并明确了我们学习的内容与方向，即"党史、新中国史、改革开放史与社会主义发展史"。这四史各有侧重，能够从不同的维度共同助力当代实践发展。中国共产党的历史，也就是中国共产党自 1921 年成立以来的整个发展历程，主要内容可以总结为不懈奋斗史、理论创新史和自身建设史三部分。通过学习党的历史，深刻理解中国共产党为什么"能"。[1] 学习中国共产党史是"增信"的重要理论源泉，了解历史能够认识为什么是中国共产党带领中华民族从血雨腥风中走向现代化建设和美好未来，亦是其他"三史"学习的根基。中华人民共和国国史与改革开放史有时间的重合，但各有其侧重，中华人民共和国国史是民族复兴史，从较长的历史全貌中了解国家奋斗、富强的过程，注重过程性的变革与发展。改革开放史是 1978 年十一届三中全会以后的改革史，是现代化建设的过程史，史实对当代的启发是认识改革开放与中国特色社会主义的关系，认识改革开放是坚持和发展中国特色社会主义的必由之路。最后，社会主义发展史是站在全球视域下的观测，是深刻理解社会主义从理论到实践、从一国到多国的曲折变化历程，认识其与资本主义等其他社会制度的

---

〔1〕 王炳林、刘奎：《关于学习党史、新中国史、改革开放史、社会主义发展史的思考》，载《思想理论教育导刊》2020 年第 8 期。

不同，从而了解我们选择社会主义道路的原因。中国马克思主义解决的是站在两个大变局中，用当代中国社会主义观察和解决当代经济、政治、文化、社会、生态环境、科技的问题，探析资本主义的危机以及明确社会主义发展的方向和历史的必然。当代社会主义在中国的最新成果来源于四史的提炼总结改进和升华，其中既包含从四史学习中收获的客观史实经验，更重要的是坚定的方向认同与理论自信、制度自信。

马克思主义理论本身"偏爱"历史。与众多同一时期以及后来流行的理论相比，马克思主义具有强烈的历史意识，对"历史"极其重视，"历史"一词在马克思主义文献中出现的频率颇高。这是因为，从根本上说，"历史"或"历史性"正是马克思主义哲学的实质和根本，马克思主义哲学本质是一种"历史的"哲学。[1] 这也是四史教育与中国马克思主义当代的内在耦合。

二、思政课程与课程思政——思政课程就不用课程思政了吗？

谈到课程的思想政治教育功能，师生往往直接将思政课程与课程思政天然分在两个阵营当中，一边是思政课程，一边是非思政课程的课程思政，似乎课程思政专指非思政课程中的一种教学理念和方法，思政课程的教学并不需要课程思政理念。笔者对此持有保留意见，思政课程中不但需要贯彻、实施课程思政的理念，还应当意识到在思政课程中实施课程思政的压力与挑战，从而找到解决路径。

（一）思政课程与课程思政

教育的根本是"育人"，"育人"的核心是立德树人，即教育

---

〔1〕 吴炜、马慧怡：《唯物主义与历史的结合：马克思主义历史概念及其"科学意义"》，载《思想教育研究》2022 年第 1 期。

是教授学生知识，更是传递世界观、人生观、价值观的过程，是教会学生认识世界与自己。我国的思想政治教育课，就是这样的目标定位，它是专业知识的根基和保障，是教育之本。课程思政是近年来尤其是党的十九大以来，党的教育路线方针的集中体现。2016 年底，全国高校思想政治工作会议上，习近平总书记指出要坚持把立德树人作为中心环节，把思想政治工作贯穿教育教学全过程。2017 年，中共中央、国务院印发了《关于加强和改进新形势下高校思想政治工作的意见》；2017 年底，教育部党组印发《高校思想政治工作质量提升工程实施纲要》明确提动"积极推动以'课程思政'为目标的课堂教学改革，优化课程设置"。

目前思政课程与课程思政的研究均着眼在二者的"同向同行"，这源于 2016 年习近平总书记在全国高校思想政治工作会议上的讲话精神："要用好课堂教学这个主渠道，思想政治理论课要坚持在改进中加强，提升思想政治教育亲和力和针对性，满足学生成长发展需求和期待，其他各门课都要守好一段渠、种好责任田，使各类课程与思想政治理论课同向同行，形成协同效应。"[1] 思政课程与课程思政尽管在教学侧重点上有所区分，但在价值追求、课程目标、教学内容等方面均具有一致性，[2] 学者们对此作了充分详实的论述。然而理论界仍缺乏对"思政课程是否需要课程思政"的直面回应，或言忽视了对这一问题的

---

〔1〕 张烁：《把思想政治工作贯穿教育教学全过程 开创我国高等教育事业发展新局面》，载《人民日报》2016 年 12 月 9 日，第 1 版。

〔2〕 学者研究可以参见：郑佳然：《新时代高校"课程思政"与"思政课程"同向同行探析》，载《思想教育研究》2019 年第 3 期；石书臣：《正确把握"课程思政"与思政课程的关系》，载《思想理论教育》2018 年第 11 期；高德毅、宗爱东：《从思政课程到课程思政：从战略高度构建高校思想政治教育课程体系》，载《中国高等教育》2017 年第 1 期。

考察。

（二）思政课程需要课程思政

思政课程本身需要课程思政。思政课程与课程思政是不同的概念，从词类角度划分，思政课程属于名词属类，课程思政属于动词属类。思政课程是对某一类课程的概括性称呼和定位，是一类课程的统称。而课程思政是一种课程观的具体实施，不是增开一门课，也不是增设一项活动，而是将高校思想政治教育融入课程教学和改革的各环节、各方面。[1] 思政课程是培养学生德行、价值观的课程，目的是提高学生的思想素质、理论素质、政治素质和道德素质。而课程思政是将立德树人的理念融入所有课程的各个教学环节，没有特定的课程适用范围，应普遍适用。思政课程教学整个过程的实现就内涵了课程思政的观念和要求，思政课程要实现教学目标就不能只做客观的知识输出，还应当做好课程思政要求的价值引领活动。即思政课程的主要教学内容、教学目标定位为立德树人，但要实现这一目标则离不开课程思政的教学理念及具体实施。以中国马克思主义与当代课程为例，依照课程大纲内容，课程讲授当代世界的经济、政治、文化、社会、生态环境、科学技术以及资本主义、社会主义的问题，最终的落脚点都是在中国各个领域发展中面临的困境、做出的贡献。以上知识点的时间背景为当代，要让学生理解当下为什么这样？而不是那样？为什么中国起到这样的作用而不是其他国家？这些知识点背后的逻辑推理与认知需要在讲授课程的过程中融入四史的内容，四史内容的加入与拓展使学生知其然并知其所以然，从而理顺历

---

〔1〕　参见高德毅、宗爱东：《课程思政：有效发挥课堂育人主渠道作用的必然选择》，载《中国高等教育》2017 年第 1 期。

史发展的规律与科学性，从内心深处认同中国化的马克思主义理论成果、增强中国特色社会主义道路自信、理论自信、制度自信、文化自信。

（三）课程思政在思政课程中的实施难度

思政课程中的课程思政实现难度更大。首先，思政课程设置贯穿于我国教育的各个阶段，在实践中出现授课效果欠缺、学生尤其是高校学生学习疲软的现象，学生对于思政课就是讲"大道理"的传统印象和观念深刻。即思政课程难以激发学生学习动力和主动性，甚至存在一定的心里"排斥感"。其次，在教学内容上，非思政课程可以通过部分知识点的巧妙结合实现专业知识与课程思政的水乳交融，但思政课程由于知识点大都为思想政治教育的"显性知识点"，因此思政课程的教学容易出现课程思政"硬结合""两张皮"。最后，思政课教师更加容易忽视课程思政在思政课程中的运用。思政课程教师在课程讲授过程中，易出现教法上的路径依赖，认为思政课内容上能够达到价值引领的目标，因此缺乏在教法上的思考，将课程思政的主动权或者说效果被动的交给学生个体，缺乏主动地引导。由此可见，在思政课程中要实现课程思政的育人功能更具有挑战度。

三、博士阶段与基础阶段——博士生就不用学习思政课了么?

思政课伴随着中国教育的各个阶段，近年来思政课教育提出"大中小学思政课一体化建设"的方向，有学者指出："推动大中小学思政课一体化，是思政课教学目标继承性与发展性、阶段性与全局性的统一，是时代新人培育的重要环节。"[1] 其中，大学生尤其是博士生的思政课程研究应当得到重视，但当前针对博士研究生思政课程的专门研究尚有不足。

（一）思政课程发展脉络

立德树人是教育的根本目标，是我国大中小学教育的共同责任，各个教育阶段都应当围绕社会主义核心价值观开展思政课程教育，各个阶段应当根据学生的成长阶段、身心特点设计不同的课程内容。义务教育阶段的思政课定位为"思想品德"课程，以促进德性启蒙、形成道德认知为主要目标；高中阶段定位为"思想政治"课程，以形成责任使命为主要目标；大学定位为"思想政治理论"课程，以提升思想理论素质为主要目标。[2] 囿于讨论范围，此处主要阐述大学阶段思政课程问题。

新中国成立后的高校思政课建设可以以改革开放为分水岭，分为两个大的阶段。改革开放 30 年前的高校思政课程经历了新中国成立后的初步发展、社会主义改造等。在课程设置上，改革开放前主要开设的课程包含新民主主义论、社会发展史、政治经济学、辩证唯物主义与历史唯物主义、中国革命史、马列主义基础、哲学、中共党史、思想政治教育报告。[3] 教学要求与课程设置没有区分本科与研究生不同阶段，当然这也与该时期研究生教育发展缓慢，人数极少有着很大的关系。1978 年之后，高校思

〔1〕 张志元、马慧慧：《高校思想政治理论课教学改革与展望——基于 2020 年至 2021 年第 3 期人大复印报刊〈高校思想政治理论课教学研究〉刊文的梳理》，载《山西高等学校社会科学学报》2022 年第 2 期。

〔2〕 参见汪青松等著：《新中国大中小学思政课程的历史发展》，上海社会科学院出版社 2020 年版，第 6~7 页。

〔3〕 参见汪青松等著：《新中国大中小学思政课程的历史发展》，上海社会科学院出版社 2020 年版，第 70~84 页。

想政治课程由恢复走向了全面发展时期。改革开放之后的高校思政课程从辩证唯物主义与历史唯物主义、政治经济学、中共党史、政治经济学等 1978 年之前的课程首先过度为马克思主义基本原理、中国革命史等课程，后又加入法律基础、形势与政策、邓小平理论概论、毛泽东思想概论、中国近代史纲要等核心课程。[1] 直到十九大之后形成以马克思主义基本原理、毛泽东思想和中国特色社会主义理论体系概论、中国近现代史纲要、思想道德与法治、形势与政策为基础，倡导开设"习近平新时代中国特色社会主义思想概论"的基本课程体系。

改革开放 40 多年来高校思政课程发展有清晰的方向和路径，国家发布相关政策、意见、通知近 30 个。由于 1978 年恢复研究生招生制度，1980 年《中华人民共和国学位条例》正式颁布，思政课程体系逐渐完善，且将研究生思政课程单独列出规定。这一阶段高校思政课的发展有四个里程碑式的标志文件，即 1985 年 8 月 1 日，中共中央发布了《关于改革学校思想品德和政治理论课程教学的通知》（以下简称"85 方案"），1998 年 6 月 10 日，中宣部、教育部印发了《关于普通高等学校"两课"课程设置的规定及其实施工作的意见》（以下简称"98 方案"），2005 年 3 月 9 日，中共中央宣传部、教育部发布了《关于进一步加强和改进高等学校思想政治理论课的意见》（以下简称"05 方案"），2020 年 12 月 18 日，中共中央宣传部、教育部联合印发了《新时代学校思想政治理论课改革创新实施方案》（以下简称"20 方案"）。"85 方案"首次提出研究生思政课程问题：研究生阶段

---

〔1〕 参见汪青松等：《新中国大中小学思政课程的历史发展》，上海社会科学院出版社 2020 年版，第 85~93 页。

的思想理论教育，应当在大学本科的基础上继续提高，并注意与专业学习适当地结合起来。"98 方案"明确了博士研究生阶段的思政课设置，理工类开设"现代科学技术革命与马克思主义"课程，文科类开设"马克思主义与当代社会思潮"课程。"05 方案"中延续"98 方案"要求。"20 方案"在 2019 年中共中央办公厅、国务院办公厅印发了《关于深化新时代学校思想政治理论课改革创新的若干意见》进一步确立了现行的博士生课程设置：博士阶段开设"中国马克思主义与当代"，同时强调了"四史"学习地融入，提出博士研究生阶段选择性必修课的建设愿景。

（二）思政课对博士培养的重要性

从我国人才培养的目标与要求来看，思政课程是博士研究生培养的必要环节，对于人生观、世界观、价值观已经成型的博士研究生而言，思政课教育的价值定位应当从博士生主观需求与国家人才培养客观需要两方面出发考量。

首先，从博士生主观需求层面观测，博士的研究工作需要理论工具指导。博士研究生学习阶段与中学、大学甚至硕士研究生阶段完全不同，绝不仅仅是学习阶段的自然延续，与其说博士阶段是学习阶段，不如说是科研创新的工作阶段、事业建立阶段。创新研究的基本储备来源于基础教育、高等教育过程中的知识积累及能力养成，但仅有基础储备尚不足以完成具有时代性、创造性的研究工作。博士教育的目标已不再是单一地培养学者，而是强调通过学习与研究使博士生养成良好的问题意识、批判性思考能力、科学分析问题的能力等，为进入各行各业成为职场精英和行业领袖做好准备。[1] 思政课程正好在这个维度上与博士研究生的需求匹配融合。马克思主义有自身的理论逻辑,马克思主义理论精髓之一是在其理论中始终贯穿的批判精神,这既是把握马克思主义理论精髓的内在诉求,也是创新人才培养的发展需要,批判性思维是产生问题意识的逻辑动力。马克思主义理论精髓之二是方法论,即唯物辩证法能够为博士生开展专业研究提供方法论工具。[2]

其次,从国家需求而言,博士生培养是当代我国提升全球竞争力的关键,思政课是不可缺少的部分。全球化时代,知识对经济发展的影响逐渐增强,并成为衡量一个国家、地区经济社会发展水平的重要标志。[3] 博士生培养的水平直接决定了国家创新型人才、高端人才的研究能力,从而影响我国在中华民族伟大复兴战略全局和世界百年未有之大变局交织之际的国家竞争力。2020 年 9 月 4 日,教育部、国家发展改革委、财政部联合发布了《关于加快新时代研究生教育改革发展的意见》(以下简称《意见》),《意见》开篇便提出"研究生教育肩负着高层次人才培养和创新创造的重要使命,是国家发展、社会进步的重要基石,是应对全球人才竞争的基础布局。"《意见》第 4 条明确指出"完善思想政治教育体系,提升研究生思想政治教育水平",要求"开全开好研究生思想政治理论课,推进习近平新时代中国特色社会主义思想进教材、进课堂、进头脑。"失去正确的价值观引

---

[1] 王传毅、赵世奎:《21 世纪全球博士教育改革的八大趋势》,载《教育研究》2017 年第 2 期。

[2] 参见林滨、黄晓星:《理论逻辑、认知逻辑与生活逻辑的三维一体——中山大学博士生思政课教学改革研究》,载《教育研究》2011 年第 10 期。

[3] 杨盼、王沐阳:《全球化时代的博士教育:发展趋势、共同特征与现实使命》,载《现代教育管理》2021 年第 12 期。

导，立德树人的理念如果得不到贯彻，再优秀的人才也无法担负实现党和国家实现伟大复兴的宏愿。

四、三对范畴的统———博士思政课程建设路径

上文探讨了当代与历史、思政课程与课程思政、博士生课程与基础阶段课程三对范畴，这三对范畴于博士生思政课程建设路径规划中交织统一。博士生思政课不同于基础教育阶段的知识讲授型课程，应当在课程目标、课程内容、授课方法等方面满足博士培养的基本需求、符合博士生的身心特点。借用一流本科课程建设理念中的"两性一度"概念剖析博士生思政课程特点，其中的高阶性、创新性与挑战度比起一流本科生课程具有更为深刻的内涵和更高的要求。依照当前文件要求，全国高校博士研究生应当开设"中国马克思主义与当代"必修课程，应当让四史教育融入课程建设中，要积极探索开设其他选择性必修课。下文将探讨中国马克思主义与当代课程的"两性一度"建设路径。

（一）找准高阶性课程目标

教学重在"因地制宜"，根据不同的需求制定不同的教学目标。教学目标设计之所以这样重要是因为教学目标在指引教学方向、指导教学结果的测量与评价、达成课程目标等方面均发挥着重要的作用。[1] 在教学目标分类研究方面，布鲁姆的教育目标分类理论在全球教育研究中具有较为广泛的影响和一定的权威性。他将教育目标分为三个领域，即认知领域、动作技能领域、情感领域，进而将三个领域的教学行为进行金字塔式的细分。认

---

〔1〕　王延玲、吕宪军：《论教学目标设计理论与实践的应用研究》，载《东北师大学报（哲学社会科学版）》2004年第1期。

知领域目标中由低到高依分为知识、领会、运用、分析、综合、评价；动作技能领域依次包括知觉、定向、有指导的反应、机械动作、复杂的外显反应、适应、创新；情感领域由低级到高级依次为接受、反应、价值化、组织、价值与价值体系的性格化。[1]思政课程的目标设置主要定位在认知领域与情感领域，且以认知领域为基础以情感领域为最终目标，对于博士生思政课程设计而言，首先要定位高阶的认知与情感目标。即经过对"中国马克思主义与当代"课程的学习，博士研究生应当能够对当代全球现象做出评价，能够充分分析社会主义尤其是中国社会主义与资本主义的价值标准，判断并克服冲突，建立起一套新时代中国特色社会主义思想与价值观，并能够经过内化将这套价值体系内化、性格化，带入未来的工作研究当中。

该课程目标在"20 方案"中也得到了回应。"20 方案"中明确提出"大学阶段重在增强学生的使命担当。重点引导学生系统掌握马克思主义基本原理和马克思主义中国化理论成果，了解党史、新中国史、改革开放史、社会主义发展史，认识世情、国情、党情，深刻领会习近平新时代中国特色社会主义思想，培养运用马克思主义立场观点方法分析和解决问题的能力；自觉践行社会主义核心价值观，尊重和维护宪法法律权威，识大局、尊法治、修美德；矢志不渝听党话跟党走，争做社会主义合格建设者和可靠接班人。"[2]

（二）探索创新性授课形式

授课形式需要不断创新，这是全球进入信息化时代、智慧时

---

〔1〕 参见王延玲、吕宪军：《论教学目标设计理论与实践的应用研究》，载《东北师大学报（哲学社会科学版）》2004 年第 1 期。
〔2〕 中央宣传部、教育部《新时代学校思想政治理论课改革创新实施方案》。

代以来的历史要求，亦符合当代人们日益增长的"美好"学习需要，也是打破传统沉默课堂提升博士生思政课程教学质量的关键。"20 方案"对授课方式也做出了分阶段的指导，明确提出"研究生课程重在探究式教育和学习。"[1] 探究式教育和学习可以从以下三条路径上突破。

第一，引导学生回归原典。"经典的产生需要历史的选择，它们往往是经历了千百年仍被广为传阅的精华，在民族文化史上具有稳定性和权威性。"[2] 原典即为经典的直接表现形式，博士研究生在阅读能力、理解能力、批判能力与创新能力上均处于较高水平，因此思政课程的教学重点应从教师的知识提炼输出转为学生自己的阅读、理解、评价、选择与再创造。原著、原典所体现的经典具有原创性、不可替代性与开创性，回归原典应当包括"读原著""学原理""悟原理"三个层次。在课程建设过程中，需要有效引导博士研究生选择适合的马克思主义经典原著进行深入阅读与研究。

第二，专题讲解深挖兴趣。博士研究生已经具备较为系统、全面的知识体系和架构，其学习重点与方向着力于某一个或几个方向进入深入的拓展研究，产出新的研究成果。此外，在深入专题研究的过程中，拓展知识面，对自己研究的领域进行跨学科、跨知识体系的反观与再评价。以上的学习特征要求博士研究生的思政课程建设走向"专题化"。有学者就博士生思政课程建设问题做过问卷研究，针对"博士生思想政治理论课的授课内容最应该讲的是什么"的问题，选择"重点选择一些有价值的理论与社

〔1〕　中央宣传部、教育部《新时代学校思想政治理论课改革创新实施方案》。
〔2〕　张筠：《经典阅读现状的应对路径：回归原典》，载《图书情报工作》2013年第 13 期。

会实践前沿的专题"的占受访者的 76.3%。[1] 中国马克思主义与当代课程大纲脉络清晰，可以就经济、政治、文化、社会、生态环境、科技不同领域设置专题进行讲授。

第三，混合式学习的适用。混合式学习的兴起经历了视频课、公开课、SPOC、MOOC 等形态的演变，经过全球疫情的洗礼，在主观需求与客观条件共同作用下进入蓬勃发展的阶段。博士阶段的思政课混合式学习实现不仅要注重授课形式上的"线上线下"进行，更要发掘"混合式"授课的内在价值，即传统教学形态而非形式的转变。真正的"混合式学习"体现的是学生主体性，即激发学生的学习兴趣、主动性、自主性，教师由传统教学中讲授者的角色转变为"引导者"。

（三）增强课程评价挑战度

评价是课程建设中的关键环节，合理的评价机制能够极大程度提高课程建设的水平，提升培养质量。在博士生思政课建设中，我们力求"淘汰水课"，打造课程质量高、授课效果好、学生收获大的博士生思想政治理论课，这就需要优化评价维度和评价方式，提升课程的挑战度。第一，注重过程性评价。结合博士生的研究特点，在不同专题点上设置过程性考核，采用小组展示、个人论述与感想、小型读书报告等方式构建多个评价点，每一个过程性评价点可追求"小而精"的特点，促进博士生思考与研究常态化。第二，创新考核内容与形式。在考核内容上，可以结合中国马克思主义与当代课程的授课特点，结合博士生学习研

---

[1] 问题与调查结果出自 2011 年学者在中山大学针对博士研究生思想政治理论课教学实效性内在机制研究所做的问卷调查。参见林滨、黄晓星：《理论逻辑、认知逻辑与生活逻辑的三维一体——中山大学博士生思政课教学改革研究》，载《教育研究》2011 年第 10 期。

究形态进行跨学科、复合型的考核，一来有助于激发学生对考核的态度，二来有助于实现课程的认知和情感上的高阶目标。在考核环节中还应当注重课程思政理念在思政课程建设中的自然融合，课程思政是贯穿在课程建设中各个阶段的理念，即包含了考核阶段，考核主题的设置和引导应当符合"立德树人"的价值目标，应当突出思政课程的特点。

国无德不兴，人无德不立。博士研究生是国家科学研究的重要人才储备力量，其政治理论水平与素养、世界观与价值观直接影响着专业知识技能所能达到的顶点定位及实现方向。本文在博士生思政课程建设中提供了基础路径，即处理好"四史"学习与当代问题的关系、思政课程与课程思政的关系、基础阶段与研究阶段的关系，将三对范畴统一在博士生思政课程建设当中。目前来看，博士生思政课程建设仍有长远的道路可走可期。

数字经济时代政法院校提升大学生数字素养的培育路径研究

——基于中国政法大学的观察*

◎孙瑜晨**

摘　要：通过梳理美国图书馆协会、欧盟、国际图联、联合国教科文组织等提出的数字素养框架，发现数字素养包括数字应用素养和数字安全素养两个方面。但是，当前很多高校的数字素养培育架构只眷注信息检索、数字技能等数字应用素养的提升，忽视了隐私保护、网络安全、虚假信息甄别、防数字成瘾、反数字歧视等数字安全素养的培育。在数字风险社会，高校依托图书馆为枢纽开展的数字素养培育体系应当补齐安全素养教育的"短板"，完善数字素养教育的软硬件资源建

＊　本文系中国政法大学青年教师学术创新团队支持计划阶段性研究成果（项目编号：21CXTD08）。

＊＊　孙瑜晨，中国政法大学民商经济法学院讲师，中国政法大学市场监管法治研究基地研究员。

设，这将有效提高大学生的风险防范意识和自我保护能力。在数字安全素养教育体系中，数字法治素养培育是重要构成部分。以法学教育见长的政法类院校应当发挥特长，打造法律特色的数字素养精品课程，实现数字素养教育与数字法治教育的融合。

关键词：数字素养；隐私保护；数字成瘾；高校图书馆；数字法治

引言

随着大数据、云计算、人工智能、区块链等技术深度嵌入普通人的生活秩序，几乎所有个体都生活在数字化社会当中，需要应对"数字化生存"问题。[1] 然而，如尼尔·波斯曼所说，数字技术是浮士德的交易，既是恩赐又是包袱，是利弊共在之物。[2] 为了更好地适应数字化社会，包括大学生在内的所有群体都需要提升数字素养，以更高效和安全的方式拥抱数字技术。数字素养是指数字社会公民学习工作生活应具备的数字获取、制作、使用、评价、交互、分享、创新、安全保障、伦理道德等一系列素质与能力的集合。[3] 马克·布朗指出培育数字素养可以推动积极的公民创造和重塑更加美好的社会。[4] 职是之故，很多国家都较为重视数字素养的培育，不仅将其视为增强国民素质

---

〔1〕　参见 ［美］尼葛洛庞帝：《数字化生存》，胡泳、范海燕译，海南出版社 1997 年版，第 158~165 页。

〔2〕　参见 ［美］尼尔·波斯曼：《技术垄断：文化向技术投降》，何道宽译，中信出版集团 2019 年版，中译者第一版序。

〔3〕　参见《提升全民数字素养与技能行动纲要》，载 http：//www.cac.gov.cn/ 2021-11/05/c_1637708867754305.htm，最后访问日期：2022 年 12 月 20 日。

〔4〕　参见 ［新西兰］马克·布朗：《数字素养的挑战：从有限的技能到批判性思维方式的跨越》，肖俊洪译，载《中国远程教育》2018 年第 4 期。

的重要组成部分，还视其为国家竞争力的重要元素。[1] 美国将"数字公民素养"作为《美国国家教育技术标准》的六大标准之一；澳大利亚政府印发《数字经济战略 2030》，明确提升澳洲公民的数字技能，到 2030 年让 90% 的人群有信心使用数字技术且能够保护隐私与评估信息可信度。[2] 2021 年，中央网络安全和信息化委员会印发了《提升全民数字素养与技能行动纲要》，并拉开数字素养教育序幕。《中华人民共和国国民经济和社会发展第十四个五年规划和 2035 年远景目标纲要》更是强调了"加强全民数字技能教育与培训，普及提升公民数字素养"。

尽管我国政府已经意识到了数字素养的重要性，但是上述这些文件只体现了培育欲望和期待，缺乏具体的培育策略。目前的数字素养教育仍存在如下几方面的问题。首先，数字时代不断极权化却缺少外部监督的超级技术平台与无序资本结合，形成"监视资本主义"。[3] 数以亿计的消费者都遭遇了隐私风险、数字剥削、数字欺诈、数字歧视、数字成瘾等问题。遗憾的是，现行的数字素养培育体系过于重视应用层面的数字技能素养、数字趋利素养、数字积极素养，忽视了安全层面的数字防御素养、数字避害素养、数字消极素养。尤其是，对于隐私保护、数字反诈、数字反成瘾等新兴问题的素养教育严重缺失。其次，尽管不同年龄

---

〔1〕 参见邱冠文：《"双一流"高校图书馆数字素养教育的现状、问题与路径》，载 http：//kns. cnki. net/kcms/detail/44. 1306. g2. 20220819. 0934. 002. html，最后访问日期：2022 年 12 月 10 日。

〔2〕 Australian Government，Australia's Digital Economy，https：//digitalecono-my. pmc. gov. au/sites/default/files/2021-07/digital-economy-strategy. pdf，2022-12-20.

〔3〕 See Shoshana Zuboff，Big Other：Surveillance Capitalism and the Prospects of an Information Civilization，30 Journal of Information Technology 75，75-89（2015）.

群体都生活在技术全息统御的"围墙花园"之中,[1] 但未成年人、大学生、老年人等弱势群体成为被侵害最为严重的群体。提升这部分弱势群体的数字素养,能够让他们更安全地分享技术红利、更健康地实现数字融入。但是目前针对这些特殊群体的数字素养培育不足,对应的理论研究供给不足,这导致弱势群体遭遇的数字鸿沟、数字权力势差、数字权益被克减等问题得不到矫正。大学阶段正是形成正确数字技术观和数字价值观的关键阶段,对于强化大学生群体的数字素养培育。不仅应关注他们的智商(IQ)和情商(EQ)教育,还应重视他们数字商(DQ)教育。[2] 最后,数字素养教育体系忽视了对数字法律素养的教育,这严重制约了数字素养的培育绩效。许志红对 662 名大学生的调查研究发现政策法规认知在数字素养和网络健康使用之间具有中介作用,进而建议要加强对网络政策法律法规的宣传教育,把大学生知法意识教育作为一项迫切任务来做。[3] 为了提升大学生应对隐私泄漏、网络安全问题、算法剥削、数字成瘾等新兴风险的素养,需要高校将个人信息保护法、网络安全法、数据安全法、电子商务法、消费者权益保护法、互联网信息服务算法推荐管理规定等数字法律法规教育与数字素养教育深度融合。遗憾的是,国内很多高校的数字素养教育几乎忽视了数字法治教育的内容,即使是以法学教育见长的政法类院校也概莫能外。

政法类院校在融贯数字素养教育和数字法治教育方面有显著

---

〔1〕 参见钟祥铭、方兴东:《"围墙花园"破拆:互联网平台治理的一个关键问题》,载《现代出版》2021 年第 5 期。

〔2〕 参见王旭燕:《面向未来的全球数字素养与能力标准框架:基于〈2019 年 DQ 全球标准报告〉的分析》,载《图书馆建设》2021 年第 3 期。

〔3〕 参见许志红:《数字素养与网络健康使用——政策法规认知与情绪智力的作用分析》,载《中国广播电视学刊》2022 年第 8 期。

的学科和资源优势，应当成为数字时代提升大学生数字素养（特别是安全素养）的培育重镇。鉴于此，本文以中国政法大学为观察样本，分析现有数字素养培育体系的不足，思考政法类院校如何贯通数字素养教育与数字法治教育，提出体系化的大学生数字素养培育方案。

一、数字风险社会数字素养的内涵更新与培育逻辑

（一）数字素养的内涵更新

明晰数字素养的内涵构成是有效开展培育工作的前置性条件。早在 1997 年，保罗·吉尔斯特在其著作《数字素养》中就做出界定，提出数字素养指当信息通过计算机呈现时，能够有对各种来源的理解和使用多种格式的信息的能力。[1] 该定义产生了非常深远的影响，包括英国联合信息系统委员会[2]等组织对数字素养的定义都有保罗·吉尔斯特的"基因"。但是这样的定义仍过于狭窄，除了数字技能与能力的维度，数字素养还应当包括数字安全、数字伦理、数字价值批判等其他内涵。新加坡《数字化就绪蓝图》就指出，数字素养可以简单理解为两个层次，第一层是知道什么是数字技术以及如何使用它，第二层是能够批判性地思考所接收的信息并辨别信息的真伪。[3] 学者 Havrilova 等也提出类似观点，指出数字素养不仅仅涉及数字环境中的知识、

---

〔1〕 See Paul Gilster, *Digital Literacy*, New York: Wiley, 1997, p. 215.

〔2〕 英国联合信息系统委员会将数字素养定义为个人在数字社会中生存、学习及工作所需的能力。See Jisc, Developing digital literacies, https://www.jisc.ac.uk/guides/developing-digitalliteracies, 2022-10-20.

〔3〕 参见惠佳菁、董丽丽：《新加坡国民数字素养提升的具体举措与启示——基于〈数字化就绪蓝图〉的解读与思考》，载《世界教育信息》2020 年第 8 期。

技能与经验，还包括大量复杂的认知、价值观和态度。[1] 显然，保罗·吉尔斯特的定义只关注到第一层，忽视了第二层意涵。英国政府在 2019 年发布了一个名为"基本数字技能框架"（Essential Digital Skills Framework）的文件，对数字素养进行了更综合地界定，数字素养具体涉及数字基础技能、沟通交流技能、信息处理技能、在线交易技能、解决问题技能、安全合法上网技能共六个方面。其中，安全合法上网技能指具有安全上网意识，能够有效识别安全网站，保护个人隐私和信息安全等。[2] 更具影响力的界定来自欧盟提出的数字素养框架（DigComp 2.1），具体将数字素养细分为信息和数据素养、沟通与协作、数字内容创造、安全素养、问题解决共五个维度。其中，安全素养包括保护设备、保护个人数据和隐私、保护健康、保护环境等内容，更值得一提的是，安全素养明确包含"避免使用数字技术对生理和心理带来的健康风险和威胁"。[3] 除了上述界定外，美国图书馆协会、联合国教科文组织等也提出了一些数字素养框架，得到了业界的普遍关注（详细数据见下表1）。虽然这些框架在具体内容上各异，但是都关注到——数字素养除了积极应用面向，还有消极防御面向；数字素养的培育除了解决提升公民数字技能、促进数字融入、跨越数字鸿沟的正题，还要解决提高公民安全意识、增强内

---

[1] See Liudmyla H. Havrilova and Yana V. Topolnik, "Digital Culture, Digital Literacy, Digital Competence as the Modern Education Phenomena", *Information Technologies and Learning·Tools* 61, 2017, pp. 1-14.

[2] See Department for Education, Essential digital skills framework, https://www.gov.uk/government/publications/essential-digital-skills-framework/essential-digital-skills-framework, 2022-12-05.

[3] See Stephanie Carretero Gomez, et al., DigComp 2.1, https://publications.jrc.ec.europa.eu/repository/handle/JRC106281, 2022-09-15.

在保护能力的反题。马星和冯磊的研究直言，数字安全素养是近十年欧盟、美国、英国等国家和地区尤为强调的数字素养发展重点。[1]

表 1　世界范围内几种主要的数字素养框架

提出者	时间	主要内容
美国图书馆协会	2012	1、操纵数字设备的技能。2、各种认知和技术技能。3、数字交流合作能力。4、批判性的认知能力（个人隐私保护素养等）。5、参与并服务社会的能力[2]
德国联邦职业教育研究所	2015	1、熟练使用专业软件。2、利用数字媒体进行有效沟通。3、解决相关问题。4、对数字媒体相关的法律法规有清晰了解。5、借助数字媒体积极参与专业交流。6、判断新媒体对自身专业的可用性。7、使用普通办公软件。8、自主开发媒体应用[3]
欧盟	2017	1、信息和数据素养。2、沟通与协作。3、数字内容创造。4、安全素养。5、问题解决素养[4]
国际图联	2017	1、创造能力。2、媒介和信息素养技能。3、基础技术技能。4、法律和道德知识。5、全球公民意识。6、终身学习能力[5]

〔1〕　参见马星、冯磊：《大学生数字素养教育的价值、目标与策略》，载《江苏高教》2021 年第 11 期。

〔2〕　参见曾粤亮、梁心怡、韩世曦：《美国公共图书馆数字素养教育实践与启示》，载《图书情报知识》2021 年第 6 期。

〔3〕　参见陈莹：《德国职业教育对工业 4.0 的回应：提升劳动者数字能力》，载《比较教育研究》2019 年第 6 期。

〔4〕　See Stephanie Carretero Gomez, et al. , DigComp 2. 1, https：//publications. jrc. ec. europa. eu/repository/handle/JRC106281, 2022-09-15.

〔5〕　See IFLA Statement on Digital Literacy, https：//repository. ifla. org/handle/123456789/1283, 2022-10-10.

续表

提出者	时间	主要内容
联合国教科文组织	2018	1、设备操作素养。2、信息素养（数字内容管理能力）。3、数字技术交流能力。4、数字内容创造能力。5、安全伦理素养（设备、数据、隐私保护能力）。6、问题解决。7、职业相关素养[1]
英国教育部	2019	1、数字基础技能。2、沟通交流技能。3、信息处理技能。4、在线交易技能。5、解决问题技能。6、安全合法上网技能[2]

（二）数字素养的培育逻辑

贝克、吉登斯等学者提出的风险社会理论让我们意识到市民社会的生活秩序中弥散着各类风险。[3] 数字化时代，隐私泄漏、数字鸿沟、算法黑箱、大数据歧视、网络欺诈、意识形态风险等一些新型风险不断涌现，[4] 并与传统风险相互叠加、共振，这迫切需要国家努力提升每个公民应对危险的能力和素养。一些国家建立了内容丰富和呈体系化的数字素养培育机制，并根据未成年人、大学生、老年人等不同群体建立了针对性的培养体系。针对老年群体，约有83%以上的美国公共图书馆同时为老年人等提

〔1〕　See UNESCO Institute for Statistics, A Global Framework of Reference on Digital Literacy Skills for Indicator 4. 4. 2, http：//uis. unesco. org/sites/default/files/documents/ip51-global-framework-referencedigital-literacy-skills-2018-en. pdf, 2022-10-09.

〔2〕　See Department for Education of UK, Essential Digital Skills Framework, https：//www. gov. uk/government/publications/essential-digitalskills-framework, 2022-12-10.

〔3〕　参见 ［德］乌尔里希·贝克：《风险社会：新的现代性之路》，张文杰、何博闻译，译林出版社 2018 年版，第 3 页。

〔4〕　参见危红波：《我国数字社会风险治理责任分配》，载《学术交流》2021 年第 10 期。

供数字素养教育,[1] 美国博物馆与图书馆服务局、美国图书馆协会等机构联合设立了 Digital Learn. org 门户网站,提供让老年人自主学习的数字素养课程。[2] 在新加坡,乐龄义工组织积极参与老年人信息素养教育的公益活动,[3] 新加坡国家图书馆管理局发起了公众信息素养教育运动,尤其注重帮助老年人等弱势群体学习如何检索健康信息、尝试网络远程医疗、甄别常见网络骗局、参与打击虚假新闻等技能。[4] 针对未成年人,我国注重将数字素养教育与义务阶段教育相互融合,2022 年国家发布《义务教育信息科技课程标准》,标志着中小学生的数字素养教育迈向新阶段。[5] 2020 年欧盟发布了《数字教育行动计划 (2021—2027 年)》,提出培养学习者的数字素养和技能的要点。[6] 针对大学生群体,我国目前的数字素养教育体系主要以高校图书馆为枢纽,以学历教育系统、专业教育系统等多种路径为支撑。有研究指出美国 86% 的教职工、83% 的大学生都参加过数字素养课程。[7] 我国高校图书馆在数字素养教育中同样发挥了非常重要

---

[1] See Information Policy & Access Center, Digital Literacy & Public Libraries, http://ipac. umd. edu/content/digital-literacy-public-libraries, 2022-10-10.

[2] See Public Library Association, Digital Literacy, www. ala. org/pla/initiatives/digitalliteracy, 2022-12-02.

[3] See Sara Pek and Damien Wang, "National Library Board's Public Education on Information Literacy: Teaching Citizens to Fight Fake News", Singapore Journal of Library & Information Management 47, 2018, pp. 2-14.

[4] 参见陈珑绮:《新加坡公众信息素养教育实践研究》,载《图书馆学研究》2021 年第 6 期。

[5] 参见杨晓哲、刘昕:《面向数字素养的义务教育信息科技课程》,载《全球教育展望》2022 年第 6 期。

[6] 参见董丽丽等:《后疫情时代的数字教育新图景:挑战、行动与思考——欧盟〈数字教育行动计划 (2021—2027 年)〉解读》,载《远程教育杂志》2021 年第 1 期。

[7] 参见张娟:《美国数字素养教育现状及启示》,载《图书情报工作》2018 年第 11 期。

的作用，但长期存在重数字应用和技能素养培育而轻数字安全和伦理素养的痼疾。

　　数字素养的内涵界定将影响对应的培育逻辑。随着数字安全素养备受重视，一些国家或机构的数字素养培育体系和课程设置出现了更新和调适，这是值得我们借鉴的。例如，2018 年新加坡通信与信息部发布的《数字化就绪蓝图》设计了基本数字技能课程，包括信息管理与交流、数字交易、访问政府服务和网络安全四个模块，其中网络安全模块的教学内容包括网络安全，网络诈骗、虚假新闻的识别。[1] 自 2009 年以来，新加坡成立跨部门网络健康指导委员会负责新加坡青年的网络健康教育与信息伦理教育，已经支持了超过 34 项、覆盖 38 万余人的网络健康活动。[2] 新加坡高校图书馆也愈发重视培育学生的评估网络信息、发现虚假新闻等安全素养技能，如新加坡国立大学图书馆官网专设的信息素养栏目就引用了国际图联发布的"如何发现虚假新闻"的步骤图,[3] 南洋理工大学图书馆开设的"媒介与信息素养"线上课程包括"识别信息类型""评估信息质量""发现不实信息"等主题。[4]

〔1〕 参见惠佳菁、董丽丽：《新加坡国民数字素养提升的具体举措与启示——基于〈数字化就绪蓝图〉的解读与思考》，载《世界教育信息》2020 年第 8 期。

〔2〕 See Ministry of Communication and Information, Media Literacy and Cyber Wellness, https：//www. mci. gov. sg/portfolios/infocomm-media/what-we-do, 2022-12-01.

〔3〕 See International Federation of Library Associations and Institutions, How to Spot Fake News, https：//www. ifla. org/resources/? oPubId=11174, 2022-12-10.

〔4〕 See Nanyang Polytechnic Library, Information Literacy：Information & Media Literacy（IML）for Undergraduates on NTULearn, https：//libguides. ntu. edu. sg/infoliteracy, 2022-12-04.

二、我国大学生数字素养培育机制的局限性分析

"数字素养已成为数字化社会公民的核心素养，是公民生存的基本能力，也是数字社会人才成长的首要技能。"[1] 尽管我国出台了《教育信息化 2.0 行动计划》《提升全民数字素养与技能行动纲要》等规范文件，但是具体培育机制存在的如下弊端制约了数字素养的培育效果。

（一）重视数字技能素养而忽视数字安全素养

我国大学生数字素养培育机制采取了与欧盟类似的以高校图书馆为枢纽的培育模式，这是因为图书馆拥有数字资源、数字设备和数字空间，是大学生提升数字素养与能力的关键平台。2015年教育部印发了《普通高等学校图书馆规程》，其中第 31 条规定，图书馆应重视开展信息素质教育，采用现代教育技术，加强信息素质课程体系建设，完善和创新新生培训、专题讲座的形式和内容。2018 年教育部高校图工委信息素养教育工作组起草了《关于进一步加强高等学校信息素养教育的指导意见》，进一步明确了图书馆践行数字素养教育的具体进路。但是，当前很多高校的数字素养培育内容存在"偏科"，只重视数字技能素养培养而忽视了数字安全素养的提升，而在数字风险社会中后者的重要性更为凸显。在 2018 年世界图书馆和信息大会期间，国际图联就重申了图书馆在检测、识别、打击虚假信息方面的重要作用。[2]

---

〔1〕 王淑娉、陈海峰：《数字化时代大学生数字素养培育：价值、内涵与路径》，载《西南民族大学学报（人文社会科学版）》2021 年第 11 期。

〔2〕 参见徐路、张兴旺：《转型变革背景下高校图书馆发展趋势研究——基于 2012—2018 版〈ACRL 高校图书馆发展大趋势报告〉的解读与分析》，载《图书情报工作》2019 年第 12 期。

　　邱冠文对国内 49 家具有代表性的"双一流"高校图书馆数字素养教育情况进行调查研究，指出一方面，普遍存在重数字知识和技能，而轻数字意识、伦理和规范的问题。[1] 中国仅 8 家科技类大学提供数字道德伦理、网络安全教育。另一方面，大部分高校图书馆的数字素养课程设置以数字资源检索与利用等通识内容为主，普遍缺少数字权益保护、数字安全问题解决等深层次的内容。[2] 一些高校确实围绕数字素养建设了专门的课程，但是仍停留在数字技能素养培育的范畴，如北京大学的数字图书馆资源检索与利用、武汉大学的数据素养与数据利用、中国人民大学的人文社会科学数字信息检索、重庆大学的文献检索与利用等。

　　笔者考察了中国政法大学图书馆的数字素养课程设计，也得出与邱冠文大致相同的结论。该校图书馆最核心的数字素养培育课程就是面向全校本科生的通识选修课《文献信息检索与论文写作》，该课程共 33 学时，课程内容主要涵盖信息检索基本原理及检索方法、中外文纸质资源及电子资源的检索与利用、常用软件的使用技巧、论文的文献调研及写作规范等。[3] 显而易见，该课程主要培育目的仍在于提升学生的数字应用和技能素养，并不涉及学生的数字安全和批判素养培育。除了正式课程，中国政法大学图书馆还通过讲座、微课堂等方式展开数字素养培育（如秋

〔1〕　参见邱冠文：《"双一流"高校图书馆数字素养教育的现状、问题与路径》，载 http：//kns.cnki.net/kcms/detail/44.1306.g2.20220819.0934.002.html，最后访问日期：2022 年 12 月 10 日。

〔2〕　参见邱冠文：《"双一流"高校图书馆数字素养教育的现状、问题与路径》，载 http：//kns.cnki.net/kcms/detail/44.1306.g2.20220819.0934.002.html，最后访问日期：2022 年 12 月 10 日。

〔3〕　参见中国政法大学《文献信息检索与论文写作》课程介绍，载 http：//library.cupl.edu.cn/info/1044/2063.htm，最后访问日期：2022 年 12 月 09 日。

季文献检索系列讲座、图书馆资源与服务利用系列讲座），但是主题仍偏重数字素养的应用面向。尽管国内一些其他高校图书馆举办过大学生数字诈骗宣传教育活动（如江西财经大学图书馆举办的"防范电信网络诈骗宣传月"、[1] 华南农业大学图书馆举办的防诈骗专题宣传讲座），[2] 但是这些活动呈现零星化、碎片化、随机化特征，也没有纳入正式的数字素养培育课程体系。更为重要的是，反数字欺诈只是数字安全素养培育的一个方面，后者还包括个人信息保护、隐私风险规避、成瘾防范、反数字歧视、反网络欺凌、防止网络侵权等。遗憾的是，国内很多高校图书馆都没有涉及上述这些新型数字风险的安全素养教育。

比较而言，一些国外大学的数字素养培育就注意到了安全和伦理层面的内容，这是值得我们借鉴的。例如，美国康奈尔大学图书馆提供隐私和互联网、互联网伦理和信息隐私相关知识等主题的安全素养服务。[3] 美国拉斯马森大学提供网络亲密度与安全性、社交媒体使用情况、美国国民对数字素养认识程度、专业技能与网络安全、数字素养提升与可利用资源等服务内容。[4] 堪萨斯州立大学图书馆则为师生定期举办信息技术安全圆桌探讨会，加强师生的数字信息安全素养。[5] 澳大利亚昆士兰大学图

---

〔1〕 参见江西财经大学图书馆：《图书馆开展"防范电信网络诈骗宣传月"系列活动》，载 http://lib.jxufe.edu.cn/node/1365，最后访问日期：2022 年 12 月 11 日。

〔2〕 参见华南农业大学图书馆：《每周集中学习：图书馆开展防诈骗宣传讲座》，载 http://lib.scau.edu.cn/2022/0705/c12090a320463/page.htm，最后访问日期：2022 年 12 月 11 日。

〔3〕 See Cornell University Digital Literacy Resources, https://www.library.cornell.edu/services/privacy, 2022-12-11.

〔4〕 See Digital literacy in 2015: America's Complicated Relationship with the Internet, http://www.rasmussen.edu/resources/digital-literacy-in-america/, 2022-12-11.

〔5〕 参见叶兰：《欧美数字素养实践进展与启示》，载《图书馆建设》2014 年第 7 期。

书馆设置了数字公民权、互联网基础、可访问性及黑客、查找并使用媒体、密码管理、社交媒体、数据管理等学习模块。[1] 英国爱丁堡大学开设名为"关于数字知识你所要知道的 23 件事"的素养学习课程，系统介绍了包括数字安全、推特使用、增强和虚拟现实等。[2] 此外，美国的科罗拉多州立图书馆、康涅狄格州立图书馆、爱荷华州立图书馆等一些公共图书馆也设置了关于网络安全、网络欺凌、隐私保护、网络道德、校园网络安全等主题的数字安全素养教育项目。[3]

（二）数字素养培育与学科专业教育缺少互动

除了依托具有数字资源优势的图书馆开展的培育体系之外，国内一些大学还设置了具有一定程度的数字素养培育功能的课程。例如，中山大学开设的《新媒体素养》涉及互联网假新闻的辨识与应对等教学单元，在一定意义上体现了数字安全素养教育的内容。[4] 四川师范大学开设的《信息素养》涉及信息检索、信息意识、信息需求识别、信息评价、信息管理等方面的培育。[5] 中国政法大学开设了面向全校师生的公选课《大众传播与媒介素养》，讲授了如何识别网络谣言、网络空间发言的基本

---

〔1〕　参见高山、樊姗:《澳大利亚昆士兰大学图书馆数字素养实践与启示》，载《图书馆学研究》2019 年第 10 期。

〔2〕　See The University Edinburgh, 23 Things, www. 23things. ed. ac. uk/, 2022-12-11.

〔3〕　参见曾尊亮、梁心怡、韩世曦:《美国公共图书馆数字素养教育实践与启示》，载《图书情报知识》2021 年第 6 期。

〔4〕　参见中山大学开设的《新媒体素养》，载 https://higher. smartedu. cn/course/62354d649906eace04903d3c，最后访问日期:2022 年 12 月 11 日。

〔5〕　参见四川师范大学开设的《信息素养》，载 https://higher. smartedu. cn/course/62e854c71fdc0303f43a7465，最后访问日期:2022 年 12 月 11 日。

伦理规范等媒介素养问题。[1] 然而，这些课程偏重媒介素养培育，显然与数字素养并不等同。媒介素养是指公民批判性理解媒介的能力、积极参与和使用媒介的能力，[2] 而数字素养是一个涵盖媒介素养、信息素养在内的具有更丰富内核的泛素养概念。总体上，大学通识课层面的数字素养培育依然是比较匮乏的，缺少全面和系统性的数字素养课程规划。

更为严重的问题在于，国内无论是依托高校图书馆开展的注重信息素养的数字素养培育，抑或是依托新闻传播学科开展的注重媒介素养的数字素养培育都游离在大学的学科专业教育之外，彼此之间都缺少融合互动而陷于"自说自话"的局面。一方面，数字时代大学的学科专业教育产生了极为强烈的数字素养培育需求。以财务会计专业为例，人工智能技术的普及导致会计核算大量自动化，财务会计专业教育中财务技术知识的培育需求被大大弱化，而对财务战略、风险管理、数字素养等知识的培育需求则被大大提升。这就要求财务会计专业的教育必须实现学科专业教育和数字素养教育的深度融合。[3] 人工智能和大数据技术对学科专业教育的挑战是全方位的，迈尔-舍恩伯格等坦言："大数据给社会带来的益处将是多方面的……但是大数据时代也向我们提出了挑战，我们需要做好充足的准备迎接大数据技术给我们的机

---

〔1〕 参见中国政法大学课程思政示范课《大众传播与媒介素养》，载 https://mp. weixin. qq. com/s?＿＿biz＝MzA5ODg4OTc0NQ＝＝&mid＝2655343104&idx＝1&sn＝54cd7e45266966ee85a7146a710295cc&chksm＝8b3b4b7ebc4cc268c2108b59081224760830f645f5bf6283a758872159a4a76d1ecef0a845f5&scene＝27，最后访问日期：2022 年 12 月 11 日。

〔2〕 参见曹银：《融媒体时代"媒介素养"亟待走向通识课教育》，载《新闻传播》2022 年第 17 期。

〔3〕 参见赵红梅、廖果平、王卫星：《人工智能时代大学生数字素养的培育——以财务与会计专业为例》，载《财会通讯》2019 年第 34 期。

构和自身带来的改变。"[1] 又比如,对于法学专业而言,人工智能时代涌现出智慧审判、智慧执行、智慧法律文书写作、法律论证和推理中的人工智能计算、法律信息智能检索、基于法律文本的机器学习等新兴技术以及数字权益保障、数字法律风险治理等新兴法治问题,[2] 迫切要求法学教育要打破"纯专业教育"的梗阻,实现"法学专业教育"与"数字素养教育"的深度贯通。另一方面,在知识大爆炸、信息过载和大学生普遍注意力疲劳的环境中,数字素养的培育与其构筑孤立繁杂、挤占过多学分资源分配的"课程孤岛",让学生疲于应付;毋宁将数字素养的教学嵌入到学科专业课程的教学计划和教学活动之中,在专业课程教学中体现有针对性的数字素养培育。如此不仅能考虑到不同学科间数字素养教育的差异性,还能提高数字素养教育的应用价值和实践价值,真正服务于适应数字化生活的专业人才的培养。

此外,现行数字素养培育还存在与数字法律素养培育割裂的问题。数字时代,要提升大学生数字安全和伦理素养,就需要让大学生掌握一定的数字法律法规知识。因为只有对个人信息保护法、网络安全法、数据安全法、算法管理法、平台监管法等法规体系有一定了解,才会对数字歧视、数字剥削、数字成瘾、数字侵权等问题有一定的理解水平。德国联邦职业教育研究所对数字素养的框架设计中,明确将"对数字媒体相关的法律法规有清晰了解"作为培育内容之一。[3] 国际图联 2017 年发布的数字素养

---

〔1〕 [英] 维克托·迈尔-舍恩伯格、肯尼思·库克耶:《大数据时代:生活、工作与思维的大变革》,盛杨燕、周涛译,浙江人民出版社 2013 年版,第 22 页。

〔2〕 参见季卫东:《AI 时代的法制变迁》,上海三联书店 2020 年版,第 3 页。

〔3〕 参见陈莹:《德国职业教育对工业 4.0 的回应:提升劳动者数字能力》,载《比较教育研究》2019 年第 6 期。

声明同样将法律和道德知识作为数字素养的重要构成。[1] 遗憾的是，国内大学的数字素养教育都忽视了数字法律知识的培育，即使是以法学专业教育见长的政法类院校也概莫能外。以中国政法大学为例，该校为满足数字化时代对法治人才培养提出的新需求，设置了网络法学、数据法学等学科，专门开设了《人工智能基础》《人工智能与信息社会》《电子商务法》《法治信息大数据管理与应用》《个人信息保护法》《数据法》《数据结构与算法》《大数据技术基础》《大数据侦查与情报分析》等课程，这是值得肯认的。但这些课程偏重在法治活动中的数字技能和应用素养培育，较少涉及数字安全素养教育。更为欠缺的是，该校的法学专业课程中缺少数字素养教育的内容。例如，《刑法学总论》的课程内容主要围绕经典体系，涉及刑法的概念和渊源、刑法的目的与功能、刑法的体系与解释、刑法的基本原则、刑法的适用效力、犯罪构成、客观罪行、主观罪责等。但在人工智能时代，大量的网络犯罪不断涌现，智能主体犯罪问题也亟待解决，刑法学教育愈发需要大学生掌握网络技术原理，需要大学生具备一定的数字安全和伦理素养。《竞争法学》的课程内容主要涉及竞争的含义、竞争法基础理论、竞争法立法宗旨、不正当竞争行为、垄断行为、竞争执法机构及程序、法律责任等内容。但在数字化时代，竞争法学的人才培养还要求注重对数字竞争法律知识、平台滥用算法和数据行为、数字时代消费者权益保障等内容的培育，而这些问题都涉及数字安全和伦理素养的教育。据笔者的访谈和调研，这种法学专业教育与数字素养教育两张皮、各自为营、相

---

[1] See IFLA Statement on Digital Literacy, https：//repository. ifla. org/handle/123456789/1283. 2022-12-11.

互隔离的现象在国内其他政法类院校也有体现。

（三）服务数字素养培育的教学设施存在不足

数字素养的培育除了面临缺少专门性数字素养课程等软件设施不足问题之外，还受到教师人力资源、教学空间资源等硬件设施的严重制约。

具有资源、技术、空间和服务优势的高校图书馆是进行数字素养教育的重要阵地，[1] 但是其受到各种因素的制约，这挤压了其在数字素养培育方面的功能空间。笔者考察了国内政法类院校的图书馆机构设置情况，发现存在如下问题：第一，普遍存在人力资源严重不足的问题。面对成千上万的学生群体，政法院校图书馆的馆员数量明显不足。例如，中国政法大学图书馆专职工作人员约 60 人，而该校有在校生 18 143 人；[2] 中南财经政法大学图书馆有在编人员 82 人，而该校有在校生 29 300 余人。[3] 这种严重失衡的馆员学生比例导致这些高校图书馆只能承担基本的公共服务，很难保证能持续性提供高效、全面、不断更新的数字素养培育服务。第二，数字素养教育职责的分工并不明确。国内政法类院校图书馆均未设置专门的数字素养教育部门，普遍由信息咨询部来负责数字素养培育工作。但是信息咨询部的职责繁重，数字素养教育只是其众多"辅业"之一，这可能影响数字素养培育质量。例如，西北政法大学图书馆的信息咨询部除了负责信息素养专题讲座，还要履行信息咨询、信息服务、情报工作、

---

〔1〕 参见黄俊锋等：《OBE 视域下应用型本科信息素养课程教学改革设计》，载《大学图书馆学报》2022 年第 3 期。
〔2〕 数据统计截至 2021 年 9 月。
〔3〕 数据统计截至 2021 年 1 月。

馆内员工业务培训、《西法大图书馆》馆刊的编撰等多项职能。[1] 值得一提的是，中国政法大学设置了信息教育与咨询中心，明确了信息素养教育职责，包括开展多种形式的信息素养教学工作，如开设信息素养通识选修课、提供嵌入式信息素养教育、进行新生入馆教育、举办春秋季系列专题讲座以及线上的信息素养培训。但是，该机构只配置了 4 位工作人员，也是捉襟见肘、应接不暇。第三，均未配置专门的"数字馆员"，基本都是由其他职工兼职从事数字素养教育。邱冠文对 49 家"双一流"高校图书馆的调研发现，仅有 4 家设置了专门负责数字素养教育的"数字馆员"。[2] 第四，普遍缺少针对图书馆职工以及其他学院教师的数字素养培训。相较而言，欧盟认为数字素养应当是教育工作者的核心素养，2017 年发布了《欧盟教育者数字素养框架》，[3] 旨在帮助各类教育者提升数字素养。第五，用于数字素养教育的空间资源不足。虽然一些图书馆设置了电子阅览室、微机室等场所，但已无法满足数字素养的培育需求。对比而言，美国布兰迪斯大学图书馆利用 VR/AR 虚拟仿真设备建设了"三维虚拟实验室"，[4] 澳大利亚昆士兰大学建立了数字学术中心，支持各类数字内容的创建、分析、管理和交互。"数字学术中心的

---

〔1〕 参见西北政法大学图书馆：《信息咨询部职能》，载 http：//lib. nwupl. edu. cn/engine2/general/more？ appId = 12491&wfwfid = 21814&pageId = 13135&typeId = 1001455&dataId=1004966，最后访问日期：2022 年 12 月 13 日。

〔2〕 参见邱冠文：《"双一流"高校图书馆数字素养教育的现状、问题与路径》，载 http：//kns. cnki. net/kcms/detail/44. 1306. g2. 20220819. 0934. 002. html，最后访问日期：2022 年 12 月 10 日。

〔3〕 See Digital Competence Framework for Educators（DigCompEdu），https：//ec. europa. eu/jrc/en/digcompedu，2022-12-11。

〔4〕 参见邱冠文：《"双一流"高校图书馆数字素养教育的现状、问题与路径》，载 http：//kns. cnki. net/kcms/detail/44. 1306. g2. 20220819. 0934. 002. html，最后访问日期：2022 年 12 月 10 日。

关注点聚集于提供数字技能发展的专业支持，鼓励使用者利用空间的多功能环境和新技术，以创新的方式处理信息，创建知识的新维度。"[1]

表2　部分政法类院校图书馆数字素养机构的设置情况

名称	负责数字素养的机构	部分具体职责	专门的数字素养馆员
中国政法大学图书馆	信息教育与咨询中心	常规检索课教学、信息素养通识选修课、嵌入式信息素养教育、春秋季系列专题讲座以及线上的信息素养培训	无
河南财经政法大学图书馆	信息咨询部	新生入馆教育、信息素养大赛等读者教育和用户培训工作	无
西北政法大学图书馆	信息咨询部	负责开展学科文献推送、定题检索等信息服务工作。负责组织开展读者信息素养专题讲座、新生入馆教育。承担文献利用与学术写作课的教学任务。	无
中南财经政法大学图书馆	信息咨询部	承办信息素养大赛、开办文献检索课和信息检索与论文写作、嵌入式课堂、新生培训	无

三、应用与安全并重：推进数字素养培育的具体策略

（一）强化涵盖数字健康与安全的数字素养培育

数字素养既包括数字应用素养，还应包括数字安全素养，但

---

〔1〕 高山、樊姗:《澳大利亚昆士兰大学图书馆数字素养实践与启示》，载《图书馆学研究》2019年第10期。

是后者的培育却常常被现行的素养教育体制所忽略。"大学生个人网络信息安全素养的高低，不仅对其在面对相关事件时的思考与行动能力以及自身个人价值的实现而言极为重要，同时也会影响其对他人合法信息安全权益的态度以及未来科技社会的健康可持续发展。"[1] 遗憾的是，大量研究已经证实我国大学生的数字安全素养存在不足，强化数字安全素养的培育已经迫在眉睫。黄燕对 883 名大学生的数字素养进行调研，发现当前大学生普遍存在数字规范和安全意识薄弱的问题，进而指出应注重开设数字素养课程。[2] 姚争和宋红岩对传媒类 11 461 名大学生进行考察，发现他们的数字接触与使用能力最强，数字安全能力最弱。[3] 罗琳的研究指出我国大学生数字素养存在五大问题，其中之一就是数字安全意识薄弱，自控能力有待提升。[4] 凌征强的调查研究同样指出我国大学生在数字安全、批判性思维等方面存在明显的弱势。[5]

在数字风险社会，"涉世未深"的大学生群体正在遭遇各种各样的数字安全问题，其中比较为人熟知的就是数字欺诈问题。例如，备受社会关注的各类异化的"校园贷"[6] 对大学生群体

---

〔1〕 参见陈琦等：《平台社会视阈下大学生网络信息安全素养能力评价及提升策略研究》，载《图书情报工作》2022 年第 7 期。

〔2〕 参见黄燕：《大学生数字素养的现状分析及培养路径》，载《思想理论教育》2015 年第 3 期。

〔3〕 参见姚争、宋红岩：《中国公众数字素养评估指标体系的开发与测量——以传媒类大学生为考察对象》，载《中国广播电视学刊》2022 年第 8 期。

〔4〕 参见罗琳：《基于微课视角的大学生数字素养培养策略》，载《当代教育论坛》2019 年第 4 期。

〔5〕 参见凌征强：《我国大学生数字素养现状、问题与教育路径》，载《情报理论与实践》2020 年第 7 期。

〔6〕 如"美容贷""培训贷""刷单贷""多头贷""高利贷""套路贷""裸条贷"等。

的人身财产权益造成损害，不仅可能造成金钱损失，还可能产生影响正常的教学秩序、损害个人信息安全、造成焦虑及抑郁等心理疾病等社会性损害。[1] 除了强化政府对大学生金融服务的监管、压实平台责任、优化学校的管理等，更为关键的是要强化大学生数字素养教育，提升风险意识和内在保护能力，即打铁先要自身硬。还需要指出的是，数字欺诈只是众多数字安全问题之一，"平台时代"很多大学生还遭遇数字成瘾问题，这一点目前被很多研究忽视。大学生数字成瘾并不能简单等同于网络游戏成瘾，前者还涉及网络购物成瘾、社交媒体成瘾、短视频成瘾等。近年来，国家陆续出台了《国家新闻出版署关于防止未成年人沉迷网络游戏的通知》《国家新闻出版署关于进一步严格管理切实防止未成年人沉迷网络游戏的通知》等管制政策，通过设施数字宵禁、设置防沉迷系统、不断压缩时长等多种举措，有效治理了网络游戏成瘾问题。[2] 但是大学生对电商平台、短视频平台、社交平台等成瘾的问题却得不到关注，并游离在现行的监管网络之外。实际上，具有成瘾特征的大型平台能够依托数据和算法，通过个性化推荐、发布极端视频、创造稀缺性等操纵技术主动诱导更大规模的用户成瘾，[3] 造成比网络游戏成瘾更为严重、波及范围更广的损害。更为严峻的是，在数字时代频繁接触和使用各类数字平台成为大学生日常生活必需的组成部分，因此监管者无法采取数字宵禁、时长限制类似的强管制措施，否则可能会导

---

〔1〕 参见郝俊淇、席月民：《校园贷的异变、成因与治理》，载《行政与法》2022年第5期。

〔2〕 中国音数协游戏工委等单位共同发布的《2022中国游戏产业未成年人保护进展报告》指出，我国未成年人游戏沉迷问题已得到基本解决。

〔3〕 参见孙瑜晨：《数字平台成瘾性技术的滥用与反垄断监管》，载《东方法学》2022年第6期。

致法不责众或普遍违法的问题。[1] 最好的方式依然是通过数字安全素养教育，增强大学生的风险安全意识和自我保护能力，令其能够感知、甄别和深刻理解数字成瘾的风险，树立正确的数字技术观念和数字价值伦理。

作为大学生接受数字化、信息化教育最重要的空间资源和学习场所，图书馆应该强化同时涵盖应用和安全两个维度的数字素养教育。遗憾的是，有调查研究指出 49 家"双一流"高校中仅北京大学等 6 家高校图书馆尝试将数字素养作为相对独立的模块，开设"数字化教育""数字安全教育"等主题。[2] 尽管个别高校图书馆已在开展数字反诈教育，但是反诈只是数字安全素养教育的一个子集。笔者建议，国内高校图书馆可以考虑在已经普遍开设的文献信息检索课的基础上继续进行升级和改造，设置更全面的"大学生数字素养教育课程"。该课程不仅应当涵盖数字设备和应用程序操纵、人工智能技术原理、数字资源使用、文献信息检索、沟通和协作、数字创造能力、解决问题能力、职业相关数字素养等数字应用素养内容，还应当涉及隐私保护、个人信息安全、反数字欺诈、防数字成瘾、反数字歧视和剥削、道德和法律知识、虚假舆论信息识别、数字人权和数字权益维护、减少数字损失等数字安全素养内容。康奈尔大学图书馆就明确其提供数字隐私教育，让教师和学生了解互联网的工作原理、识别隐私和匿名性的潜在风险、掌握减少隐私风险的实际行动，此外还能

---

[1] 参见秦前红：《宪治审视下"全民违法"现象的产生及破解之策》，载《政治与法律》2022 年第 4 期。
[2] 参见邱冠文：《"双一流"高校图书馆数字素养教育的现状、问题与路径》，载 http://kns.cnki.net/kcms/detail/44.1306.g2.20220819.0934.002.html，最后访问日期：2022 年 12 月 10 日。

提供专业化的隐私咨询服务。[1] 提升大学生数字应用素养是高校图书馆"守正"之必要，增强大学生数字安全素养是高校图书馆"创新"之必需，而在这条读者服务"创新"之路上，国内图书馆还有巨大的发展和进步空间。

（二）推动数字素养教育与大学专业教育的融合

在推动大学图书馆设置具有整全性和体系性的数字素养教育课程之后，第二步就是要推动数字素养教育与大学专业教育实现深度融合。数字素养教育的内容极为丰富，而高校图书馆又存在人力和空间资源严重短缺的问题，因此仅依靠高校图书馆的数字教育课堂就毕其功于一役既不合理、也无效率。我们也不能仅仅将数字素养教育局限在大学图书馆的阅读场景，而是应当覆盖大学生的专业学习、校园生活、职场发展等场景，建立全景式的数字素养学习生态。具体而言，可从下述三方面实现跨界融合。

第一，应推动图书馆与二级学院的合作，贯通第一课堂和第二课堂，实现学科专业教育与数字素养教育的耦合。国外一些高校做出了有益的探索，值得借鉴。例如，澳大利亚昆士兰大学图书馆采取嵌入专业学科的方式提数字素养服务，图书馆馆员常驻人文和社会科学学院等院系，每次为期三个月，期间馆员深入了解、学习和掌握不同学科的数字素养特征和不同的培育需求，开发出高效服务学生专业学习、满足学生数字技能发展需要的数字素养培育课程。[2] 有研究对英国 129 所高校进行调查，发现在英国剑桥大学、利物浦大学等高校中图书馆工作人员与专业教师

〔1〕　Cornell University Digital Literacy Resources, https：//www.library.cornell.edu/services/privacy, 2022-12-11.

〔2〕　参见高山、樊姗：《澳大利亚昆士兰大学图书馆数字素养实践与启示》，载《图书馆学研究》2019 年第 10 期。

已展开深度合作，或是共同设计信息素养课程，或是进行嵌入式素养教育。[1] 虽然在理论层面国内一些研究也已经开始提倡数字素养教育与专业教育的融合，包括数字素养教育与英语教育的融合、[2] 与工科教育的融合、[3] 与艺术教育的融合[4]以及与财务会计专业教育[5]的融合，但是在实践层面只有很小一部分的高校尝试推动图书馆数字素养教育与二级学院专业教育的紧密合作。对此，笔者建议未来可以采取让负责数字素养教育的馆员与专业教师通过课题合作的方式，共同探讨契合不同专业学科特征的数字素养课程设计。图书馆可以根据专业教师的教学需求，在正常的专业课程周期中让馆员嵌入并提供 2~3 课时的数字素养课。在此方面，东北师范大学图书馆的数字素养培育实践值得借鉴和推广，该校图书馆已经与物理学院、历史学院、经济与管理学院等二级学院合作，将数字素养教育嵌入 20 余门专业课程之中。

第二，应推动数字素养教育与数字法治教育的融合，提高大学生的网络道德观念、数字合规意识和数字法治素养。数字法治教育是数字素养教育的题中应有之义，提升大学生数字法治素养一方面能"律己"，形成正确的技术道德伦理观念，拒绝实施侵

---

〔1〕 参见李军、石德万：《英国高校信息素养教育分析及启示》，载《图书馆学研究》2022 年第 5 期。

〔2〕 参见华维芬：《数字素养与英语自主学习研究》，载《外语教学》2020 年第 5 期。

〔3〕 参见黄晓吉：《后疫情时代工科大学生数字素养框架的构建研究》，载《中国多媒体与网络教学学报（上旬刊）》2021 年第 11 期。

〔4〕 参见李忠阳、孙宁：《数字素养教育与艺术教育融合研究》，载《中国电化教育》2017 年第 5 期。

〔5〕 参见赵红梅、廖果平、王卫星：《人工智能时代大学生数字素养的培育——以财务与会计专业为例》，载《财会通讯》2019 年第 34 期。

犯他人隐私、危害网络安全的行为，引导数字向善；另一方面能"律人"，大学生通过数字法律法规知识的学习能够感知和理解一些数字操纵、数字欺诈、数字歧视、数字剥削等逆法行为的危害性，反对数字技术对主体的奴役，自觉维护自己的数字权益。很多研究已经指出在数字素养教育中推动数字法治教育具有重要意义，如黄燕指出应开展健康上网的规范意识教育，组织大学生学习网络相关法律法规和规章制度，引导大学生自觉遵守网络道德法律规范，形成良好的网络道德意识和数字安全意识。[1] 邱冠文指出数字素养除了技能的提升，还包括非技术元素的提升，应将个人信息保护法、信息网络传播权保护条例等作为必学知识。[2] 陈琦等将"对现阶段我国信息安全相关的法律法规（如民法典、网络安全法、个人信息保护法等）有所了解"作为大学生网络信息安全素养评价指标体系的重要指标之一。[3] 遗憾的是，现实中很多高校（包括政法类院校）忽视了数字素养教育与数字法治教育的融合。对此，笔者认为在各种新型数字化风险频发的今天，政法类院校应当发挥学科优势，推动法学专业教师和图书馆数字素养团队的深度合作，一方面，可在图书馆主导的专门性数字素养课程中开设数字法治素养教育专题，将个人信息保护法、网络安全法、数据安全法、电子商务法、消费者权益法、数据产权与流通监管法、数字竞争法等数字法律知识融入其中。

---

〔1〕　参见黄燕：《大学生数字素养的现状分析及培养路径》，载《思想理论教育》2015 年第 3 期。

〔2〕　参见邱冠文：《"双一流"高校图书馆数字素养教育的现状、问题与路径》，载 http://kns.cnki.net/kcms/detail/44.1306.g2.20220819.0934.002.html，最后访问日期：2022 年 12 月 10 日。

〔3〕　参见陈琦等：《平台社会视阈下大学生网络信息安全素养能力评价及提升策略研究》，载《图书情报工作》2022 年第 7 期。

另一方面，法学专业教师团队可以围绕数字安全素养教育这一主题，设计一些更为细化的特色课程，[1] 如隐私与数据保护、大数据与法律监管、人工智能与法律规制、数字平台垄断的法律治理、数字时代消费者权益的法律保护、数据主权与国家安全、数据法典型案例研讨、元宇宙时代的法律风险防治等。政法类院校可以将融合数字法律知识教育的数字素养课程以及融入数字素养培育的法学专业课程打造成精品特色课程，并向其他大学推广，提升其他高校数字素养教育的法律知识占比。

第三，应推动图书馆与校内宣传部、研究生院、教务处、学生处、网络安全与信息中心等其他部门的合作。通过深化跨部门的合作，可以形成无处不在的数字素养学习环境，打造注重数字素养培育、引导数字技术向善的智慧校园。例如，图书馆可以和宣传部及新闻中心合作，进行数字健康、数字反诈、反算法歧视、反数字成瘾等主题的宣传活动或制作宣传短片；图书馆可以与心理咨询中心、校医院合作，举办数字成瘾的风险、预防、治疗等主题的宣传教育活动；图书馆还可以与网络安全与信息中心合作，推出隐私风险、数字诈骗、个人信息安全等主题的微课堂、主题讲座等。

（三）双管齐下优化数字素养教育的硬软件资源

良好的教学设施是开设数字素养教育的关键支撑，是故中央网络安全和信息化委员会办公室印发的《提升全民数字素养与技能行动纲要》将"丰富优质数字资源供给"排在几大主要任务之首。遗憾的是，国内高校在服务数字素养教育的软件资源和硬件

---

[1] 参见商希雪：《〈网络法学〉课程定位与教学设计研究》，载《中国法学教育研究》2019 年第 2 期。

资源方面均存在不足，这制约了数字素养培育效果。

在硬件资源上，一方面拥有宝贵场所资源的图书馆应当继续优化空间环境，打造专门的数字素养教育空间。美国南加州大学、澳大利亚昆士兰大学等高校通过建立专门的数字学术中心，为读者提供更多的数字素养培育服务。[1] 国内一些图书馆已经建立了创客空间、智能研讨室、数字阅读空间、电子阅览室、信息共享空间等，可在此基础上进行升级和优化，建立更综合的数字素养教育空间。然后，再以该空间为联络和链接中心，通过从数字技能提升、数字学术支持到数字安全伦理教育的全方位培育，提升学生的数字素养水平并激发其数字创新能力。另一方面，应当打破网课信息孤岛，建立综合性的数字素养教育平台。尽管一些国内高校开始重视平台的搭建，建立了一站式数字资源导航平台或数字资源平台，但是这种单纯服务信息检索的平台并不具有数字素养教育功能。国外一些高校就建立了数字素养教育平台，如卡迪夫大学图书馆建立了数字素养教育网站，引导学生参与数字化和社交媒体学习，发展就业技能。[2] 英国开放大学图书馆建立了名为"Being Digital"的数字素养教育平台，上面集成了大量丰富的教育课程和培育活动，涉及社交网络利用、有效搜索、在线信任等主题。[3] 中央网络安全和信息化委员会办公室印发的《提升全民数字素养与技能行动纲要》明确提出"鼓励向社会提供优质免费的数字教育资源和线上学习服务""实施互

〔1〕 参见高山、樊姗：《澳大利亚昆士兰大学图书馆数字素养实践与启示》，载《图书馆学研究》2019 年第 10 期。

〔2〕 参见朱锰钢：《国外高校图书馆数字素养教育实践及启示》，载《图书馆工作与研究》2021 年第 8 期。

〔3〕 参见吴雁程：《轻量级数字素养教育实践与启示：以英国开放大学图书馆的"数字化生存"项目为例》，载《农业图书情报学刊》2021 年第 12 期。

联网平台数字培训开放共享行动"。为落实该要求，国内高校图书馆可以考虑打造具有开放性的数字素养教育平台，不仅涉及数据库检索资源，还应集成大量的数字素养培育在线课程、讲座或其他教育资源。

在软件资源方面，应当努力提升专业教师和图书馆馆员的数字素养水平。师资水平和教师素养是大学最重要的软件设施，"各级教育工作者自身数字素养的水平，直接关系到各级各类学生数字素养的提升，对学生的数字素养培养具有十分明显的功效"。[1] 一方面，应当提升图书馆馆员的数字素养水平，将数字技术、数字技能、数字健康、数字安全、技术伦理、学术伦理等内容嵌入馆员的职业培训规划。[2] "在智能化时代，高校图书管理人员应该实现从被动服务者到主动导航者的转变。"[3] 通过提升专业馆员的数字素养水平，能够更好地发挥其数字导航员功能；图书馆还可以增设独立的数字馆员岗位专门从事数字素养教育工作。[4] 另一方面，应当提升专业任课教师的数字素养水平。一些国家发展了专门的教师数字素养框架，为教育从业者的数字素养培训提供基本参照，如欧盟委员会联合研究中心发布的《欧盟教育者数字素养框架》、克罗地亚发布的《教师、同事、校长和行政人员的数字素养框架》、奥地利发布的《教师数字素养框

---

[1] 陈怡：《试论智能化时代高校图书馆数字素养教育的实施策略》，载《图书情报研究》2019 年第 2 期。

[2] 参见张路路、孔成果、叶新友：《国外高校图书馆用户数字素养研究现状及启示》，载《数字图书馆论坛》2020 年第 1 期。

[3] 陈怡：《试论智能化时代高校图书馆数字素养教育的实施策略》，载《图书情报研究》2019 年第 2 期。

[4] 参见朱锰钢：《国外高校图书馆数字素养教育实践及启示》，载《图书馆工作与研究》2021 年第 8 期。

架》、西班牙发布的《教师通用数字素养框架》等。[1] 值得一提的是，2022 年 11 月我国教育部发布了《教师数字素养》并作为教育行业标准。[2] 该框架弥补了以往的数字素养框架只关注学生培育而忽视教师培训、只重视数字技能与应用而忽视数字安全与伦理的缺憾，明确将"数字社会责任"列为数字素养框架的有机组成部分。"数字社会责任"是指教师在数字化活动中的道德修养和行为规范方面的责任，包括法治道德规范以及数字安全。未来，国内高校应当以《教师数字素养》为基本遵循，努力提升专业教师的数字素养，再推动专业教师以显性或隐性教育的方式提升学生的素养。

四、结语

在 Web 2.0 向 Web 3.0 时代迈进的新阶段，[3] 作为"数字原住民"的大学生群体将面对更具诱惑性的区块链、虚拟现实、数字孪生等前沿技术，同时也将遭遇网络侵权风险、隐私泄漏风险、数字歧视风险、数字成瘾风险等诸多新型数字风险。为了让这些网生代能规避或妥善应对这些风险，维护自己的数字权益，各高校应当强化全方位的数字素养教育，提高大学生的数字应用技能和数字安全意识，更好地适应"数字化生存"。但是，当前很多高校的数字素养培育架构过于重视信息检索、数字技能等应用素养面向，忽视了隐私保护、网络安全、虚假信息甄别、防数

---

〔1〕　参见闫广芬、刘丽：《教师数字素养及其培育路径研究——基于欧盟七个教师数字素养框架的比较分析》，载《比较教育研究》2022 年第 3 期。

〔2〕　参见搜狐网：《教育部发布〈教师数字素养〉教育行业标准》，载 https：//learning. sohu. com/a/620518377_121124209，最后访问日期：2022 年 12 月 25 日。

〔3〕　参见姚前：《Web3.0：渐行渐近的新一代互联网》，载《中国金融》2022 年第 6 期。

字成瘾、反数字歧视、数字法律规范和道德意识等安全素养面向。在新型数字风险频发的数智社会,[1] 高校数字素养的培育要补齐安全素养教育的"短板",尤其要重视数字法律规范知识的学习。德国联邦职业教育研究所的数字素养框架就明确将"对数字媒体相关的法律法规有清晰了解"作为培育内容之一。[2] 在这方面,政法类院校应当抓住机遇、发挥特长,可以打造一些体现数字素养教育与数字法治教育融合特征的特色化课程并向其他高校推广。由于涵盖数字应用与安全维度的数字素养培育是一项复杂的系统性工程,国内高校还应强化图书馆数字素养教育中心、数字素养教育平台等硬件设施的建设,并从提升教师队伍的数字素养、引入专职数字素养的数字馆员等方面实现软件设施的升级。

---

〔1〕 参见齐延平:《数智化社会的法律调控》,载《中国法学》2022 年第 1 期。
〔2〕 参见陈莹:《德国职业教育对工业 4.0 的回应:提升劳动者数字能力》,载《比较教育研究》2019 年第 6 期。

"法商融合"在商务英语教学中的实践与探索

——以《商学英语读写》教学为例*

◎王清然　庞家任**

摘　要：本文以《商学英语读写》教学作为切入点，借助案例分析法，采用商学学术论文与专家证人报告为教学语料，探讨了法商融合视域下商务英语教学存在的问题及应对策略。研究对法商英语教学有如下三点启示：第一，重视商学与法学的专业词汇教学；第二，采用基于神经机器翻译技术的在线机器翻译系统；第三，提升学生在司法语境与商学语境中的学术写作切换能力。本研究可为商务英语教学提供启示，同时，研究

---

　　*　本文系 2021 年北京市社会科学规划基金项目"跨文化传播与中国话语的全球建构研究"（项目编号：21YYB005）、中国政法大学青年教师科研启动项目"国际贸易、神经机器翻译与语言服务企业绩效"之阶段性成果（项目编号：10822335）。

　　**　王清然，中国政法大学讲师。研究方向：商务英语，外语教学，翻译技术。庞家任，清华大学，长聘副教授。研究方向：公司金融。

对于人文学科应如何顺应新文科时代发展趋势亦具有借鉴意义。

关键词：法商融合；商务英语；新文科；案例分析

一、引言

强化"新文科"建设是文科教育的发展趋势，"推进新文科建设要遵循守正创新、价值引领、分类推进三项基本原则；把握专业优化、课程提质、模式创新三大重要抓手；在夯实基础学科、发展新兴学科、推进学科交叉融合的基础上，培养适应新时代要求的应用型复合型文科人才。"[1]《商务英语》作为新文科建设的核心课程之一，以培养复合型高素质人才为目标，融合了商学、语言学两个领域的基础知识，具有"文+文"学科交叉点。

《商学英语读写》是中国政法大学商学院本科生在第一学年的商务英语类通识必修课。由于"法商融合"是中国政法大学商学院的培养理念，为了与这一培养目标相一致，使学生成为法商复合型人才，笔者在《商学英语读写》的教学实践中加入了法商英语环节，同时注重提升学生在司法语境及商学语境中的英语语言能力的专门用途。

本研究采用案例分析法，以商学学术论文、专家证人报告为教学语料，探讨了法商融合视域下商务英语教学存在的问题及应对策略。本研究可为法商融合教学、商务英语课程建设提供思路方法，对新文科复合型人才培养亦具有借鉴意义。

---

[1] 引自教育部高教司司长吴岩在新文科建设工作会议上的发言，2020年11月3日。

二、研究背景

（一）"法商融合"理念的提出与发展

"法商融合"的概念成型于 20 世纪 90 年代，姚莉英（1998）认为，"法商融合"理念的提出，揭示了市场经济与法律制度的内在联系，其基本含义包括三个方面：第一，商人观念法制化，立法意识商事化；第二，商事关系法制化，立法观念公平化；第三，商事行为规范化，执法活动公正化。[1] 赵亚翔（2015）通过文献分析，将相关研究对"法商融合"的理论认知与价值取向归纳为肯定论、否定论与限定论这三类。[2] 随着我国商贸法律法规体系日趋完善，培养复合型商贸与法律人才逐渐成为业界共识（杨军安，2022）。[3] 世界范围内，美国的法商复合型人才培养已有 40 多年的历史（Wood & Osofsky），[4] 哈佛大学、美国西北大学、芝加哥大学、斯坦福大学等高校均开设了 JD/MBA 项目（王霆，2017），[5] 而新加坡国立大学、英国曼彻斯特大学、德国锡根大学等高校也将工商管理类专业与法律专业结合，并对学生进行"法商融合"式培养（李晓宁等，2020）。[6] 就国内而

〔1〕　参加姚莉英：《论法商融合的科学内涵及其现实意义》，载《社会科学家》1998 年第 3 期。

〔2〕　参加赵亚翔：《"法商融合"型办学特色的理论脉络与实践难题》，载《湖北经济学院学报（人文社会科学版）》2015 年第 3 期。

〔3〕　参见杨军安：《"法商融合"背景下我国外贸人才培养模式研究》，载《北方经贸》2022 年第 4 期。

〔4〕　Lynn Wood, Justin Osofsky. "Crossing the Charles: The Experiences, Networks, and Career Paths of Harvard JD/MBA Alumni", SSRN Electronic Journal 8, 2005, pp. 1-64.

〔5〕　参加王霆：《美国 JD/MBA 法商复合型人才培养模式及其启示》，载《高教探索》2017 年第 2 期。

〔6〕　参加李晓宁、陈梦琦、桑元峰：《服务"一带一路"法商复合型留学生人才培养模式研究》，载《当代教育理论与实践》2020 年第 4 期。

言，也已有多所院校在人才培养过程中引入"法商融合"理念，如中国政法大学商学院、西南政法大学商学院、西北政法大学商学院、甘肃政法学院、湖南商学院等。

（二）法商融合理念在人才培养中的应用与探索

既往研究主要探讨了法商融合理念在法律人才培养与商务人才培养中的应用。法商融合视角下法律人才培养的代表性研究包括：吕来明（2011）论证了培养法商融合法律人才的必要性。[1]黄忠（2016）分析了法商融合背景下法律硕士教学方法的改革路径。[2] 融合视角下商务人才培养的代表性研究包括：宏结（2007）对法商结合的国际商务人才的培养模式进行了探讨；[3]葛建华和慕凤丽（2010）在《企业人力资源管理》《组织结构设计》等商学类课程中，探索了具有"法商结合"特点的案例研究式教学方法。[4] 李晓宁等（2020）从培养目标、体系和途径三个方面探究服务"一带一路"的法商复合型留学生人才培养模式。[5] 任文华（2020）认为，应当从明确人才定位、完善课程设置、重塑教师队伍等方面提升"新商科"人才的法商融合能力。[6] 杨军安（2022）提出了"法融融合"复合型外贸人才培

---

〔1〕 参加吕来明：《法商融合视角下法律人才培养思考》，载《商业经济研究》2011 年第 14 期。

〔2〕 参见黄忠：《法商融合：法律硕士教育改革的新思路》，载《学位与研究生教育》2016 年第 2 期。

〔3〕 参加宏结：《国际商务人才培养模式的探索与实践》，载《中国大学教学》2007 年第 5 期。

〔4〕 参见葛建华、慕凤丽：《"法商结合"在案例教学实践中的探索》，载《中国大学教学》2010 年第 7 期。

〔5〕 参加李晓宁、陈梦琦、桑元峰：《服务"一带一路"法商复合型留学生人才培养模式研究》，载《当代教育理论与实践》2020 年第 4 期。

〔6〕 参见任文华：《法商融合的"新商科"人才培养路径探索》，载《现代商贸工业》2020 年第 33 期。

养的新模式。[1] 但是，尚未有研究关注法商融合理念在语言教学中的应用，本研究旨在填补这一空白。

三、《商学英语读写》课程介绍

《商学英语读写》是中国政法大学商学院本科生在第一学年的通识必修课，课程分为《商学英语读写（一）》和《商学英语读写（二）》两个部分，共计四个学分。表1从专业、选课人数、培养要求、高考平均分及需修读的商务英语类课程共五个方面总结了课程受众的基本情况。

表1　《商学英语读写》课程受众概况

专业	选课人数[2]	培养要求[3]	高考平均分[4]	商务英语类必修课程[5]
经济学	42	（1）熟练掌握至少一门外语，能用英语进行国际学术研究和工作交流（2）熟悉相关法规，能从事经济合规和金融监管的理论和实务工作	134.2	（1）商学英语读写（2）商学英语视听说（3）跨文化商务交际（4）商务英语实务

---

〔1〕　参见杨军安:《"法商融合"背景下我国外贸人才培养模式研究》，载《北方经贸》2022年第4期。

〔2〕　选课人数为2021—2022学年数据。

〔3〕　节选自《中国政法大学2021级本科培养方案》。

〔4〕　高考平均分为2021级学生数据。

〔5〕　节选自《中国政法大学2021级本科培养方案》。

续表

专业	选课人数[2]	培养要求[3]	高考平均分[4]	商务英语类必修课程[5]
金融学	48	(1) 熟练掌握至少一门外语，能运用英语从事本专业的学习和研究，以及工作交流 (2) 熟悉相关法律法规，能从事风险管理和金融监管的理论和实务工作	130.17	(1) 商学英语读写 (2) 商学英语视听说 (3) 跨文化商务交际 (4) 商务英语实务
工商管理	100	(1) 本专业旨在培养具有国际化视野，既熟悉现代经营与管理理论与方法，又具有良好的法学素养和应用能力的法商复合型人才	131.03	(1) 商学英语读写 (2) 商学英语视听说 (3) 跨文化商务交际 (4) 商务英语实务
国际商务	68	(1) 本专业旨在培养有法商思维，能熟练地应用国际法规、外语开展商务活动的，国际性、创新型、实践性、应用型、复合型国际商务专门人才	131.43	1. 商学英语读写 2. 商学英语视听说 3. 跨文化商务交际 4. 商务英语实务

如表 1 所示，《商学英语读写》的课程受众涉及四个专业，即经济学、金融学、工商管理与国际商务，在 2021 学年，修读课程的人数达到 258 人。通过查阅《中国政法大学 2021 级本科培养方案》（以下简称《方案》）可知，上述四个专业的培养方案均提到了对学生商学素养和法学素养的培养。因此，为契合将学生培育为法商复合型人才的培养目标，笔者在《商学英语读

写》教学中加入了法商英语环节。

在 2021 学年，上述四个专业学生的高考均分都达到 130 分以上，说明参与课程学习的学生具备良好的英语基础能力。同时，《方案》的学分分布统计表明，四个专业的学生在本科阶段的学习过程中，需要修满 12 个学分的商务英语类课程，表明学校非常重视学生英语能力的培养。

《商学英语读写》的教学分为上下两个学期，每学期共计 32 个课时，包含五个教学模块。《商学英语读写（一）》模块 1 至模块 4 的议题分别为全球化、人工智能、众筹与英国脱欧；《商学英语读写（二）》模块 6 至模块 9 的议题分别为离岸与外包、共享经济、企业社会责任和零售。在以上八个教学模块中，每个模块均有两篇基于商学视角的相关文章作为阅读训练语料，而教学辅助活动则为学术口头报告[1]与议论文写作。[2]

模块 5 与模块 10 是法商英语环节：模块 5 的议题为金融与法；模块 10 的议题为经济学与法。模块 5 所选取的阅读语料为发表在商学领域顶级期刊《政治经济学》（Journal of Political Economy）与《金融经济学》（Journal of Financial Economics）上的两篇论文，文章的议题分别为金融与法，以及投资者保护与公司治理。模块 10 所选取的阅读语料为《学生公平录取组织诉哈佛大学案》（Students for Fair Admissions, Inc. v. Harvard）的两份专家报告（Expert Report），报告均采用了经济学的方法对哈佛的录取

---

〔1〕　每个模块的学术口头报告题目均与单元议题相关，学生根据指定结构（1. Introduction 2. Statement of Fact 3. Summary of opinions（supporters）4. Summary of opinions（opponents）5. Analysis 6. Conclusion），以小组为单位进行课堂展示。

〔2〕　每个模块的议论文题目均与单元议题相关，模块 1 至模块 2 的指定写作模型为 Classical Model；模块 3 至模块 4 的指定写作模型为 Rogerian Model；模块 6 至模块 9 的指定写作模型为 Toulmin Model。

过程进行了实证分析。模块 5 的写作训练为译后编辑，旨在培养学生在法商语境中使用前沿语言技术的能力；模块 10 的写作训练为学术改写，旨在培养学生在司法语境与商学语境间的学术写作切换能力，详细内容如下表 2 所示。

表 2　《商学英语读写》课程设计

商学英语读写（一）		
模块	阅读语料	教学辅助活动
模块 1： Globalization	Text A：An Open and Shut Case Text B：America Must Resist Protectionism Because Globalization Benefits Us All	学术口头报告 议论文写作
模块 2： AI	Text A：AI May Soon Replace Even the Most Elite Consultants Text B：The Question with AI Isn't Whether We'll Lose Our Jobs—It's How Much We'll Get Paid	学术口头报告 议论文写作
模块 3： Crowdfunding	Text A：The Unique Value of Crowdfunding Is Not Money—It's Community Text B：Crowdfunding：Potential Legal Disaster Waiting to Happen	学术口头报告 议论文写作
模块 4： Brexit	Text A：Meaning over Money Text B：Brexit's Long‐Run Effects on the U. K. Economy	学术口头报告 议论文写作
模块 5： Finance and Law	1. Investor Protection and Corporate Governance 2. Law and Finance	译后编辑、 同学互评

续表

商学英语读写（二）		
模块	阅读语料	教学辅助活动
模块6： Outsourcing	Text A：In Defense of Responsible Off-shoring and Outsourcing Text B：Restoring American Competitiveness	学术口头报告 议论文写作
模块7： Sharing Economy	Text A：The Current and Future State of the Sharing Economy Text B：The Dark Side of Uber：Why the Sharing Economy Needs Tougher Rules	学术口头报告 议论文写作
模块8： CSR	Text A：More and More CEOs are Taking Their Social Responsibility Seriously Text B：How Big Business Created the Politics of Anger	学术口头报告 议论文写作
模块9： Retailing	Text A：Shop Till You Drop；Traditional Retailing Text B：Let's Get Physical：The New Retailing	学术口头报告 议论文写作
模块10： Economics and Law	1. Export report A（Complaint Students vs. Harvard） 2. Export report B（Complaint Students vs. Harvard）	改写、同学互评 转述动词甄别 统计数据汇报 与分析

四、教学案例分析

案例分析法（Case Study）是指研究者试图通过还原并解构实际发生过的特定事例，来总结归纳或者补充验证某些规律的研究方法，被广泛地应用于社会科学研究领域。案例分析能够为复杂的现实情况构建一个具体且容易理解的替代品，并且由于综合了多种研究方法，证据详实且逻辑严密，具有较好的参考性。本研究采用这一方法对"法商融合"理念在商务英语教学中的实践进行了分析。

例 1 和例 2 节选自刊登在顶级经济学学术期刊《金融经济学》（Journal of Political Economy）上的学术论文"Law and Finance"，文章考察了 49 个国家或地区涉及保护公司股东和债权人的法律法规、这些法规的起源，及其执行情况。在《商学英语读写（一）》模块五《金融与法》的教学中，笔者选取该篇文章作为阅读语料，旨在训练学生对法商类学术文献的阅读理解能力。下文通过选取该篇文章中的语句和段落，分析了学生在阅读训练中遇到的问题，并探讨了相应的教学策略。

例 1：Shareholders receive dividends because they can vote out the directors who do not pay them, and creditors are paid because they have the power to repossess collateral. Without these rights, investors would not be able to get paid, and therefore firms would find it harder to raise external finance.

在阅读例 1 的过程中，学生的阅读障碍主要集中在难以理解商学与法学的专业术语。针对较为简单的术语，笔者要求学生自行查阅术语辞典，结合上下文找出相应中文释义。在覆盖 258 名学生的阅读训练中，通过上述办法，95% 的学生都可以准确地翻译商学术语股息（Dividends），以及法学术语抵押品（Collateral）。

　　针对内涵较为复杂的术语，笔者会结合其近义词进行词汇辨析，并在辨析过程中，介绍术语背后的专业知识。在例 1 中出现的商学术语 Shareholder 的近义词为 Stakeholder，在金融语境中，对一家公司而言，Shareholder 指在公共或私人运营中拥有股份的个人或机构，他们根据出资的比例，共同分享公司的利润，共同承担公司的损失（以出资额为限）；利益相关者（Stakeholder）则可以是受公司运营结果影响的各方，进一步说，利益相关者可以是与公司本身没有直接关系的当事方，例如供应商，卖方，债权人，社区和公共团体。上述词汇辨析过程，不仅可以帮助学生更好地理解阅读语料，也可以为其商学学术写作奠定基础。

　　针对例 1 结尾处的动宾短语 raise external finance（筹集外部资金），笔者在解释其内涵后，进一步向学生介绍了描述金融产品向上或向下变动的动词及常见搭配，并建议学生，在商务写作中，使用美国当代英语语料库（COCA）[1] 检测动宾搭配是否得当。

　　例 2：Another adaptation, sometimes referred to as 'bright-line' rules, is to legally introduce mandatory standards of retention and distribution of capital to investors, which limit the opportunities for managerial expropriation. We find that only French-civil-law countries have mandatory dividends, and German-civil-law countries are the most likely to have legal reserve requirements of all the legal families.

---

　〔1〕　https：//www. english-corpora. org/coca/.

与例 1 不同，例 2 的教学重点是法学术语。对于术语 "bright-line" rules（明线规则），95% 的学生在经过检索后，能够准确地对其进行释义，即没有其他解释空间的、由客观因素构成的、明确定义的规则或标准。而在介绍术语 French-civil-law countries（法国民法系统的国家）和 German-civil-law countries（德国民法系统的国家）的过程中，笔者要求学生按照法系对文章中的 49 个样本国家和地区的商法进行分类（普通法系、法国民法法系、德国民法法系），从而加深其对术语的记忆，和对文章的理解。

例 2 中的管理剥夺（Managerial Expropriation）是一个商学学术术语，笔者要求学生在学术文献中寻找它的定义，从而在学习术语的基础上，进一步训练学生的文献挖掘能力。在 258 名参与该项教学活动的学生中，仅有 5 名金融专业的学生找到了发表在顶级金融学期刊 Journal of Financial Economics 上的文章 Investor Protection and Corporate Governance，并给出了 Managerial Expropriation 准确的学术解释。由此可见，大部分学生的文献挖掘能力欠佳，需要任课教师在未来的教学中持续予以关注。

Expropriation can take a variety of forms. In some instances, the insiders simply steal the profits. In other instances, the insiders sell the output, the assets, or the additional securities in the firm they control to another firm they own at below market prices. Such transfer pricing, asset stripping, and investor dilution, though often legal, have largely the same effect as theft. In still other instances, expropriation takes the form of diversion of corporate opportunities from the firm, installing possibly unqualified family members in managerial positions, or overpaying executives. In general, expropriation is related to the agency problem described by Jensen and Meckling (1976), who focus on the consumption of "perquisites" by managers and other types of empire building. It means that the insiders use the profits of the firm to benefit themselves rather than return the money to the outside investors.

例 3：These policies cover such issues as：prohibitions on child and prison labor, wages and hours, living conditions, worker safety, adherence to environmental standards, non-discrimination and non-harassment. Importantly, the policies can be based either on local law or on standards beyond local law corporations voluntarily adopt.

例 3 节选自《商务学科英语》第五单元的课文 In Defense of Responsible Offshoring and Outsourcing，该篇文章从多个维度探讨了美国的离岸与外包业务，笔者将其选作《商学英语读写（二）》模块一《离岸与外包》的阅读语料。

在文献预读环节，笔者发现，超过 80% 的学生将例 3 画线部分的内容误译为"标准超过了公司自愿采用的本地法规"。出现这种误译的原因是，大部分学生将定语从句 corporations voluntarily adopt 所修饰的名词误判为 law，为了纠正这个问题，笔者要求学生使用基于神经机器翻译系统的百度翻译对例 3 进行翻译，然后在机器翻译的基础上进行译后编辑。我们发现，借助百度在线机器翻译系统，学生可以正确地识别定语从句 corporations voluntarily adopt 所修饰的名词（Standards），并将画线部分的内容准确地译为"超出当地法律的公司自愿采用的标准"。

《商学英语读写》课程的另一个教学重点是提升学生的商学学术写作能力。鉴于此，《经济与法》的教学模块中，笔者为学生布置了一系列写作任务，旨在从转述动词使用、文献改写、统计数据汇报与分析等方面提升学生的商学学术写作水平。《经济与法》模块聚焦于经济学在司法语境中的应用，笔者选取了《学生公平录取组织诉哈佛大学案》（Students for Fair Admissions, Inc. v. Harvard）的专家证人报告（Expert Report）作为本环节的训练语料，[1] 由于篇幅所限，下文通过案例分析，主要汇报了学生在文献改写训练中存在的问题及应对策略。[2]

例 4：Race plays a significant role in admissions decisions. Consider the example of an Asian-American applicant who is male and has other characteristics that result in a 25% chance of admission. Simply changing the race of this applicant to white—and leaving all his other characteristics the same—would increase his chance of admission to 36%.

例 4 节选自案例《学生公平录取组织诉哈佛大学案》（Students for Fair Admissions, Inc. v. Harvard）的专家报告。在该案中，学生公平录取组织和其他原告于 2014 年在马萨诸塞州的美国联邦地方法院对哈佛大学提起诉讼，称哈佛在本科生录取过程中歧视亚裔美国申请人。在案件审理过程中，双方当事人均聘

---

〔1〕 专家报告下载自美国司法部网站。
〔2〕 如审稿人要求，我们也可以提供转述动词使用、数据汇报分析方面的教学案例。

请了经济学家作为专家证人，两方专家证人采用了经济学的方法来探讨哈佛的录取过程是否存在针对亚裔群体的歧视现象，并向法庭出具了专家报告。

由于两份报告的读者是法官与陪审团，所以尽管专家们采用了经济学的实证方法，其在报告（司法语境）中的叙述方式与其在学术论文（经济学语境）中的叙述方式仍存在较大差别。鉴于改写（Paraphrase）是学术写作能力中最重要的一项，笔者将该案的专家报告作为《经济与法》教学模块的训练语料，要求学生在理解文本的基础上，使用经济学的学术表达方式改写报告中的指定内容。

在例 4 中，笔者要求学生对短语 leaving all his other characteristics the same（其他特征保持相同）进行学术改写。在批阅改写文本的过程中，我们发现，工商管理、国际商务和金融学专业的同学所提交的作业不尽理想，这三个专业的学生反馈无法理解原文内容的学术内涵，所以无从下笔。但是在经济学专业学生提交的改写文本中，30%的学生将指定短语改写为 controlling other variables（控制了其他变量），40%的学生将指定短语改写为 holding other variables constant（保持其他变量不变），以学术语言准确地呈现了原文中的内容，成功地实现了文本从司法语境到经济学语境的切换。事后调查表明，经济学专业的学生已经完成了初级计量经济学的学习，可以准确地理解原文中的内容，为学术改写奠定了基础。

例 5：Using statistical methods to determine whether this could have happened randomly（i. e. , without direct manipulation）, We found the probability that the difference between Asian–American admission rates and the admission rates for all other applicants would be smaller than 0. 00064 in each of the three years is less than 0. 2%.

例 5 译文：我们使用统计方法来确定这是否可能是随机发生的（即不存在直接操纵）。我们发现，在这三年中，亚裔美国人的录取率与所有其他申请者的录取率之间的差异在每一年都小于 0. 00064 的概率小于 0. 2%。

例 5 学术改写：We test the null hypothesis that the admission rate of Asian–American is similar to the admission rate of other three racial groups, and rejected the null hypothesis at one percent significant level.

例 5 节选自案例《学生公平录取组织诉哈佛大学案》(Students for Fair Admissions, Inc. v. Harvard) 专家报告的数据分析部分。在文献预读环节，笔者为学生布置了两个任务，一是将例 5 中的语料翻译为中文；二是联系上下文，用学术语言对例 5 进行改写。从学生提交的作业来看，超过 95% 的学生无法正确地完成翻译和改写任务。

鉴于此，笔者在课堂教学中给出了两项任务的参考答案，并进行了讲解：由于专家报告的目标读者是不具备商学学术知识储备的法官及陪审团，所以撰写报告的经济学家使用了概率去描述实证结果。但是在商学学术语境中，写作者应该在给出显著性水平的基础上，汇报实证结果（接受或拒绝原假设）。通过阅读全文，我们知道研究问题的原假设是，哈佛大学亚裔美国申请者的录取率与其他三个种族群体的录取率不存在显著差异，而数据分析的结果表明，原假设发生的概率非常低（低于0.2%）。有别于司法语境，在经济学学术语境中，对这一结果的汇报方式应为："我们检验了原假设，即亚裔美国人的录取率与其他三个种族群体的录取率相似，并在1%地显着水平下拒绝了原假设"。

四、结语

本文基于法商融合视角，选取了与法律相关的商学学术论文和美国司法语境中的证人专家报告作为教学语料，借助案例分析法，探讨了法商融合视域下商务英语教学所碰到的问题。研究有如下三点启示：

（一）重视商学与法学的专业词汇教学

在阅读法商类英文文本的过程中，术语始终是学生的理解难点之一。由于《商学英语读写》课程的受众全部是具有商学专业背景的学生，所以学习该课程能够较好地理解商学术语，但是对法学术语的掌握有所欠缺。鉴于此，笔者认为，在法商英语的专业术语教学中，应采取差异化的教学策略。对于具有商学背景的学生，应加强法学术语分析，对于法学背景的学生，则更应注重商学术语分析。

（二）采用基于神经机器翻译技术的在线机器翻译系统

自2016年推出神经机器翻译以来，其功能已被证实优于统计机器翻译，并在各种在线机器翻译系统中取代了后者。案例分析结果表明，在预读环节引入基于神经机器翻译技术的在线机器翻译系统，可以有效地提高学生对法商文本的理解水平。传神语联网[1]的统计结果表明，较传统翻译模式而言，译后编辑模式可以将翻译速度提升 10 倍以上，并将翻译成本降低 60%，因此，机器翻译译后编辑将成为主流翻译模式。有鉴于此，在法商英语教学过程中，教师应尽量促使学生熟悉译后编辑模式，帮助学生顺应人工智能时代的发展趋势。

（三）提升学生在司法语境与商学语境中的学术写作切换能力

改写是学术写作最重要的能力之一。然而，绝大部分参与本次教学实验的学生都不能顺利完成笔者所布置的改写任务。究其原因，在于本次改写任务涉及两种语境的转换，即由司法语境（专家证人报告）切换至商学语境（商学学术论文）。因此，笔者建议，在未来的教学中，应对学生在学术写作中的语境转换能力予以关注，从而达到培养法商复合型人才的教学目的。

本研究的局限主要体现在三个方面：第一，教学对象仅限于商学专业；第二，教学语料的体裁比较单一，只涉及商学学术论文与专家证人报告；第三，研究方法仅限于案例分析法。案例分析法的局限性在于，从个案中得到的结论可能不具备普适性；此外，它没有标准化的分析方法，对于所收集的资料的不同理解可能会造成不同的研究结论。笔者计划在下一步法商英语环节的教学中，招募专业背景为法学或语言学的学生参与教学实验；同时，扩展阅读与写作训练的语料范围，考虑加入法学学术论文和案例报告（Case Report）。此外，如果经费和技术能力允许，评测工具库可以加入 Wordsmith、Coh-Metrix、Stata 等分析工具，通过语料库分析法和量化对比分析法，实证检验法商视域下商务英语教学的影响因素。

---

[1] 传神语联网是中国语言服务行业的龙头企业。

隐私权在英国的起源与启示[*]

◎张　南[**]

摘　要：本文通过对最古老的普通法国家英国的隐私权起源展开探研，从法社会学的比较视野入手，分析影响力深远的案例和决定英国在隐私权发展道路上选择不同路径的法社会学因素，指出各国不同国情和社会发展状况是决定隐私权发展的主要内因，为我们理解和掌握隐私权这种新兴权利提供比较的样本。

关键词：隐私权；英国法；"阿尔伯特亲王诉斯特兰奇"案；法社会学

---

　　[*]　本文受北京市法学会 2021 年市级法学研究重点课题资助（项目编号：BLS2021A001），受中国政法大学 2020 年（第七批）青年教师学术创新团队项目资助（项目编号：20CXTD06）。
　　[**]　张南，中国政法大学全面依法治国研究院副教授，伦敦女王大学法学博士，中国政法大学外国法查明研究基地专家。

一、问题的提出

2020 年 5 月 28 日，第十三届全国人民代表大会第三次会议通过了《中华人民共和国民法典》。《民法典》的第四编"人格权"的第六章规定了隐私权。第 1032 条规定"自然人享有隐私权，任何组织或个人不得以刺探、侵扰、泄露、公开等方式侵害他人的隐私权。隐私是自然人的私人生活安宁和不愿为他人知晓的私密空间、私密活动、私密信息。"第 1033 条规定："除法律另有规定或者权利人明确同意外，任何组织或者个人不得实施下列行为：（一）以电话、短信、即时通信工具、电子邮件、传单等方式侵扰他人的私人生活安宁；（二）进入、拍摄、窥视他人的住宅、宾馆房间等私密空间；（三）拍摄、窥视、窃听、公开他人的私密活动；（四）拍摄、窥视他人身体的私密部位；（五）处理他人的私密信息；（六）以其他方式侵害他人的隐私权。"这部法典通过之后，隐私权正式作为一种权利在我国确立。对于一种新的权利，人们如何去理解它？隐私权在其他国家诞生之初，如何走上了不同的演进之路？法作为一种社会现象出现，其立法目的与社会发展和社会需求紧密相连。本文以这样的思维路径和研究方法，探寻英国法中隐私权的起源及其影响，结合当时英国特定的社会现象和历史背景，为我们提供一个详尽的研究和对比样本。

《牛津法律词典》（Oxford Dictionary of Law）对"隐私"一词有十分详尽的定义。"如《欧洲人权公约》第 8 条和《1998 年英国人权法案》所述，隐私权是不受无正当理由的侵犯和不让公众

看到某些事项的权利。"[1] 其内容经过不同时期案例判决的充实
之后，以排比句的形式列举了"电话和信件等通讯隐私权；家庭
和办公室的隐私权；环境保护方面避免过分噪音的隐私权;[2]
身体完整的保护；在个人对隐私保持合理期待的情况下防止被拍
照和被描述的保护"[3] 等内容。在英国《普通法》中，侵犯隐
私权的行为有：非法侵入和非法干扰货物（Trespass and Wrongful
Interference with Goods）；妨害行为（Nuisance）；未经授权而披露
秘密信息（Breach of Confidence);[4] 滥用个人信息（Misuse of
Personal Information）；污蔑和恶意诽谤（Defamation and Malicious
Falsehood）；当涉及儿童私人生活并且其可能受到伤害时（即使
其不是当事人、证人或出版物的主题），在法院公开审理时对刑
事程序的报道等。[5]

二、英国隐私权的起源

早在 18 世纪，隐私权的案件和未出版的私人信件有关。其中
显著的例子是"蒲柏诉科尔案"（Pope v. Curl）英国著名诗人亚
历山大·蒲柏（Alexander Pope）于 1741 年在英国大法官法院
（Chancery）诉称书商科尔（Curl）未经其许可出版和贩卖印有其
与乔纳森·斯威夫特（Jonathan Swift）和约翰·阿布斯诺特
（John Arbuthnot）等人通信的书籍。在被告未应诉之前，法院首

---

[1] Jonathan Law (edited), A Dictionary of Law, 9th Edition, Oxford University Press, 2018, p. 526.

[2] Hatton v. UK [2003] 37 EHRR 611.

[3] Campell v. MGN Ltd [2004] UKHL 22, [2004] 2 AC 457.

[4] 《牛津法律词典》对该词进行了解释。Jonathan Law (edited), 见前注 [1], 第 79 页。

[5] Mark Warby, Nicole Moreham and Iain Christie (edited), The Law of Privacy and the Media, Oxford University Press, 2011, pp. 6–11.

先为蒲柏颁发了禁令。科尔诉称：蒲柏的信件已被视为赠予收信人的礼 物，则不再是蒲柏的财产，因此其不再是这些信件的作者和拥有者（the author and the proprietor）。[1] 蒲柏则回应说尽管其已经不是信件的所有者，但其仍然是作者，有权决定信件是否被印刷或出版。哈德威克大法官（Lord Chancellor Hardwicke）认为"这只是收信人的一项特殊财产，可能纸张的财产是属于他的；但这并非给予任何人向社会公开出版的许可（License），因为收信人和作者之间至多只有共同财产。"[2] 该案的判决解决了《安娜女王法令》（The Statute of Anne）只规定作者对已出版作品享有财产权、而提及作者是否对未发表作品是否享有财产权的问题。此时，衡平原则通过加强作者对未发表手稿控制权的方式强化了版权法立法。[3]

同时，我们还应注意到在该案中未出版的作品是私人信件。《韦氏词典》对信件（Letter）的定义是：一种写给个人或组织的，直接、私人手写或印刷的信息。[4]在英国内战时书籍大幅度增长。[5] 在工业革命的经济转型期间，消费推动了贸易和产业活动的发展，人们对纸质信息非常重视。[6] 在 1750 年以前，英

---

〔1〕 Pope v. Curl（1741）2 Atk. 342.

〔2〕 http：//www. copyrighthistory. org/cam/tools/request/showRepresentation. php? id = repre sentation_uk_1741a&pagenumber = 1_1&imagesize = small.

〔3〕 Megan Richarderson, Michael Bryan, Martin Vranken and Katy Barnett, Breach of Confidence—Social Origins and Modern Developments, Edward Elgar, 2012, pp. 19-20.

〔4〕 https：//www. merriam-webster. com/dictionary/letter.

〔5〕 ［荷］扬·卢滕·范赞登：《通往工业革命的漫长道路——全球视野下的欧洲经济，1000—1800 年》，隋福民译，浙江大学出版社 2016 年版，第 219 页。

〔6〕 ［英］杰里米·布莱克：《英国简史》，廖文静译，华中科技大学出版社 2017 年版，第 123 页和第 132 页。

国人已拥有较高的读写能力,[1]在进入学徒期之前必须具有读写能力，因为行业协会的师傅（Master）要求必须会读写和计算。[2] 蒲柏和斯威夫特之间的手写信件具有私密性和个人性，蒲柏作为原告向大法官法院起诉，既体现了对其版权的捍卫，也体现当时社会隐私意识的觉醒和维护。在 1758 年的"昆斯伯里伯爵诉谢比尔案"（Duke of Queensberry v. Shebbeare）中，争议作品手稿的商业目的出版也基于未出版作品中的财产权而被禁令禁止,[3] 此时衡平原则再一次发挥了类似的作用。

维多利亚时代早期最为著名的隐私权保护案例是"阿尔伯特亲王诉斯特兰奇案"（Prince Albert v. Strange）。[4]原告阿尔伯特亲王将自己和妻子维多利亚女王画的蚀刻画托付给一名工匠制成铜版，这些画像并非为出版目的而是为了家庭消遣。能体现这些画像更强烈的隐私的是，女王最初将其锁了起来，并且只安放在温莎城堡的私人房间中（Private Apartments of Windsor）。但是这名工匠违背了信任（in Violation of the Trust）擅自从蚀刻铜板上制作了画像并贩卖给被告威廉·斯特兰奇，后者出版了带有这些肖像的目录并配上《皇家维多利亚和阿尔伯特蚀刻画画廊详细目录》的题目，将肖像在画廊摆出并准备向公众展览。目录上还写着"每一位目录的买方将获得女王或其亲王配偶签名复刻出的摹

---

〔1〕 ［荷］扬·卢滕·范赞登：《通往工业革命的漫长道路——全球视野下的欧洲经济，1000—1800 年》，隋福民译，浙江大学出版社 2016 年版，第 226 页。
〔2〕 ［荷］扬·卢滕·范赞登：《通往工业革命的漫长道路——全球视野下的欧洲经济，1000—1800 年》，隋福民译，浙江大学出版社 2016 年版，第 232 页。
〔3〕 Duke of Queensberry v. Shebbeare (1758) 2 Eden 329; 28 ER 924.
〔4〕 Prince Albert v. Strange (1849) 2 De G & Sm 652, 64 ER 293.

本，由买方选择，价格六便士"。[1] 法院判决对被告实施永久性禁令（perpetual injunction），禁止该目录的出版，并裁定销毁这些肖像画。1849 年 1 月 20 日的《观察家》（The Examiner）[2]法律版部分在长达 29 页的判决中节选了主审布鲁斯大法官（Vice Chancellor[3] Bruce）的判决理由——其明确地提出了普通法保护"隐私"和"未出版作品的财产权"：

"设想一个人，创作不同文学作品但并未发表；再设想一个不诚实的人用不道德的方式得知这些作品，并在所有人未知或未同意的情况下出版了这些作品具有描述作用的目录或名单。法律会允许这种情况吗？（阿尔伯特）亲王不希望也不相信。这些一旦出版，一个人不仅会被讽刺，还会被毁掉……为个人的消遣创作的艺术作品中的财产，不仅会被复制侵犯，还会被描述或目录侵犯……原告和其配偶（维多利亚女王）有权自行决定何时、如何以及为了谁的利益使用其财产。被告不仅非法侵犯了原告的权利，这种侵犯还使原告获得禁令的预先救济（Preventive Remedy），因为其恰恰是对被侵犯对象和每个人天生的礼节的不体面和不礼貌的侵犯。这可以被描述为卑鄙的奸细入侵家庭生活隐私和家庭的住宅"。[4]

"阿尔伯特亲王诉斯特兰奇"案被二审判决中科滕纳姆法官（Lord Cottenham）形容为其案情、事实和法律适用本身并不困

---

〔1〕 ［荷］扬·卢滕·范赞登：《通往工业革命的漫长道路——全球视野下的欧洲经济，1000—1800 年》，隋福民译，浙江大学出版社 2016 年版，第 294 页。

〔2〕 《观察家》是一家于 1808 年创建、1886 年停业的英国周报。

〔3〕 Jonathan Law（edited），A Dictionary of Law, 9th Edition, Oxford University Press, 2018, p. 716.

〔4〕 Section of Law, Examiner, January 20, 1849；2138；p. 44. 这部分判决节选出自 Prince Albert v. Strange（1849）2 De G & Sm 694-695, 64 ER 311.

难，其特殊性在于原告的社会地位。[1] 牛津大学知识产权法学
教授莱昂内尔·本特利（Lionel Bently）在《衡平法的标志性案
件》援引了当时《杰罗德周报》上的评论和比较：当时，被告在
欧洲其他地方冒犯君主的结果可能会是未经审判而被直接关进地
牢，而在该案中阿尔伯特亲王却选择在法院起诉，通过法律程序
维护其隐私。[2] 当时是什么样的原因促使原告做出了这样的选
择？我们需要运用法社会学的观点来分析该案。虽然无法在史料
文献中找到当事人公开的解释，但是从当时英国的社会发展特点
可以得出在法院起诉是女王夫妇的必然选择。

首先，当时王室的统治受到国内外的多重威胁。维多利亚女
王于 1837 年 6 月开始执政，于 1840 年 2 月和来自萨克森-科堡-
萨尔费尔德的阿尔伯特亲王结婚。自此，女王脱离了对墨尔本勋
爵（Lord Melbourne）的依赖，阿尔伯特亲王成为她重要的建议
顾问。在女王执政早期，他们共同度过了譬如"反玉米法案联
盟"等政治危机。[3]《英国皇家百科全书》中将 1840 年至 1850
年这十年间的英国皇室形容为"受到威胁的皇室"，并指出 1848
年欧洲大陆爆发了革命，法国国王路易斯·菲利普（King Louis
Philippe of France）于该年 2 月被迫废黜并寻求英国维多利亚女
王的庇护，随后意大利、德国、匈牙利和奥地利也纷纷发生了革
命。在这种情形下，英国皇室、政府和贵族都十分紧张。1848 年
6 月，维多利亚女王夫妇和其 6 名子女为了躲避可能在伦敦发生

---

〔1〕　13 Jurist（OS）109, 111.

〔2〕　Charles Mitchell and Paul Mitchell（edited）, Landmark Cases in Equity, Lionel
Bentley, Prince Albert v. Strange（1849）, Hart Publishing, 2012, p. 243. The original news
comment was reprinted in Manchester Times, 7 November 1848.

〔3〕　Norman McCord and Bill Purdue, British History 1815 – 1914, Oxford University
Press, 2007, p. 163.

的骚乱，在威灵顿公爵（Duke of Wellington）的护卫下搬离至位于怀特岛的家中。[1]

其次，工业革命给英国带来了巨大的财富和国力，社会流动性的加强使得英国王室更加重视各个社会成员之间的融合度。维多利亚时期的人普遍相信努力工作和诚实正直（hard work and integrity）会提升其社会地位。[2] 在 1851 年世界第一届博览会（the Grand Exhibition）开幕前，阿尔伯特亲王在相关的演讲中提到当时的英国"正处在一个美妙的过渡时期"。首届博览会向世界展出了棉纺机、蒸汽锤、蒸汽火车、电报机、蒸汽涡轮机、印刷机和其他各种标志工业强国科学仪器，世界上第一个工业化国家在人们面前呈现。工商业者因为拥有大量的物质财富资源而开始向旧有的贵族进行挑战和融合。在 19 世纪的最后三十年中，200 个新的贵族头衔被授予，其中 70 位授衔的人来自工商业。[3] 这种社会成员的融合和流动可能也是促使阿尔伯特亲王运用更加"文明"的法律手段在法院起诉的重要原因。

三、"阿尔伯特亲王诉斯特兰奇"案的域外影响

牛津大学本特利教授在《衡平法的标志性案件》一书评价了该案对美国法的影响：1890 年《哈佛法学评论》上的撒谬尔·D. 沃伦（Samuel D Warren）和路易斯·登比茨·布兰代斯（Lou-

---

[1] Charles Phillips, The Complete Illustrated Encyclopedia of Royal Britain: A Magnificent Study of Britain's Royal Heritage with a Directory of Royalty and over 120 of the Most Important Historical Buildings, Hermes House, 2008, p. 217.

[2] Jeremy Paxman, The Victorians—Britain through the Printing of the Age, the Random House Group Limited, 2009, p. 175.

[3] Jeremy Paxman, The Victorians—Britain through the Printing of the Age, the Random House Group Limited, 2009, pp. 166-169、p. 179.

is Dembitz Brandeis)〔1〕撰写的论文《隐私权》（right to privacy）深度讨论了该案，并且其观点在美国法中产生了巨大的影响，该论文中的分析被援引至 1905 年的美国佐治亚州"帕夫斯卡诉新英格兰人寿保险公司"案中。〔2〕但是，我们需要注意的是，虽然在 27 页论文的 4 页中讨论了"阿尔伯特亲王诉斯特兰奇"案，两位美国作者对该案的理解和评论不同于英国法官对"隐私"的自然属性的理解。两位作者的观点可以被总结为：虽然同意普通法对个人和财产的保护是其基本原则，但是随着人精神本质（spiritual nature）、感受和智力逐渐被认知，生命权（right to life）的范畴被扩大至"独处的权利"（the right to be let alone）。〔3〕论文中还表达了两位作者对当时美国即时照片和报业侵入私人和家庭生活的担忧，认为新的机械装置将使"壁橱里的窃窃私语被从屋顶上宣布出来"。流言蜚语不再是闲人和恶人的资源，而已经成了一种被工业和厚颜无耻追逐行为追逐的一种产业。〔4〕两位作者认为："现有的法律在错误地披露时提供的保护不应或不完全基于财产权（not on the ground of property or at least not wholly on that ground），而应基于违反默示合同，或违反信任（breach of an implied contract or of a trust or confidence）因此禁令应该被颁发"。

<hr />

〔1〕 撒谬尔·D. 沃伦是美国律师和造纸商，1877 年毕业于哈佛大学法学院。路易斯·登比茨·布兰代斯是美国最高法院大法官。1890 年这篇文章发表时，两位作者均是在波士顿执业的律师。

〔2〕 Charles Mitchell and Paul Mitchell (edited), Landmark Cases in Equity, Lionel Bentley, Prince Albert v. Strange (1849), Hart Publishing, 2012, pp. 262–263. The original news comment was reprinted in Manchester Times, 7 November 1848.

〔3〕 Samuel D. Warren & Louis D. Brandeis, Right to Privacy, 4 Harvard Law Review (1890–1891), p. 193.

〔4〕 Samuel D. Warren & Louis D. Brandeis, Right to Privacy, 4 Harvard Law Review (1890–1891), p. 193、pp. 195–196.

隐私权是一种对世权（rights as against the world），通常情况下并非私人财产权。如果侵犯隐私构成法律损害，则要求赔偿的要素是存在的，因为一项不法行为本身造成的精神痛苦的价值已经被确认为赔偿的基础。因此，侵犯隐私权的行为应该受反诽谤法（the law of libel）的规制，在所有情况下是侵权（tort），在有限的情况下可以颁发禁令，在有限的法律解释下负刑事责任。后者还需要新的刑法立法来增强。[1] 值得思考的是，为什么英国法和美国法在隐私权起源时产生了不同的解释与认知？

史学的搜寻和考证发现对两位作者写作这篇论文原因的推测有不同说法。一种主要推测是出于作者本人的愤怒。1883 年 1 月 25 日，沃伦与参议员托马斯·弗朗西斯·巴亚德的女儿梅贝尔·巴亚德结婚，他们在波士顿专属的后湾区开设宴会，并开始精心招待宾朋。当地的《星期六晚报》详细地报道了他们的活动。沃伦对此感到愤怒并与布兰代斯合写了这篇文章。[2] 第二种主要推测是受到当时报纸杂志上读者来信的启发。在 1890 年的《斯克里布纳杂志》（Scribner's Magazine）上刊登了埃德温·劳伦斯·戈德金（Edwin Lawrence Godkin）[3] 的文章。该文对日益增长的报纸数量进行分析，表达了当时报纸对私人和家庭生活的潜的侵犯，并建议对反诽谤法进行修正。两位作者正式受到这篇文章中建议的启发才在同一年的晚些时候发表了论文。[4]

从 1830 年代开始，美国出现了大量的廉价报纸，铁路的大

---

〔1〕　Samuel D. Warren & Louis D. Brandeis, Right to Privacy, 4 Harvard Law Review (1890-1891), p. 207、pp. 212-213、p. 219.

〔2〕　Alpheus Mason, Brandeis: A Free Man's Life, Viking Press, 1956, p. 70.

〔3〕　埃德温·劳伦斯·戈德金是美国著名的社评作家。

〔4〕　Elbridge L. Adams, The Law of Privacy, The Northern American Review, Vol. 175, No. 550 (1902), p. 364.

面积覆盖使得报业的传播得到迅猛的发展。之后美国各州逐渐发展出相当充分的手段打击民事、刑事和商业诽谤，报业在财务上也变得更加负责，报纸上的文字攻击倾向逐渐减少。为了对诽谤指控的抗辩，取决于各州不同的法律，当时的报纸必须证明其主张真实或者其主张不仅真实，还要出于良好的动机和正当的目的。美国报纸出版商协会（The American Newspaper Publishers' Association）从 1890 年起一直致力于各州反诽谤法的统一化，并多年来在各州立法层面呼吁反诽谤法的统一。[1] 技术进步比如摄影的出现是 19 世纪 50 年代起法律发展的特别推动因素，[2] 与在其之前出现的蚀刻和雕刻技术并驾齐驱。当时涉及特定肖像、特别是有关妇女肖像使用的丑闻在美国已偶尔出现，并引起了人们的担心。英国这方面的情况相对较少，因为英国人已经习惯了从维多利亚女王到一系列普通人的形象在报纸、杂志和广告 海报上大量出现。[3]

通过以上观察和归纳，我们可以归纳出"阿尔伯特亲王诉斯特兰奇"案在美国隐私法起源时具有一定影响，但未被直接"移植"。何勤华教授在《关于法律移植语境中几个概念的分析》一文中对于"影响"和"移植"的区别进行了阐释。"移植"原本是植物学、生物学和医学概念，具有"原封不动地拿过来"等。"影响"比"移植"具有更多的客观性，其受体往往在不知不觉中，模仿了或者学会掌握了影响的主体的思想或行动。并且，影

---

〔1〕 Alfred McClung Lee, The Daily Newspaper in America, the Macmillan Company, 1937, pp. 413-414 and p. 416.

〔2〕 Quentin Bajac, The Invention of Photography: The First Fifty Years, London: Thames & Hudson, 2002, Chapter 3.

〔3〕 Megan Richardson, The Right to Privacy: Origins and Influence of a Nineteenth—Century Idea, Cambridge University Press, 2017, p. 7.

响的程度有深潜之分，并且往往是一种事后的评价。[1] 沃伦和布兰代斯虽然在其论文中以相当长的篇幅论述"隐私权"，但其性质被定义为一种"独处的权利"，而非基于英国法官在"阿尔伯特亲王诉斯特兰奇"案中所认定的"财产权"。其撰写论文的目的，是要在当时美国各州有关反诽谤法律标准不一致时，创造一种新的法律工具来引发禁令救济。虽然在当时的英国和美国，隐私权的英文单词拼写表达一致，但其内核已有很大区别，英国一直到 21 世纪初才承认侵犯隐私权是一种侵权（tort）。

四、影响英国隐私权发展路径的法社会学因素

在"阿尔伯特亲王诉斯特兰奇"案之后很长一段时间内，英国隐私权并没有显著的发展，英国政府对其公众于 1851 年和 1861 年进行的官方人口调查显示了隐私并不被大众广泛关注。[2] 当时的隐私权被视为一种非常有限的权利（a limited right），同时也是一种"自我塑造"的权利（a self-fashioning right）。在当时，英国皇室和名人只是社会中非常小众的一部分人，那么当时的隐私权的出现也旨在保护这些小众人群的利益，并且涉及其家庭成员、朋友和伙伴的关系、兴趣和利益关注点。[3]

在英国，隐私权作为一种具有"自我塑造"的权利，在一开始就涉及个人的情感和兴趣。当时英国涉及隐私权的案件，大多涉及社会名流和皇室等能够产生公众较强烈的好奇心、流言、甚

---

〔1〕 何勤华：《关于法律移植语境中几个概念的分析》，载《法治论丛》2002 年第 5 期，第 16~18 页。

〔2〕 Megan Richardson, The Right to Privacy: Origins and Influence of a Nineteenth—Century Idea, Cambridge University Press, 2017, p. 53.

〔3〕 Megan Richardson, The Right to Privacy: Origins and Influence of a Nineteenth—Century Idea, Cambridge University Press, 2017, p. 53、pp. 120-122.

至诽谤。"阿尔伯特亲王诉斯特兰奇"案发生时维多利亚女王夫妇正以热爱艺术而著称。维多利亚女王最欣赏的画家是埃德温·兰西尔（Edwin Landseer），他被封为爵士并任命为皇家艺术院院长。兰西尔的代表作之一是《现代的温莎城堡》（Windsor Castle in Modern Times），此画描绘的是女王夫妇在温莎城堡中的家庭形象。在这幅画中，阿尔伯特亲王刚刚打猎回来，向女王和公主展示地上的猎物。整个画面安排适当，每个人看起来都很得体。[1]左边开着的窗户展现出温莎城堡花园里的喷泉和树木。阿尔伯特亲王本人则担任了社会艺术协会会长，在英国国会大厦被烧毁时，利用重新选择国会大厦装饰壁画的机会来提升英国民众的艺术水平。他推进了 1851 年第一次世界博览会的举办，并主张"将艺术和机械技术结合是一项值得进行的社会化任务"。[2]但是热爱艺术的天性并不意味着女王夫妇会允许自己创作的私人肖像画被展出。如一些重述这段历史的影视剧作品中所描写的，女王也许认为展出这些肖像会削弱其作为国家元首的威严感，她要捍卫自己的"名誉和尊严"（reputation and dignity），因此阿尔伯特亲王将被告诉至法院，维护其私人的家庭领域和情感。但我们也需要注意到维护这种情感的舒适度边界可能会因人而异。

马克思和恩格斯"经济基础决定着国家和社会意识的存在及其形式"理论充分解释了隐私权在当时不被大部分社会公众所关注的根本原因。马克思和恩格斯在《德意志意识形态》中提到："社会结构和国家总是从一定的个人的生活过程中产生的"和

---

[1] Jeremy Black and Donald M. Macraild, Nineteenth-century Britain, Palgrave Macmillan, 2003, p. 312.

[2] Jeremy Black and Donald M. Macraild, Nineteenth-century Britain, Palgrave Macmillan, 2003, p. 149.

"思想、观念、意识的生产最初是直接与人们的物质活动，与人们的物质交往，与现实生活的语言交织在一起的。人们的想象、思维、精神交往在这里还是人们物质行动的直接产物。表现在某一民族的政治、法律、道德、宗教、形而上学等的语言中的精神生产也是这样。"[1] 从 17 世纪中叶开始，英国工业快速发展并扩展到工业的每个部门，人们想尽办法全面利用机械力，机械力在各个主要工业部门战胜手工力。例如詹姆斯·哈格里乌斯制造的珍妮纺纱机出现使纱的生产费用降低，布的价格也随之降低，同时布的需求增长，织工的数量和工资都随之增长。织工靠自己的织机能挣更多的钱，于是逐渐抛弃农业而专门织布。[2] 工厂制成为一种新事物，蒸汽机把人们高度地聚集起来。[3] 工业革命过程中变动着的生产关系和劳动条件就实践在英国人身上。[4] 当时英国人口中的三分之二从事工业。[5] 在国民财富增长的同时，工人仍在接近维持生存的水平上生活。同时随着工业城镇逐渐陈旧，人们也担心供水、卫生和过分拥挤等住宅问题，尤其大城镇更是堪忧。[6] 1834 年，英国修订了《穷人法》（The Poor Law）。在此之前的 19 世纪早期，在英格兰大约有 14% 的人口成

---

〔1〕 ［德］卡·马克思，［英］弗·恩格斯：《德意志意识形态》，载《马克思恩格斯选集》，中共中央马克思恩格斯列宁斯大林著作编译局编译，人民出版社 2012 年版，第 151~152 页。

〔2〕 ［英］弗·恩格斯：《英国工人阶级状况》，载《马克思恩格斯选集》，中共中央马克思恩格斯列宁斯大林著作编译局编译，人民出版社 2012 年版，第 90 页。

〔3〕 ［英］E. P. 汤普森：《英国工人阶级的形成（上）》，钱乘旦等译，译林出版社 2013 年版，第 206 页。

〔4〕 ［英］E. P. 汤普森：《英国工人阶级的形成（上）》，钱乘旦等译，译林出版社 2013 年版，第 194 页。

〔5〕 ［英］弗·恩格斯：《英国工人阶级状况》，载《马克思恩格斯选集》，中共中央马克思恩格斯列宁斯大林著作编译局编译，人民出版社 2012 年版，第 101 页。

〔6〕 ［英］E. P. 汤普森：《英国工人阶级的形成（上）》，钱乘旦等译，译林出版社 2013 年版，第 366 页。

为该法救济的对象，其中 9% 至 10% 获得了实际的帮助。[1] 隐私权，对于当时的英国大众来说比较遥远并排在确保和提高生存基本需求之后。

并且，英国通俗小报（tabloid）的发展在隐私权起源和出现之后相当长的一段时间内非常兴盛。"Tabloid"一词被总部位于伦敦的巴勒斯威康公司（Burroughs Wellcome & Co.）用来作为当时新压缩药品的注册商标并被长期广泛地用于广告宣传。该词的广告宣传非常成功，它随后被用来描述其他在形式上被压缩的事物，比如通俗小报。在 19 世纪 90 年代，巴勒斯威康公司写信给《每日镜报》的创立者阿尔弗来德·哈姆斯沃斯（Alfred Harms-worth）警告其禁止使用该词。但是当该压缩药品停产之后，该词被新闻界作为"通俗小报"的通用词稳定地使用。[2] 谢菲尔德大学新闻学教授马丁·康博伊（Martin Conboy）在《小报英国：通过语言建设社区》一书中形容到，外国人刚到英国就会对英国通俗小报之间激烈的竞争感到惊讶。最早时，定期出版的报纸（periodical）的读者大多数是收入较高的人群。某一特定类型的商业类流行报纸在 19 世纪中叶形成。从 1830 年代起，报纸税收的减少使得报业利润颇丰，其读者群也更加的大众化。[3] 英国的第一家通俗小报《每日镜报》于 1903 年发行，售价是每份一

〔1〕 Joel Mokyr, The Enlightened Economy: An Economic History of Britain 1700-1850, Yale University Press, 2012, p. 440.

〔2〕 Ross MacFarlane, Tabloid, The Lancet, 17 January 2009. https://www.thelancet.com/journals/lancet/article/PIIS0140-6736 (09) 60060-X/fulltext.

〔3〕 Martin Conboy, Tabloid Britain—Constructing a Community through Language, Routledge, 2006, p. 1.

分钱（one penny）。每张报纸的面积只是普通报纸规格的一半。[1] 1904 年，其创立者阿尔弗莱德·哈姆斯沃斯将其转变为内容更加广泛的插图报纸。进入 20 世纪后，大众媒体是英国社会和生活中的重要元素。[2]

再次，在隐私权起源与发展的英国路径中，其国民性格也是一个重要的影响要素。与法国等欧洲大陆不同的是，19 世纪之后的英国社会改良进展较慢，对于新事物和新概念的接受速度并不是那么迅速。牛津大学社会人类学家凯特·福克斯在《英国人的言行潜规则》中这样形容英国人性格中与生俱来的中庸："我们避免任何形式的极端、过度和激烈。我们害怕改变，我们害怕大惊小怪……我们谨慎，重视家居生活，重视安全。"[3]这种英国人的国民性格也许与其地理位置在岛屿之上有一定的关系。1950 年《欧洲人权公约》（the Convention for the Protection of Human Rights and Fundamental Freedoms）第 8 条 "尊重私人和家庭生活的权利"第 1 款规定：每个人都有在私人和家庭生活、住宅和通信被尊重的权利。直到将近半个世纪后的 1998 年，相关条款才正式被 "嵌入"《英国人权法案》（Human Rights Act 1998）并被议会通过。同时，英国上议院和法官之间仍然对此存在争议。上议院认为英国法不应该承认从具体案件中推导出侵权责任要件的 "侵犯隐私权"的一般性原则。[4] 但是在该法案于 2000 年 10 月

---

〔1〕 当时普通报纸的规格是 38 厘米×58 厘米。参见 https：//www. britannica. com/ topic/newspaper.

〔2〕 https：//reviews. history. ac. uk/review/1825.

〔3〕 ［英］凯特·福克斯：《英国人的言行潜规则》，姚芸竹译，生活·读书·新知三联书店 2010 年版，第 389 页。

〔4〕 Mark Warby, Nicole Moreham and Iain Christie（edited）, The Law of Privacy and the Media, Oxford University Press, 2011, p. 37.

生效后不久，英国上诉法院的法官在审理"道格拉斯诉哈罗杂志"（Douglas v Hello! Ltd）一案时就已在判决中援引了相关法律条款，这被视为"在英国法中承认隐私权的最后推动力"。[1]

五、启示

将隐私权作为一种民事权利纳入《中华人民共和国民法典》第四编"人格权"符合我国现阶段的基本国情，而且也符合我国大陆法系国家的客观现实。在系统地研究隐私权英国的起源和发展路径选择之后，我们在法社会学的比较视角下应该注意以下两个方面：

（一）需要注意隐私权概念中重点法律词汇的解释

《民法典》第 1165 条规定：行为人因过错侵害他人民事权益造成损害的，应当承担侵权责任。依照法律规定推定行为人有过错，行为人不能证明自己没有过错的，应当承担侵权责任。那么结合第 1032 条中规定的"私人"和"私密"要求，在这部法典通过后，我们要特别注意对这两个词的解释和界定。从隐私权起源的英国故事的史料中，我们可以发现其对重点词语的解释并非一蹴而就，而随其社会发展存在着一个逐步推进的过程。例如，在 19 世纪早期涉及对未发表作品的保护时，"隐私"这个词往往与"保密"（confidentiality）和"保守秘密"（secrecy）一同被考量和理解。在 1828 年的《约翰逊博士词典》中，隐私被定义为："①保密状态，保密；②退休，撤退"和"④沉默寡言"。[2] 而在 1908 年出版的《新英语词典》中，"隐私"被定义为："私人

---

〔1〕　Douglas v Hello! Ltd. ［2001］，QB967，CA.

〔2〕　Megan Richardson，The Right to Privacy：Origins and Influence of a Nine-teenth——Century Idea，Cambridge University Press，2017，p. 28.

状态或品质。①从他人的社会或公共利益中退出的状态或条件，隐居；②私人或退休场所，私人公寓；③宣传或展示的缺乏或避免：达到秘密或隐藏的条件。④私人事务，秘密；私人或个人事务或关系。⑤亲密，保密关系；⑥对某些行为保密的状态。"我们可以看到 1908 年的这个概念解释比 1828 年的解释增加了几个新的层面。那么，在我国当前人口密度较大、大中型城市人口聚集的情况较普遍的情况下，我们应该如何理解"隐私"概念中私密空间的范围？例如在一间多人合住的职工或者学生宿舍中，什么样的范围可以被界定为私密空间？尤其隐私权是涉及保护个人情感的一种人格权，其边界和范围就应当更加详细地去被解释和考量。

（二）是否在隐私权未来的相关立法中引入惩罚性赔偿

《民法典》第 998 条规定，认定行为人承担侵害除生命权、身体权和健康权外的人格权的民事责任，应当考虑行为人和受害人的职业、影响范围、过错程度，以及行为的目的、方式、后果等因素。涉及惩罚性赔偿的部分在第七编"侵权责任"第二章"损害赔偿"第 1185 条。其内容是：故意侵害他人知识产权，情节严重的，被侵权人有权请求相应的惩罚性赔偿。这一条符合我国加强知识产权保护的大环境和需求。那么，是否有必要在未来隐私权的保护中也增加有关惩罚性赔偿的条款？这不仅和现实需求紧密相关，也需由各国的历史传统和发展状况来决定。如同英国隐私权的起源和发展路径选择受到其通俗小报业较发达等因素的影响，在欧洲大陆的德国，历史中的发生的事件促使其成为世界上对隐私保护最强的国家之一。早在 1970 年，德国黑森州通过了世界上第一部数据保护法。德国的史料表明，在 20 世纪 30 年代，德国的人口普查工作者逐户询问并填写了信息卡，上面记载居民的国籍、母语、宗教信仰和职业。这些数据经过一些人工和早期的数据处理器计算后，用以识别犹太人并导致其被送至集中营。[1] 这种侵犯隐私权的行为造成了生命权的丧失。德国历史上的惨痛经历，使德国人形成了高度重视隐私权保护的心理和传统。那么我们是否需要在目前的国情下，运用惩罚性赔偿提高对隐私权保护的力度？侵犯隐私权有可能造成对权利人私人情感和亲友关系的损害或破裂，这样的损害有时无法在事后弥补，因此，对侵权的预防在社会发展中就非常重要。在《民法典》颁布后未来的修订之中，适当引入惩罚性赔偿会为隐私权保护增添更多的"牙齿"，也许会对潜在侵犯隐私权的人和行为形成更多的威慑力。

六、结语

隐私权，是我国《民法典》中确立的一种新兴权利。自 2021 年 1 月 1 日《民法典》实施之后，北京房山法院宣判了北京市首例适用民法典侵害隐私权的案件，被告安装的用于监控原告及其弟弟院子、院内大门口和楼房二层居室的摄像头得以拆除。原告的起诉表明我国人民群众隐私权保护的意识在日益提高，并愿意用相关法律来捍卫自身的权利。纵观隐私权在英国的缘起和影响，无论是在英国被视为"自我塑造的权利"还是在美国被视为"独处的权利"，我们都可以观察到这种权利与各国的国情、社会发展状况、文化习俗、个人情感与心理舒适度高度关联，因此，对这种新兴权利的法律保护要与各国的现实状况相匹配。

---

〔1〕 Olivia B. Waxman, The GDPR is Just the Latest Example of Europe's Caution on Privacy Rights. That Outlook has a Disturbing History. 24 May 2018. https://time.com/5290043/nazi-history-eu-data-privacy-gdpr/.

理论实践一体化创新培养模式在法学教学中的探索

——以中国政法大学《网络审判实务》课程为例

◎张　婷*

摘　要：打造卓越法律人才，是坚持全面依法治国、推进法治中国建设的题中要义。我国传统法学教育在一定程度上存在着教学理念偏重知识传授、教学方法偏离应用特性等不足，亟须引入更符合时代所需的理论实践一体化创新教学模式。中国政法大学探索建立的以《网络审判实务》课程为代表的司法实务全流程模拟教学实践育人体系，通过整合优质司法资源、搭建双层教学平台、组建协同师资队伍，最终突破了横亘于法学高等院校与司法实务部门之间的体制壁垒，为持续输送兼具理论知识与职业技能的高素质法治人才提供坚实保障。

---

* 张婷，法学博士，中国政法大学刑事司法学院讲师。

关键词：法学教学；理论实践一体化教学模式；司法实务全流程模拟

一、问题的提出

改革开放以来，随着我国法治社会建设进程的不断推进，我国的法学教育取得了引人瞩目的成就，法学学科体系日臻完善。然而，在法律人才培养过程中，一直固守传统的闭环式学校教育模式，逐渐表现出教学理念和教学方法偏离法学应用性学科特点等问题，造成高校法律人才培养与社会法律实务需求之间的严重脱节，亟待解决。

（一）教学理念偏重法律知识传授

法学教育的基本职能和根本目标是培养符合社会需要的法律人才，树立合理的法学教学理念是实现法学教育目标的重要前提条件。[1]依照传统法学教学理念，法学高等院校主要以法学理论教学为主。高校对法律人才的培养偏重于法学理论和规范条文的灌输式讲授，帮助学生建构系统化的法学知识体系，而对于学生的知识融合能力和知识运用能力往往训练不足。[2]这种"重理论轻实践、重知识轻技能"的教学理念[3]直接导致法学人才培养偏离了法律职业技能的培养目标，使得初入职场的法学毕业生经常面临空有一身理论知识却无用武之地的尴尬境地。

〔1〕 孙廷然：《理论与现实：传统法学教育 VS 法律诊所教育》，载《周口师范学院学报》2013 年第 3 期。

〔2〕 参见孙智：《卓越法律人才培养模式的建构与创新——兼论传统法学教育之弊》，载《凯里学院学报》2015 年第 4 期。

〔3〕 参见刘潇潇：《地方院校应用型法律人才培养的困惑与现实性选择》，载《重庆教育学院学报》2011 年第 1 期。

（二）教学方法偏离法学应用特性

德国法学家卡尔·恩吉施在其所著的《法律思维导论》一书中写道："法学是一门充满实践理性的学科，其魅力……在于如何通过规范把价值作用于事实，做出对外具有约束力、对内具有说服力的判断。"[1]教学是在一定教育目的规范下，由教师的"教"和学生的"学"共同组成的一种教育活动。[2]教学过程就是一个夯实地基、砌砖添瓦、搭建楼宇的过程，是关涉教与学的严谨系统工程，是教学内容得以展开、教学目标得以实现所必须借助的羽翼。[3]传统的法学教学方法基本是讲授法，即教师通过口头语言向学生描绘情景、叙述事实、解释概念、论证原理和阐明规律的教学方法。[4]这种单边性的教学方法，由于过于偏重教师的讲授和分析，而往往忽视了学生的思考和领悟，导致学生的主观能动性被压抑，研习所得生硬僵化，与法学应用型学科本质严重背离，以致进一步加重法学毕业生初涉司法实务的无力感。

二、理论实践一体化教学模式的创新之处

所谓理论实践一体化教学模式，是指将理论、实践教学内容融通一体化设置，讲授、研讨、互动、操作、实践等教学形式方法一体化运用，教室、实践基地等校内外学习空间一体化设定，知识、能力与素质目标一体化训练，理论与实践教学交替的课程

---

〔1〕　［德］卡尔·恩吉施:《法律思维导论》（修订版），郑永流译，法律出版社 2014 年版，第 1~7 页。

〔2〕　参见王道俊、郭文安主编:《教育学》（第七版），人民教育出版社 2016 年版，第 149 页。

〔3〕　参见许桂敏:《论法学研究生教育方式的革新》，载《周口师范学院学报》 2016 年第 6 期。

〔4〕　刘艳红、李川:《司法共建型法学研究生创新教育模式研究》，载《中国法学教育研究》 2018 年第 1 辑。

教学模式。[1]将理论实践一体化教学模式引入法学人才培养的目的在于促成司法实务部门优质的实践教学资源与法学高等院校丰富的理论研究积淀之间的资源整合和要素重组，通过"知识教学"与"实践教学"的相辅相成，弥合法学理论与法律实践之间的鸿沟，使法学人才培养真正契合推进全面依法治国的重大战略部署。

从整体上来看，在法学教学中践行理论实践一体化教学模式的基本思路，是打破传统法学教学中理论研习和实践学习之间的壁垒，将司法实务直接引入高校、引入课堂，在司法实务全流程模拟过程中贯穿法学理论知识教学，[2]全程由学生按照"发现问题—回溯理论—解决问题"的递进式思路自主学习，以充分调动学生的学习积极性，从而实现"知识学习"与"技能训练"、"法律思维"与"职业素养"的双向同步培养目标。

与传统教学模式相比，理论实践一体化教学模式不仅有利于推动法学教学体系更新，而且对凝练新型教学理念意义重大。一方面，为了践行理论实践一体化教学模式，传统法学课程设计从课程体系、课程内容和教学方法上需开展三位一体的创新。在课程体系方面，设置了以法学理论教学基础课程模块和司法实务全流程模拟课程模块的同步教学课程体系。在课程内容上，从纯粹的理论知识转型调整为理论指导下的司法实务全流程实操演练。在教学方法上，从单一的讲授法优化升级为集讲授法、讨论法、研究法、实操法为一体的综合性教学法。另一方面，理论实践一

---

〔1〕　邓宏萍、钟庆文：《促进深度学习——对高职高专思政课教学理论实践一体化改革的思考》，载《思想理论教育导刊》2017年第12期。

〔2〕　参见刘红春、徐敏慧：《"一带一路"倡议下涉缅卓越法治人才培养路径》，载《法学教育研究》2020年第1期。

体化教学模式在法学教学中的应用也促成了新时代法学教学新理念的成型。新时代的法学教学要坚持"内外协同"的教学理念，着眼于司法实践前沿的即时动态，实现优质实务资源和扎实理论基础的双剑合璧，共同服务于培养应用型卓越法治人才。新时代的法学教学要坚持"五位一体"的教学理念，定位于培养兼具法治精神、科学理性、创新思维、实践能力和社会责任感的卓越法治人才。新时代的法学教学要坚持"两个结合"的教学理念，通过教研互动和教学相长，破除传统法学知识教育与法律实践教育之间的隐性壁垒。

三、理论实践一体化教学模式的实施机制

引入理论实践一体化教学模式的直接目的是解决传统法学教学过程中存在的教学理念偏重知识传授、教学手段偏离应用目标等问题。为此，可以通过教学资源优化、教学场域整合以及教学人员联动等路径来予以落实。

（一）建设丰富、优质的司法实务全流程模拟案例库

为了全面实施法学教学中的理论实践一体化教学模式，法学高等院校应与法律实务部门通力合作，由后者提供丰富的优质司法资源，包括审判判例案卷副本、检察判例案卷副本、实况庭审录像资料等，在此基础上，通过校内专职教师与校外实践导师共同研讨，根据司法实务中证据和程序把控的关键要点，精选设计组成经典实务案例库，以备司法实务全流程模拟实操之用。

（二）构建多教学场域同步进行的"双层教学平台"

教学场域整合的实现路径主要包括校内课堂教学场域与校外实践教学场域的整合以及实体空间教学场域与虚拟线上教学场域

的整合。为了全面实施法学教学中的理论实践一体化教学模式，应该充分用好校内校外、线上线下两组教学场域组合，同时将两组教学场域搭配整合的优势进一步发挥出来，实现优势互补。

（三）组建内外协同合作的法治人才培养法律共同体

为了全面实施法学教学中的理论实践一体化教学模式，法学高等院校应积极聘请司法实务部门专家作为兼职教授和实践导师与校内专职教师共同推进司法实务全流程模拟课程建设，强化法学教育工作者和法律实务工作者之间的沟通、交流，构建一批致力于法治人才培养的法律人共同体，为实现知识理论与职业技能的同步学习、法律思维与职业素养的联动培育提供智力支撑。[1]

概言之，在法学教学中践行理论实践一体化教学模式要坚持在校内外导师的共同指导下，借助双层教学平台优势，鼓励学生全程参与、全程体验经典案例的司法程序重现，从而推动传统法学教学模式发生质的提升，全面助力符合新时代需求的卓越法律人才培养。

四、理论实践一体化教学模式在《网络审判实务》课程中的应用

从我国法治化国家建设的推进进程和法律人才培养的实际现状出发，中国政法大学自 2007 年以来就一直致力于进行理论实践一体化教学模式改革，形成了"司法实务全流程模拟教学"的实践育人体系，具体包括模拟人民法院、模拟互联网法院、模拟人民检察院、模拟公安局和模拟律师事务所五个准实务部门，为

---

〔1〕　参见刘坤轮：《中国法学教育改革的理念层次——深埋在"卓法计划 2.0"中的金丝银线》，载《中国大学教学》2019 年第 6 期。

开展涵盖民事诉讼、行政诉讼和刑事诉讼三大司法实务模拟实训提供了实践教学平台。《网络审判实务》是为配套模拟互联网法院而设立的实践教学基础课程，以下将结合此课程具体演示如何在法学课堂中运用理论实践一体化教学模式。

与传统部门法学不同，网络法学所面对待决的问题因其技术特性[1]而具有明显的即时性，因此，《网络审判实务》课程用于全流程模拟司法实务的案例库需要常更常新。其中，"恶意投诉"是伴随平台经济崛起而出现的一类典型司法实践问题，[2]而且也涉及一些重要的知识点，故而本演示拟围绕一个"商标权利人恶意投诉平台商家"的真实案例展开理论教学和模拟实训。课程中会使用的实践性教学方法将同时包括案例教学法、小组讨论教学法、头脑风暴教学法、反馈评价教学法等。该课程授课全程如下：

（一）案例引入

陈某在淘宝网上开设有一家名为"精致生活"的网店，主要经营"KF"品牌服装产品。上海某服饰贸易有限公司是"KF"的商标持有人。自 2021 年 1 月起，该公司以陈某侵犯其商标权为由连续多次向淘宝平台进行投诉，并要求淘宝对陈某网店所售商品予以下架和处罚，导致陈某的网店受到两次 12 分节点处罚（店铺屏蔽、限制发布商品、限制店铺创建、限制发送站内信、限制社区功能以及公示警告七天），而且根据淘宝规则，陈某的

---

〔1〕 参见来小鹏:《论作为独立法律部门的网络法》，载《法学杂志》2019 年第 11 期。

〔2〕 参见孔祥俊、毕文轩:《电子商务平台知识产权恶意投诉的规制困境及其化解——以 2018—2020 年已决案例为样本的分析》，载《山东大学学报（哲学社会科学版）》2022 年第 1 期。

网店无法参加当年度的双十一大促活动。陈某认为，上海某服饰贸易有限公司虚构事实并恶意投诉的行为导致其店铺正常经营停滞、信誉度严重下降，侵犯了自己的合法权益，故而诉至法院。

（二）模拟角色分配

20 名学生，采用自主选择的方式分为法官组（6 人）、被告 1 组（7 人）和被告 2 组（7 人），每组配备一名校内指导教师。实训角色确定后，进行第一轮小组讨论。小组讨论过程中，教师进行督导、巡视，并记录各组讨论情况，主要包括每组争议的焦点问题、知识盲点和误区、各组组内学生的发言参与程度等。作为司法实务模拟训练课，通过让学生代入审判员、诉讼代理人、争议当事人等角色，在课堂内进行法庭技能训练，有利于充分调动和发挥学生的学习积极性和主观能动性。

（三）第二轮组内讨论

《网络审判实务》课程是与另一门实践教学课程《律师实务》联动完成的。在法官组收到对方提交的起诉状和证据清单后，教师将组织第二次组内讨论。这次小组讨论主要是围绕原告提交的相关材料展开组内辩论。被告组根据讨论结果准备答辩状及所需证据。

（四）组织庭前会议

在被告组向法官组提交答辩状及证据清单之后，由校外实践导师辅助学生进行庭前会议模拟，即由法官组主持完成证据交换、争点归纳和庭前调解三项主要任务。[1]庭前会议实训结束后，由各组指导教师，通过头脑风暴的方式，引导组内学生自由

---

〔1〕　参见熊跃敏、张润：《民事庭前会议：规范解读、法理分析与实证考察》，载《现代法学》2016 年第 6 期。

发言，对模拟过程中出现的问题进行梳理、总结。

（五）学生模拟庭审

依托中国政法大学完善的模拟法庭教学资源，由《网络审判实务》课程教师和《律师实务》课程教师共同组织学生，在模拟法庭环境下，身穿法官袍、律师袍以角色体验的形式全流程再现所有庭审环节，完成民事案件庭审过程的完整实操。

（六）讨论、讲解与归纳

模拟庭审结束后，由每组推选一名成员将本组讨论观点予以汇总并向全班做展示汇报。在各小组汇报完毕后，由教师主导对"律师代理"、"起诉"、"庭审"等模拟实训环节中出现的问题进行系统阐释、讲解和归纳，进而在帮助学生明晰司法实务关键要点的同时，激发学生对司法疑难问题的深层次理论思考。

《网络审判实务》课程旨在实现两个授课目标。其一，传授理论知识。法学之魅力，在于统筹于各种材料之上而创造出的在逻辑上与实定法血肉相连的各种概念和理论。[1]法学的精英化正是通过不断"生长"而焕发新生的理论得以实现，并延续着理性的不竭力量。网络法学是伴随信息科技进步和人类社会转型而出现的新型学科，因此，帮助学生构建相应理论基础就成为开展本门课程的第一要务。其二，锻炼职业技能。法学是一门实践科学。通过对模拟案例的讨论、反馈与总结，锻炼学生运用基础理论和法律条文解决实际案例的能力是开展本门课程的题中之意。

五、结语

2012 年 5 月 26 日，中央政法委员会和教育部共同启动了卓

---

〔1〕　车浩：《刑法教义的本土形塑》，法律出版社 2017 年版，第 1 页。

越法律人才教育培养计划，提高法学专业人才素质成为新时代赋予法学教育的崭新历史使命。[1] 中国政法大学积极探索理论实践一体化教学模式，形成了"司法实务全流程模拟教学"的实践育人体系。这一体系以丰富的司法实务模拟案例库为依托，通过多教学场域同步进行的双层教学平台，实现了内外协同的法治人才培养共同体联动，彻底打破了传统实践教学中横亘于法学高等院校与司法实务部门之间的体制壁垒，将优质的司法实践教学资源引入传统的理论知识教学之中。理论实践一体化创新教学模式的探索与实践，为培养兼具理论知识与职业技能的卓越法律人才提供了全新路径，必将对坚持全面依法治国、推进法治中国建设战略部署的实现产生深远。

---

[1] 参见公丕祥:《变革时代的司法需求与卓越法律人才教育培养计划》，载《法学教育研究》2013 年第 1 期。

法律职业

Legal Profession

网络犯罪刑法规制趋向与反思　晁金典

网络犯罪刑法规制趋向与反思

◎晁金典*

　　摘　要：网络犯罪与信息时代变迁相伴而生，网络犯罪经历了网络对象型犯罪、网络利用型犯罪、网络智能型犯罪等阶段，并呈现出不同的代际特征。传统刑法规范在应对网络犯罪时显示"窘迫""力有不逮"的问题，便使得预防刑法油然而生，并在相当长时期内代表了网络刑法发展的实质走向。网络刑法路径优化的重心主要在于：科技赋能刑法，树立"打准打实"的技术思维；面对网络刑法立法碎片化的现实问题，注重网络刑事立法体系化、完整性构建；面对网络刑法规范罪名繁复、界限模糊、刑罚配置不均衡等问题，网络刑事立法更应注重罪刑均衡和刑事规范的明确性。预防刑法（积

---

　　* 晁金典，上海师范大学硕士研究生，江西科技学院副教授。研究方向：网络法治化治理。

极刑法）应有限度：消极刑法的嵌入与补强实为必要；网络象征性刑事立法应当限缩、刑法功能更应坚守。对网络刑事规制的回顾与反思，既有助于解决风险社会下网络安全秩序的问题，又有益于防止国家刑罚权的恣意发动和扩张，这对促进"法治中国"建设、"尊重和保障人权"，似有裨益。

关键词：网络犯罪；积极刑法；消极刑法；反思

"技术的胜利，似乎是以道德的败坏为代价换来的。"[1] 科学技术是把双刃剑。网络在极大促进生产力发展的同时，也如影随形地异化为违法犯罪的帮凶。伴随着网络由 Web1.0、Web2.0 跃入 Web3.0，人类已进入"数据为王，流量至上"的互联网时代。基于利益追求和技术驱动下的传统犯罪，也亦步亦趋地向网络空间转移，并滋生出新的犯罪形态，并急剧扩张蔓延。网络犯罪的高技术性、隐蔽性、侵害对象的不特定性、风险难以预测性、网络的弥散性、瞬间传播性问题等加剧了公众对社会风险的恐惧和不安。"我们站在一个美丽新世界的入口。这是一个令人兴奋的、同时充满了不确定性的世界""强大的人工智能的崛起，要么是人类历史上最好的事，要么是最糟的"。[2] 网络已成为滋生违法犯罪的温床，以电信网络诈骗犯罪为代表的网络犯罪已成为犯罪的主流，也成为全球打击治理的难点。资料显示，网络犯罪将会是未来 10 年全球最引人注目的风险之一，尤其是最为常

---

[1] 中共中央马克思恩格斯列宁斯大林著作编译局：《马克思恩格斯选集（第 1 卷）》，人民出版社 2012 年版，第 776 页。
[2] 《人工智能的崛起，可能是最好的事，也可能是最糟的事》，载网易订阅官网：https://www.163.com/dy/article/DUB85L6E0522TBRU.html，最后访问日期：2022 年 10 月 15 日。

见的 AI 黑灰产犯罪将比肩世界第三大经济体。[1] 2022 年 6 月 25 日至 9 月 8 日，两个多月时间里，全国公安机关就侦破"网络黑产"案件 4290 余起，打掉此类犯罪团伙 1969 个、抓获犯罪嫌疑人 5120 余名，督促重点平台过滤、清理违法犯罪信息 321 万余条。[2] "数字经济、互联网金融、人工智能、大数据、云计算等新技术、新应用快速发展，催生一系列新业态新模式，但相关法律制度还存在时间差、空白区。网络犯罪已成为危害我国国家政治安全、网络安全、社会安全、经济安全等的重要风险之一。"[3] 网络犯罪切需要刑法做出积极的应对，"社会不是以法律为基础的。那是法学家的幻想。相反地，法律应该以社会为基础。"[4] 法律的变迁是根植于社会发展变化之中的。具体地、历史地考察网络犯罪演进的时代变迁，对于防范、打击此类犯罪，实现刑法针对性、科学性预防的功效，很有必要。

一、网络犯罪的演进

对网络犯罪的内涵和外延，学术界有着不同的理解和诠释。2021 年 1 月 22 日最高人民检察院印发了《人民检察院办理网络犯罪案件规定》将网络犯罪定义为："网络犯罪是指针对信息网

〔1〕　《百度发布〈2020 网络黑灰产犯罪研究报告〉，全方位打击网络犯罪产业链条》，载百度搜索：https：//baijiahao. baidu. com/s？ id = 1682519628280453846&wfr = spider&for=pc，最后访问日期：2022 年 10 月 15 日。

〔2〕　《2022 年 9 月 8 日公安部新闻发布会：通报全国公安机关扎实推进夏季治安打击整治"百日行动"，重拳打击人民群众深恶痛绝的网络违法犯罪取得的成效情况》载公安部网站：https：//www. mps. gov. cn/n2254536/n2254544/n2254552/n8685916/index. html，最后访问日期：2022 年 10 月 15 日。

〔3〕　《习近平在中央全面依法治国工作会议上发表重要讲话》，载中国政府网：http：//www. gov. cn/xinwen/2020-11/17/content_5562085. htm，最后访问日期：2022 年 10 月 15 日。

〔4〕　《马克思恩格斯全集》（第 6 卷），人民出版社 1961 年版，第 291~292 页。

络实施的犯罪，利用信息网络实施的犯罪，以及其他上下游关联犯罪"。2022 年 9 月 1 日"两高一部"发布了《关于办理信息网络犯罪案件适用刑事诉讼程序若干问题的意见》，又将网络犯罪的外延概括为："本意见所称信息网络犯罪案件包括：危害计算机信息系统安全犯罪案件；拒不履行信息网络安全管理义务、非法利用信息网络、帮助信息网络犯罪活动的犯罪案件；主要行为通过信息网络实施的诈骗、赌博、侵犯公民个人信息等其他犯罪案件"。值得一提的是，从司法适用维度上看，网络犯罪与信息网络犯罪二者是通用的，并无本质区别，且上述关于网络犯罪的内涵、外延的概括性规定系长期司法实践经验的提炼与总结，应具有普遍适用的意义。网络犯罪系网络技术异化的负面衍生物，在网络技术发展的不同时代，有着不同的犯罪形态，并呈现出不同的代际特征。

（一）以计算机为作案对象的网络对象型犯罪

Web1.0 时代（1990—2000），[1] 网络信息传播是单向的，话语权掌握在网络利益集团手中，普通大众仅仅是被动接收信息的受众。换言之，网站与报纸、电视并无差别，上网冲浪即如读书、看电视。此时的网络犯罪系以计算机安全系统为加害对象的犯罪，称之为计算机犯罪。最常见的方式是利用计算机防火墙系统漏洞来袭击网站、在线传播计算机病毒，通过破解密码、盗取密码、强行突破安全工具等方法，穿透计算机内网与外网之间的技术保护壁垒，窥视内网信息的内容或者恶意破坏计算机功能、数据、应用程序致使计算机不能正常运行。故此时的网络犯罪是

---

〔1〕 刘琼、任树怀：《论 web3.0 下的信息共享空间》，载《图书馆》2011 年第 2 期，第 83 页。

以计算机信息安全系统为犯罪对象的、以非法侵入或破坏计算机信息安全系统为犯罪目的、以利用计算机防火墙系统漏洞或者病毒软件为犯罪手段的接触性、物理性犯罪。对此，1997 年新修订的《中华人民共和国刑法》（以下简称《刑法》）做出了积极的、前瞻性回应，分别增设了第 285 条"非法侵入计算机信息系统罪"、第 286 条"破坏计算机信息系统罪"。

（二）以互联网为犯罪工具的网络利用型犯罪

由于网络技术的急剧革新，推动了互联网产业的迅猛发展，网络电商平台、社交平台加速崛起。网络已成为多向互动、即时便捷的人际交往、民商交易的工具。QQ、微信、博客、淘宝、京东等即是典型代表，并深刻影响着人们的生产生活，人们开始由 Web1.0 时代跨入 Web2.0 时代。Web2.0 时代（2000—2010)[1]，网络大众化、网民创造内容、即时交互成为这一时代的显著特征。网络信息交流方式也由单向、被动接收型向多向、主动互动型转变。"网络发帖""交互群聊""在线客服"等成为 Web2.0 的标配。网络平台的开放性、弥散性、隐名性，助推了传统犯罪向网络空间迅速迁移，以网络为犯罪工具的网络利用型犯罪凸现。这主要表现为两点，其一，1997 年《刑法》第 287 条"利用计算机实施金融诈骗、盗窃、贪污、挪用公款、窃取国家秘密或者其他犯罪的，依照本法有关规定定罪处罚"，该提示性条款在 Web2.0 时代具有了普遍适用的意义，并导致了诸如网络诈骗、网络赌博、网络诽谤、网络盗窃、网络敲诈勒索等各色传统犯罪（亲手犯如强奸犯除外）在网络空间滋生蔓延。其二，"数据即财富""链接即利益"以控制计算机信息系统功能和运

---

〔1〕 《马克思恩格斯全集》（第 6 卷），人民出版社 1961 年版，第 291~292 页。

行、获取普通用户计算机信息系统数据、嫁接目标服务器（如将涉黄、赌、毒广告自动跳转至第三方网页）从而攫取不法经济利益为目的的新的犯罪突现，并由此催生出专门提供犯罪程序、工具的新的不法产业族群。以最高人民法院公布的 145 号指导性案例：张某杰等非法控制计算机信息系统案为例[1]。被告人张某杰、彭某珑等在马来西亚吉隆坡市出租房内，为赚取赌博网站广告费，利用网络对存在防护漏洞的目标服务器进行筛选，然后有针对性地向 113 台目标服务器植入木马程序、非法予以控制，再使用"菜刀"等软件链接该木马，获取目标服务器后台操作权限，并将带有"赌博"关键字设置了自动跳转功能的网页上传至目标服务器，以此提高赌博网站广告被搜索的机率。后被公安机关抓获。南京市鼓楼区人民法院认为被告人张某杰、彭某珑等虽有针对目标服务器的数据进行修改、增加的行为，却未对该信息系统功能造成实质性的破坏，或不能正常运行，亦未对实质上有价值的数据进行增加、删改，其行为不属于公诉机关指控的破坏计算机信息系统犯罪，应认定为非法控制计算机信息系统罪。

由此可见，Web2.0 时代的网络犯罪是以网络为犯罪工具的网络利用型（网络工具型）犯罪，具有远程性、非接触性、犯罪对象不特定性等显著特征。但此类犯罪毕竟是借助网络实施的，而网络又是物质的，有着鲜明的物质性，故利用网络作为犯罪工具与借助毒药、爆炸物作为犯罪工具并无质的区别。因此，网络利用型犯罪仍系物理性、非接触性犯罪。为应对网络工具型犯罪，2000 年 12 月 28 日，全国人大常委会通过了《关于维护互联

---

〔1〕　《最高人民法院指导案例 145 号：张竣杰等非法控制计算机信息系统案》，载河南省高级人民法院官网：http://www.hncourt.gov.cn/public/detail.php? id = 183715，最后访问日期：2022 年 10 月 15 日。

网安全》的决定；2009 年 2 月 28 日，《中华人民共和国刑法修正案（七）》又增设了第 285 条第 2 款"非法获取计算机信息系统数据、非法控制计算机信息系统罪"和第 3 款"提供侵入、非法控制计算机信息系统程序、工具罪"。

（三）以网络空间为犯罪平台的网络智能型犯罪

基于信息数据指数级增长和云计算技术迅猛发展，以"深度学习"为特征的 AI 人工智能获得突破性进展，并广泛应用于信息网络、无人机、机器人、虚拟客服、智慧城市等领域。"未来已来"，人类已经跃入 Web3.0 时代（2010—至今）。智能性、个性化、精准性应用服务成为 Web3.0 的显著表征。AI 人工智能通过深层神经网络算法来模拟人的大脑的思维逻辑和机能，将底层海量数据瞬间组合成更高层的抽象表示，在某些领域，人工智能的强大功能已经达到，甚至超过人类。"文明所产生的一切都是人类智能的产物，但是现在'计算机在理论上可以模仿人类智能，然后超越'这一原则正在被人们所接受。"[1] Web3.0 时代，"人们的物质、精神、行为活动都通过数据这个虚拟事物全面映射，形成了网络空间的虚拟平行世界"，[2] 一个并行于现实物理社会的虚拟网络社会业已形成。"数据至上""流量为王""精准推送""私人订制"成为 Web3.0 的最佳具象。"双层社会"中，每个人既是现实的，又是虚拟的。网络空间成为网民交互、利益

---

〔1〕 《人工智能的崛起，可能是最好的事，也可能是最糟的事》，载网易订阅官网：https://www.163.com/dy/article/DUB85L6E0522TBRU.html，最后访问日期：2022 年 10 月 15 日。

〔2〕 娄支手居：《第四产业：数据业的未来图景》，中信出版社 2022 年版，第 1 页。

交换、资源配置的大平台，成为"亿万民众共同的精神家园"。[1] 数据显示，截至 2022 年 6 月，我国网民规模达 10.51 亿，互联网普及率达 74.4%，以信息服务为主的企业，包括搜索、社交、新闻资讯、游戏、音乐视频等互联网业务收入同比增长 8.5%，网络直播用户、网络新闻用户、短视频用户、即时通信用户规模分别达到 7.16 亿、7.88 亿、9.62 亿、10.27 亿。[2] Web3.0 时代，智慧网络精准计算出用户的偏好，为用户进行智能筛选、精准匹配，提供个性化的"私人定制"。在人工智能、大数据、云计算、区块链等高技术驱动下，网络空间亦成为智能型网络犯罪蹿之地。资料显示，2017 年至 2021 年，信息网络犯罪案件呈逐年上升趋势，尤以 2021 年最为明显，全国法院审结案件同比上升 104.56%。涉网犯罪共涉及 282 个罪名，占我国现行《刑法》所列 483 个罪名的 58.4%。其中，网络诈骗罪占比最高，为 36.53%，帮助信息网络犯罪活动罪（以下简称"帮信罪"）位居第二，占 23.76%。[3] 为打击治理此类犯罪，2015 年 11 月 1 日《中华人民共和国刑法修正案（九）》增设了第 286 条之一"拒不履行信息网络安全管理义务罪"、第 287 条之一"非法利用信息网络罪"、第 287 条之二"帮助信息网络犯罪活动罪"。值得一提的是，由于 Web1.0、Web2.0 时代的网络对

---

〔1〕 习近平：《在网络安全和信息化工作座谈会上的讲话》（单行本），人民出版社 2016 年版。

〔2〕 《第 50 次〈中国互联网络发展状况统计报告〉发布》，载中华人民共和国中央人民政府官网：http://www.gov.cn/xinwen/2022-09/01/content_5707695.htm，最后访问日期：2022 年 10 月 15 日。

〔3〕 《涉信息网络犯罪特点和趋势司法大数据专题报告发布》，载中国法院网：https://www.chinacourt.org/article/detail/2022/08/id/6826831.shtml，最后访问日期：2022 年 10 月 15 日。

象性犯罪、网络工具性犯罪所侵害的法益均系计算机网络信息系统安全，即侵害的同一法益，且《刑法》第 285 条、第 286 条新增罪名也主要是针对危害计算机网络信息系统本身的不法行为而设立的，因此，非法获取计算机信息系统数据罪、非法侵入计算机信息系统罪、破坏计算机系统罪、提供侵入、非法控制计算机信息系统程序、工具罪、非法控制计算机信息系统罪等五种犯罪，可统称为"传统网络犯罪"。又由于智能性网络犯罪系信息网络普及下，犯罪与网络交织共生的产物，且《中华人民共和国刑法修正案（九）》增设的新罪名系针对危害计算机网络信息系统本身之外的不法行为（网络平台不作为、网络犯罪预备行为、帮助行为等）增设的专门罪名，因此，非法利用信息网络罪、拒不履行信息网络安全管理义务罪、帮助信息网络犯罪活动罪等三罪，可统称为"新型网络犯罪"。

二、网络犯罪刑法规制趋向

现代社会是风险社会。"人类面临着威胁其生存的由社会所制造的风险。我们身处其中的社会充斥着组织化不负责任的态度，尤其是，风险的制造者以风险牺牲品为代价来保护自己的利益"。[1] 传统社会的特征是"我饿"，而现代社会的特征则是"我怕"。当今网络时代，网络的开放性、弥散性、即时性又天然放大了这种"我怕"的焦虑，使得社会公众充满着种种"惶恐不安"。全球时局的演进正在危险的边缘。晚近频发的网络诈骗、网络谣言、网络寻衅滋事等各色犯罪，就是鲜明的例证。"由于

---

〔1〕 ［德］乌尔里希·贝克：《风险社会——新的现代性之路》张文杰、何博闻译，译林出版社 2004 年版，第 36 页。

人工智能的巨大潜力，研究如何规避风险是非常重要的"[1] 网络社会风险丛生，传统刑法规范及制度供给不足，导致在应对网络犯罪时已显得"力不从心"，预防刑法便油然而生。

（一）传统罪刑规范应对网络犯罪的"窘迫"

当前，网络犯罪已成长壮大为复杂的生态犯罪系统。既有纯正网络犯罪、非纯正网络犯罪的纵横交织，又有传统网络犯罪、新型网络犯罪的协同共生，并呈现出实行行为去中心化倾向。在应对网络犯罪时，以实行行为为重心的传统罪刑规范，陷入了困境。

其一，从横向来看，网络犯罪链条分工细致，犯罪行为被横向"切香肠式"地切割为若干片段，尤其是新型网络犯罪中"出现了新的'微网络犯罪'形态，表现为'海量行为×微量损失'和'海量行为×低量损害'两种新行为样态"，[2] 由此，传统犯罪的单一性、整体性被打破，实行行为模糊不清、去中心化倾向明显。这就导致了在个案惩治中，很难对单个行为定罪量刑。另一方面，与传统犯罪"单兵作战"不同，网络犯罪以"协同作战"为常态。这也导致了对个案中的某一环节加以刑法评价时，很难以传统犯罪中的单一实行行为来评判。以网络黑色产业犯罪为例，该利益链条由物料供应、技术支持、推广引流、网络攻击、跑分平台、资金结算等一系列环节构成。就个案行为人在某一环节上的行为而言，其行为的量（数额、次数、人数等）或犯

---

〔1〕 《人工智能的崛起，可能是最好的事，也可能是最糟的事》，载网易订阅官网：https://www.163.com/dy/article/DUB85L6E0522TBRU.html，最后访问日期：2022 年 10 月 15 日。

〔2〕 皮勇：《论新型网络犯罪立法及其适用》，载《中国社会科学》2018 年第 10 期。

罪情节（危害性、危险性等）通常是"显著轻微，危害不大"，最终导致"不认为是犯罪"。这就造成传统刑事规范难以对"化整为零"的单个行为予以刑事评价，并在事实上造成了网络犯罪分子借此逃避刑事责任的消极后果。

其二，从纵向来看，在犯罪层级中，网络犯罪行为自上而下被"悬风铃式"地切割成若干片段，某一片段上的单个危害行为危害量极低，但基于网络黑色产业"点对面"的行为模式，其危害行为累加计算后的数量却是海量的，远远超过传统犯罪中多次抢劫、多次盗窃等类型的蓄积犯（累积犯），亦会呈现出"积量构罪"[1]的行为属性，给打击治理带来极大难度。以 DDOS 攻击黑色产业链为例，现已纵向层级化为"发单人"（黑客软件开发者）、"攻击手"（接到发单人指令并执行攻击）、"肉鸡商"（买卖被侵入计算机系统权限者）、"出量人"（拥有服务器控制权限和网络流量者）、"担保商"（负责买卖双方的资金中转并提供信用担保，从中赚取佣金者）、"接发单平台"等不同角色。各类从业者分工细腻，对细若游丝的"微网络犯罪"行为很难定量。又因各行为人互不相识，主观犯意联络松散，故也难以在个案中认定相互之间有"犯意联络"。此外，犯罪纵向进程被精细切割后，各个犯罪环节被螺旋式环切开来，这将会打破传统犯罪中事前之预备行为、事中之实行行为、事后之转移行为之间的界限。"无行为即无犯罪"。行为界限的模糊不清，也会导致难以以传统犯罪刑事规范来应对。

综上，传统刑事规范与制度的供给不足必然导致司法适用上的碎片化，故其在应对网络犯罪时已"力有不逮"。究其根源在

---

[1] 同③。

于，传统犯罪规范系以"实行行为"为考察重心、以对个人法益侵害的结果无价值（重结果）为评判导向的。网络犯罪实行行为去中心化趋向明显，对公共法益侵害的危险犯增加，势必导致传统刑事规范难以应对新型网络犯罪实行行为弱化、法益保护抽象化的现实。这就迫切需要刑事立法及时调整与转向，以适度前置刑事预防防线、扩大刑法犯罪圈、提升刑罚配置力度、重点整治网络犯罪黑色产业链"打早打小"等为特征的预防性刑法便应运而生，并标志着网络刑法的基本走向。

（二）网络犯罪刑法规制趋向：预防刑法

刑法是社会的一面镜子，敏感地反映着社会变化，并适时作出应有的调整。网络信息科技驱动下的社会风险增加及网络犯罪的蔓延，导致了民众的恐慌和不安，并必然上升为法律诉求，促使立法者通过预防性立法冲抵风险、安抚民众，以积极的姿态回应社会关切。"危险刑法不再耐心等待社会损害结果的出现，而是着重在行为的非价判断上，以制裁手段恫吓、威慑带有社会风险的行为。"[1] 为解决风险社会中刑法保护法益及规范供给的不足，积极的一般预防刑法便跃入立法者视野。"积极一般预防理论认为刑罚不应消极地回应社会，应当具有前瞻性，通过对行为人实施刑罚确证规范的存在，以强化国民的规范意识达到预防犯罪的效果。"[2] "刑法体系是以刑法的任务和目标作为指导的体系，这里的需求导向显然不是单调古板的事后报应功能，而是具

---

〔1〕　林东茂:《危险犯与经济刑法》，五南图书出版公司 2002 年版。
〔2〕　[日] 西田典之:《日本刑法总论》，刘明祥、王昭武译，中国人民大学出版社 2007 版，第 12 页。

有目的性、功能性，即预防性的法益保护功能。"〔1〕积极预防刑法观的核心理念在于，刑法作为最严厉、最强势的法律，在干预风险上具有独特优势，理应提前介入社会风险的治理。"现在的社会由于出现了过去没有过的新的加害行为，不可否认，对这些加害行为进行处罚而且刑法早期化的介入是必要的。"〔2〕积极预防刑法观的这一核心理念反映在刑事司法政策上就是：刑事立法应当扩张刑法适用范围、提升刑罚处罚配置，形成预防性与扩张性相结合的更为积极开放的预防性刑法规范，以防范社会失范行为，进而实现维护社会秩序安全与稳定的目的。"预防性刑法立法活动在近年来刑法修正中相继有序展开，以积极预防为导向的刑法理念正在发展。"〔3〕在此理念下，网络刑法法益保护的重心由重在保护"个人法益"（个人自由和权利）转向重在保护"公共法益"（网络安全与秩序），处罚对象由重在处罚"实害犯"转向重在处罚"危险犯"，司法判断逻辑由重结果（结果无价值）转向重行为（行为无价值），刑事处罚防线由"事后可罚"（事后回应）转向"事前可罚"（先行防范）。由此，在预防刑法语境中，"抽象危险犯"格外吸引着立法者的眼球，并渐趋成为预防刑法的核心。"抽象危险犯的规范特征是，危险不是该犯罪构成的要件，而是该行为可罚的实质违法的根据。它的成立并不要

---

〔1〕　[德] 克劳斯·罗可辛：《刑事政策与刑法体系（第二版）》，蔡桂生译，中国人民大学出版社 2011 年版，第 92 页。
〔2〕　[日] 山口厚：《危险犯总论》，王充译，载何鹏、李洁主编：《危险犯与危险概念》，吉林大学出版社 2006 年版，第 12 页。
〔3〕　刘艳红：《积极预防性刑法观的中国实践发展——以《刑法修正案（十一）》为视角的分析》，载《比较法研究》2021 年第 1 期。

求行为对法益侵害的危险具体地达到现实化的程度。"[1] 社会治理的本质是法治治理。面对网络犯罪风险丛生的现象，网络刑法的工具化治理机能被极大激活，刑事立法"活性化"、刑罚处罚"重刑化"倾向凸显，并主要表现为：网络刑法刑事防线前移、刑法圈扩大、入罪门槛降低，增设新罪、传统犯罪扩容，类推解释、象征性立法、抽象危险犯的增加、提升刑罚配置等。由此，刑法社会治理功能、事先风险防范功能大增。"刑法不是镇压的手段，而是控制社会的技术，是作为规制社会的手段而存在，其具有调节个人之间利益手段的特性。"[2] 当前，预备行为、帮助行为独立入罪，危险行为或义务违反行为作为行政犯予以规制，正是预防刑法社会治理功能大增的标志。可以预见，基于网络犯罪风险长期存在且"变化多端"，预防刑法仍是未来相当长时期内网络刑法发展的实质走向，并将深刻影响着法益保护原则、罪刑法定原则、责任主义原则的多元流变。

三、网络犯罪刑法规制路径优化

网络风险防范系全球性问题，预防性刑事立法也系全球性趋势。发达国家对网络犯罪的成功治理，给我国网络刑法立法与实践提供了新借鉴、新视角。以美国、德国、日本为例，美国刑法针对侵入、破坏计算机，非法提供网络犯罪工具、程序，网络诈骗、侵犯通信等行为独立入罪，且多数属于"微网络犯罪"的"积量犯"，"积量构罪"立法的正当性已成为美国刑法的现实。

---

[1] 王雯汀：《风险社会下危险犯的理论境域》，中国法制出版社出版 2019 年版，第 96 页。

[2] [日] 平野龙一：《刑法的基础》，黎宏译，中国政法大学出版社 2016 年版，第 95 页。

《德国刑法典》第 41 修正案"对网络犯罪的刑事处罚"重罪重罚、轻罪轻缓"，刑罚配置幅度具体明确，操作性、针对性很强。日本刑法不断增设新罪，极大激发了刑事立法的活性化。"刑事立法的活性化倾向，是表明日本社会转变为比以往更加不得不依赖刑罚的社会的一个标志。在某种程度上，这是战后日本社会成熟的佐证"。[1] 我国网络犯罪立法"不应受限于延伸适用传统犯罪立法的教义学理论框架，应当顺应社会信息化发展趋势，实事求是地设立必要的新网络犯罪，并与传统犯罪立法的合理扩张解释适用相互协调，对网络犯罪进行全面规制"。[2] 中国网络刑法立法既要坚持本土化，又要借鉴国外立法的先进经验，针对网络犯罪的态势、特点，随机应变、及时调整，走预防性生态治理之路。网络犯罪刑事规制立法着力点包括但不限于适度扩大犯罪圈、刑事预防防线前置、重点打击网络犯罪黑色利益链、强化网络平台责任等等，现仅就科技赋能刑法、刑事立法体系化、刑事处罚均衡性、刑事规范明确性等问题展开探讨。

（一）树立"打准打实"的技术思维

在网络犯罪中，科学技术既是第一破坏力，又是第一战斗力。科学技术的负面效应催生了网络犯罪的滋生蔓延，但科学技术的反制又是阻击网络犯罪的关键。"网络风险的控制其实是一个技术性问题，通过网络监管技术的提升才是扼杀网络风险的实质有效办法。"[3] 在遏制网络犯罪中，应树立"科技支撑""技

---

〔1〕　[日] 井田良：《刑事立法の活性化とそのゆくえ——本特集の趣旨》，载《法律时报》2003 年第 2 版。

〔2〕　皮勇：《中美网络犯罪立法比较及给我国的借鉴》，载《社会科学辑刊》，2021 第 5 期。

〔3〕　陈庆安：《刑法修正案（十一）的回应性特征与系统性反思》，载《政治与法律律》2022 年第 8 期。

术对技术""技术反制""因技而变"的理念，从而彰显刑事技术规制的优势。比如，国家反诈中心 App 集身份验证、反诈预警、风险预警、App 自查等核心功能于一体，功能极其强大。资料显示，2021 年 4 月至 2022 年 4 月，国家反诈中心加大技术反制力度，成功封堵涉诈域名网址 210.6 万个，拦截诈骗短信 21.4 亿条、电话 19.5 亿次，紧急止付涉诈资金 3291 亿元，研判预警线索 4170 万条，推送预警指令 4067 万条，劝阻 6178 万名群众受骗。[1] 科技赋能刑法不仅涉及实体罪规范，也应把程序规范纳入到技术射程之内。网络犯罪刑事诉讼程序规则必须考虑技术特性，尤其是司法管辖、跨地取证、电子证据的审查判断、国际司法协助等方面，更应注重技术与法律相互支撑、良性互动、深度融合，进而实现刑事技术规制网络犯罪的目的。比如，上海刑事案件智能辅助办案系统全面覆盖了证据标准、证据规则、证据校验、立案标准、现场勘查、审查逮捕、审查起诉、辅助庭审、类案推送、法律文书自动生成等多个关键环节，并建立了公检法统一网络运行平台，实现了整个刑事诉讼活动全程可控、全程可视、全程可留痕，减少了司法任意性。信息显示，自 2019 年 1 月至 2021 年 11 月，上海公安机关累计录入案件 123 894 件、检察院受理公诉案件 69 791 件、法院受理案件 59 661 件，累计提供证据指引 179 589 次、录入证据材料 43 883 431 页、提示证据瑕疵 24 679 个。[2] "代码即法律"。科技支撑、技术反制弥补了国家

〔1〕《2022 年 4 月 14 日国新办举行打击治理电信网络诈骗犯罪工作进展情况发布会》，载中华人民共和国国务院新闻办公室官网：http://www.scio.gov.cn/xwfbh/xwbfbh/wqfbh/47673/48097/index.htm，最后访问日期：2022 年 10 月 15 日。
〔2〕《上海刑事案件智能辅助办案系统》，载中国通信工业协会平台经济创新专委会网站：http://www.cciaitic.org.cn/index.php?m=content&c=index&a=show&catid=8&id=967，最后访问日期：2022 年 10 月 15 日。

权力应对网络犯罪的局限性，克服了网络刑法制度落后于网络犯罪技术变革的严重滞后性，彰显了技术赋能刑法的强大生命力，也代表着未来网络刑法发展的方向。"对于网络失范行为、犯罪行为的预防而言，'科技支撑'的刑法价值在于为'打早打小'的威权思维向'打准打实'的技术思维转变提供基础。"[1]

（二）注重网络刑事立法体系化完整性构建

当前，刑事立法频繁增设关于抽象危险犯和处罚早期化的刑事规范，"兵分多路"、"分而治之"，成为我国网络刑法立法的鲜明特色。这主要表现为两点：其一，在立法思路上，适度前移网络犯罪的刑事防线、适度扩大网络犯罪圈、帮助行为正犯化、预备行为实行化、网络平台不作为入罪；其二，在立法技术上，增设新罪名、传统犯罪扩容、降低入罪门槛、法律解释扩张、提升刑罚配置等。这必然导致网络刑法立法多元化、分散性、碎片化。回顾我国网络刑法发展历程，不难发现，网络刑事规范的发展实质上就是应对网络刑法适用碎片化的过程。比如，从 1997 年《刑法》修订至今，刑事立法先后通过了 1 个《决定》、11 个刑法修正案和 13 个刑事法律解释，刑法增设的八个纯正网络犯罪的新罪名分别散见于 1997《刑法》、《中华人民共和国刑法修正案（七）》、《中华人民共和国刑法修正案（九）》之中。另如，对电信网络诈骗犯罪的司法解释又呈现出"政出多门"、"多头并举"之势：有最高人民法院在 1996 年发布的《关于审理诈骗案件具体应用法律的若干问题的解释》、最高人民法院、最高人民检察院的《关于办理诈骗刑事案件具体应用法律若干问题的

---

〔1〕 刘艳红：《网络时代社会治理的消极刑法观之提倡》，载《清华法学》2022 年第 2 期。

解释》、最高人民法院、最高人民检察院、公安部于 2022 年 3 月 22 日颁布的《关于"断卡"行动中有关法律适用问题的会议纪要》等。由此可见，我国网络刑事立法呈现出"头疼医头"、"脚疼医脚"、分散化、碎片化的现实，这就映射出当前我国网络刑法整体上缺乏体系性。

面对网络刑法"多元并举"、分散化、碎片化的现实，我国网络刑法更应注重系统整合现有的网络犯罪规范，完善网络刑法立法体系，以便发挥刑事规制的整体合力。目前的网络刑事立法将网络犯罪列为《刑法》分则第六章"妨害社会管理秩序罪"中的第一节"扰乱公共秩序罪"。这反映了立法者对网络犯罪所侵害的法益仍旧局限于对"社会秩序""公共秩序"的抽象保护，而忽视了网络犯罪固有的、天然的"去秩序化"的特性。"网络犯罪体现出复杂而多元的法益属性，兼具公共性、秩序性与个体性的多重特征，将其置于《刑法》第六章第一节之下并不恰当"[1] 另外，从网络刑法所保护的法益差别性角度来看，网络犯罪可分为非纯正网络犯罪、纯正网络犯罪两大类。纯正网络犯罪侵犯的是同类法益，即破坏计算机信息系统罪、非法侵入计算机信息系统罪、危害信息网络系统和数据安全，包括我国刑法分则上规定的八种犯罪，即非法获取计算机信息系统数据罪、提供侵入、非法控制计算机信息系统程序、工具罪、拒不履行信息网络安全管理义务罪、非法控制计算机信息系统罪、帮助信息网络犯罪活动罪、非法利用信息网络罪。但是，非纯正网络犯罪则是传统犯罪在网络上的延伸，即网络利用型犯罪，其外延几乎囊括

---

〔1〕 王华伟：《我国网络犯罪立法的体系性评价与反思》，载《法学杂志》2019 年第 10 期。

刑法分则上所有罪名（不含亲手犯），其侵犯的法益也是不同类的、多元的。正是这种法益保护上的差别，使得对纯正网络犯罪设置刑法专章保护，不仅是必要的，而且是有益的，有利于理顺此类犯罪与其他犯罪之间的关系。鉴于此，建议考虑在现行刑法体系中，独立设置"危害信息网络系统、数据安全罪"专章，将侵犯网络数据安全这一相同类型法益的纯正网络犯罪另行整合为专门一章。值得一提的是，由于纯正网络犯罪与其他犯罪可能存在竞合现象，故在设置专章的同时，还需在此专章中设置专条规定："通过危害信息网络和数据安全，同时又构成其他犯罪的，依照处罚较重的规定定罪处罚"。从长远来看，网络犯罪的专章设置可以最大限度地克服网络刑事立法中法益杂糅的弊端，还可以契合网络犯罪"宽严相济"的刑事政策要求，更可以避免遭受学界对网络刑法情绪性立法、法益抽象化、司法解释权代替了立法权的频频指责。概言之，将网络犯罪专章设置是利大于弊的，有利于维护刑事立法体系结构的妥当性、稳定性，也契合网络犯罪类型化、定型化的刑事立法内在要求。

（三）重视网络刑事立法罪刑均衡和刑事规范的明确性

现行网络刑法规范存在罪名繁复、罪状不明、界限模糊、刑罚配置不均衡等问题，刑事立法更应注重立法的罪刑均衡性、明确性、包容性。比如，《中华人民共和国刑法修正案（九）》所涉帮助信息网络犯罪活动罪、非法利用信息网络罪、非法获取计算机信息系统数据罪等新型网络犯罪，现行刑事立法刑罚轻缓化特征过于突出，增设的法定起点刑幅度过低，通常模式为："情节严重的，处三年以下有期徒刑或者拘役，并处或者单处罚金。"这不利于打击日益猖獗且危害性极大的网络犯罪。究其原因，还是受传统犯罪立法思维的影响，未能洞察新型网络犯罪去中心化的现实，未能周全考虑网络犯罪的预备行为、帮助行为对刑法所保护法益的侵害程度及所获不法利益，其已经明显超过了实行行为。为此，应当破除实行行为中心论，对侵害法益更大、社会危害性更强、风险性更高的网络犯罪行为，予以强有力的遏制和打击，从而尽可能做到"罚当其罪""罪责刑相适用"。故建议在以后的网络犯罪立法修正中，秉承罪刑均衡理念，考虑提升刑罚配置的水平，增设一档法定刑，在兜底条款的基础上提升规制力度。刑事规范的明确性是刑法的生命。"刑法规范必须清晰明了，不只是因为刑事诉讼所涉及的'赌注'很高，还是因为——而且主要是因为——在所有的部门法中，刑法最明显而且最直接地涉及塑造和约束人们的行为。"[1] 但是，在网络刑事立法中，刑事规范相互矛盾、语焉不详、模糊不清、界限不明等弊端频现，并屡屡受到法学界批评。

比如，《中华人民共和国中华人民共和国刑法修正案（九）》增设的"帮助信息网络犯罪活动罪"（以下简称"帮信罪"），将共同犯罪中的"帮助行为"独立出来，增设为单独的罪名即"帮信罪"。但是最高人民法院、最高人民检察院《关于办理诈骗刑事案件具体应用法律问题的解释》第 7 条规定："对于明知他人实施电信诈骗并为他人提供帮助的行为认定为共同犯罪"。这就造成了刑事规范之间法律适用上的相互矛盾。帮助行为犯究竟是共同犯罪（片面共犯）还是帮助行为正犯化、帮助行为究竟是按照共同犯罪处理还是按照"帮信罪"单独处理，就成为困扰司法适用的"老大难"问题。另外，如何理解"帮信罪"中的

---

〔1〕 ［美］富勒：《法律的道德性》，郑戈译，商务印书馆，2005 年版，第 71 页。

"明知"，也成为司法实务中的歧义颇多的疑难问题，并由此误导了司法适用的"两极分化"。一是此罪出台后在相当长时间里，司法裁判中极少使用此罪，甚至沦为"僵尸"条款。原因在于，"帮信罪"中"明知"很容易被理解为"确切知道"、"具体知道"，即帮助行为入罪必须以被帮助人成立犯罪为前提，这就造成司法侦查取证及司法裁判上的困难，以至于此罪出台后相当长时间里呈现出"休眠"状态。二是晚近几年，此罪适用呈现出"井喷"之势。2019 年 11 月 1 日最高人民法院、最高人民检察院《关于办理非法利用信息网络、帮助信息网络犯罪活动等刑事案件适用法律若干问题的解释》将"帮信罪"中的"明知"采取了客观推定主观的类推解释，并设置了堵截性条款。还规定了"确因客观困难"例外情形下，即使被帮助行为不构成犯罪，对帮助行为亦可以"帮信罪"论处，这就极大激活了此罪的使用。司法适用中将此罪的"明知"扩张理解为"可能知道""知道可能""大概知道"、"大体知道""相对具体知道"等，致使"帮信罪"频频使用并有泛化为"口袋罪"趋势。资料显示，在 2017 年至 2021 年四年中，在全国法院审结的涉网犯罪中，"帮信罪"占比 23.67%，仅次于网络诈骗罪，位居第二。涉网犯罪共涉及 66 万余名被告人，其中"帮信罪"占比激增，2020 年同比激增 34 倍，2021 年同比再增 17 倍。2021 年"帮信罪"被告人占比约九成。[1] 基于对此罪使用过激、过多的担忧，2022 年 3 月 22 日最高人民法院、最高人民检察院、公安部《关于"断卡"行动中有关法律适用问题的会议纪要》将"帮信罪"的"明知"

---

[1] 《涉信息网络犯罪特点和趋势司法大数据专题报告发布》，载中国法院网：https：//www.chinacourt.org/article/detail/2022/08/id/6826831.shtml，最后访问日期：2022 年 10 月 15 日。

限缩解释为："认定行为人是否'明知'他人利用信息网络实施犯罪，应当坚持主客观相一致原则"并以客观推定主观的类推解释方法列举了"明知"的客观情形，还设置了兜底性条款，但仍旧无法明显改变司法实务中"单纯主观归罪"或"单纯客观归罪"的现实。由此可见，刑事立法规范不明、模糊不清，必然导致摇摆不定的"荡秋千"似的司法理念及适用上混乱，且类推解释的滥用也明显违背了"刑法禁止类推"的底线。还有，司法实践中常常遇到罪名界限不清、法条竞合、交叉重合等问题。比如，如何把握"帮信罪"与非法利用信息网络罪之间的界分，如何区别非法控制计算机信息系统罪、破坏计算机信息系统罪、非法获取计算机信息系统数据罪之间的界限等。这也是司法适用中常常"跑偏"的老问题，以至于最高人民法院、最高人民检察院、公安部至今仍旧"魂牵梦绕"般地不断出台意见、解释、纪要来"纠偏"。

上述事例，从某一角度折射出网络刑法规范模糊不清、抽象宽泛的现实场景。"这些观念不是以'限制刑罚权'而是以'扩张刑罚权'为目标，因而在适用具有兜底条款、语义模糊的条文时就难免以突破法律规定为代价，天然存在着背离罪刑法定主义的法治风险。"[1] 正鉴于此，刑事立法中应充分重视刑法规范的明确性，更注重简化繁复的法条竞合、激活闲置的"休眠"罪名、厘清罪名之间的界限、适时设置一些包容性较强有一定韧性和张力的罪刑规范、细化罪状，以体现刑事规范的具体性、明确性、指向性。这关系到罪与非罪、此罪彼罪、罪刑是否相适应，关系到罪刑法定原则的底线。

---

〔1〕 刘艳红：《实质出罪论》，中国人民大学出版社 2020 年版，第 18~20 页。

四、网络犯罪刑法规制反思

基于网络犯罪的高危险性、高致害性，必然造成社会公众对风险不可预测、不可控制的担忧和惶恐。社会公众的这种"惶恐不安"的情绪又必然演化为基于对国家制度信赖的法律诉求。控制风险、安抚民众、维护社会安全稳定，随之成为国家压倒性的政治需要。刑法是遏制网络犯罪的第一抓手，自然难以置身事外。这使得积极的一般预防刑法观由此而生。"较之以保守和谦抑性为特征的传统刑法，预防刑法可以向国民更有力地展示刑法的担保仪式，满足国民对安全的渴望，亦可以向国民展示国家对民众负责的姿态，从而赢得国民对国家的支持。而一旦国民对安全的现实需求汇聚成刑事政策压力，并最终通过目的的管道传递至刑法体系内部，则难免驱使刑法体系向预防目的的方向一路狂奔。"[1] 在此背景下，以罪刑法定为帝王原则的传统刑法的谦抑图像便发生了结构性转向，积极的一般预防刑法应运而生，并备受立法者、司法者的追捧和青睐。"预防刑法以及由此催生的刑罚积极预防机能的空前强化，展示了现代刑法正在经历规范结构和机能上的综合调整。"[2]

（一）积极刑法的边界、限度与消极刑法的嵌入、补强

如今，消极刑法观已让位于积极刑法观，于是，积极主义刑法的威权面孔便不断绷劲且屡屡呈现。这在网络立法上，主要表现为：刑事立法上的不断增设新罪、扩容传统犯罪、扩张犯罪圈、降低犯罪门槛、刑事防线前移、抽象危险犯可罚、预备行为

---

〔1〕 劳东燕：《风险社会中的刑法：社会转型与刑法理论的变迁》，北京大学出版社 2015 年版，第 33 页。

〔2〕 何荣功：《预防刑法的扩张及其限度》，载《法学研究》，2017 年第 4 期。

实行化、帮助行为正犯化、民事行政行为入罪、司法解释扩张、刑罚配置重刑化等。积极刑法（风险刑法、预防刑法、安全刑法、功能刑法）似乎已站在社会治理的中心，异化为社会管理法（警察化法）。"刑法中越来越多的罪名呈现'口袋化'趋势……刑法越来越身先士卒，在民事、行政法律对行为进行违法性评价前，即率先完成对违法行为的打击，充当了社会管理法的角色。"[1] 刑法之消极的事后保障法的定位，已渐行渐远。这实质上仍旧是传统刑事立法"国家中心主义模式"在网络犯罪立法领域中的延续。过度依赖刑法严厉性、惩罚性模式必然导致对个人权利的侵犯、对公权力的纵容，违背刑法"限制公权力、保障私权利"的宗旨，也系对刑法罪行法定、刑罚比例等基本原则的违反，更有违背宪法"尊重和保障人权"之嫌。司法运行的实质是国家权力的运作，而扩张性系国家权力天然的、固有的内在属性。刑事立法的重刑化、犯罪化趋势扩张，势必引起刑事司法的扩张，势必导致社会善良公众在刑法面前也"瑟瑟发抖"且"不知所以"。另从司法效果上来看，刑法的过于积极，也必然会造成网络犯罪治理的短效化，并在某种程度上，反而助推了网络犯罪"越打越变异""越变异越多"。究其根源在于，刑事立法权与刑事司法权不再是"相互制约""相互制衡"而是转向了"携手并进""同向扩张"，这必然导致刑法扩张的无底线。"刑事重刑化与犯罪化的立法修订不仅难以起到规范权力边界的作用，反而会刺激司法权的扩张""刑事立法与刑事司法的双向扩张使得刑法的扩张有失控的危险。刑事立法对犯罪圈的扩张，为刑事司法

---

[1] 陈庆安：《〈刑法修正案（十一）〉的回应性特征与系统性反思》，载《政治与法律》2022 第 8 期。

的二次扩张提供了正当性，而刑事司法的二次扩张又使得更多新的行为被纳入刑法圈，在刑法缺乏明文规定的前提下，新行为带来的新问题再次激发刑事立法的冲动，由此形成了刑法扩张的实践逻辑。"[1]

刑法的积极主义应有限度，亦应划定刑法介入社会治理的边界。为此，消极刑法观的嵌入与补强，应为必然，也系必要。"网络犯罪整体上采积极刑法观而推进预防性犯罪化，并不排斥其在具体构成要件解释上吸收消极刑法观的有益思想，在预防性网络犯罪中合理嵌入消极刑法观，有助于划定刑法介入网络治理的合法性边界。"[2] 传统古典刑法，将刑法看作是前置法的最后保障法，即刑法是抵制社会不法行为的最后一道防线。"刑法在根本上与其说是一种特别法，还不如说是其他一切法律的制裁力量。"[3] 刑法的最后保障性精华在于"限制国家刑罚权的肆意妄为"，即对刑法介入社会生活进行后置式控制，以避免刑法的过早、过度介入导致对公民权利和自由的"刚性"侵犯，以免造成不必要、不正当、不均衡的损害。中国古代刑法中"钦哉，钦哉，惟刑之恤哉！惟刑之恤哉！"[4] 所映射出的朴素的"恤刑"思想，也许是对近现代以来传统古典刑法理念的较好注解。传统古典刑法所闪耀出的刑法谦抑性、罪刑法定、刑罚比例、人权保障等人性化的光辉（消极刑法观），业已内化为人们的信仰和追求，更成为刑法的获得持久生命力的源泉。但是，积极刑法却主

---

[1]　同③。
[2]　夏伟:《网络时代刑法理念转型：从积极预防走向消极预防》，载《比较法研究》2022年第2期。
[3]　[法]卢梭:《社会契约论》，李平沤译，商务印书馆2017年版，第147页。
[4]　《中国古代恤刑思想的渊源》，载林甸法院网：http://dqld.hljcourt.gov.cn/public/detail.php?id=10194，最后访问日期：2022年10月15日。

张刑法率先"冲锋陷阵""一路狂奔",并不断增设新罪名、扩大犯罪圈、刑罚重刑化、密织刑法网。如此加速"狂奔"下去,则会与刑法"保障公民自由、权利"的功能渐行渐远。刑事法治的核心要义应是规制国家刑罚公权力对个人私权利的侵犯,倡导"良法善治"。"当刑法一再膨胀,工具主义被发挥到极致的情况下,也是公民自由被限制到最狭小范围之时,如此,则国家同样要在'维权'即维护公民人权和自由与'维稳'即维护社会安全和稳定之间做出取舍。"[1] 由此,当代刑法更应秉承谦抑秉性,谨守"罪刑法定""疑罪从无""禁止类推""罪刑均衡"等刑法的基本原则,在积极刑法中适度、适时嵌入消极刑法理念,严防"严刑峻法""重典治乱"。"网络空间刑事治理应提倡以尊重网络时代的契约规则和技术规则为前提,以激活多元化刑罚替代性措施为手段,在刑法干预上注入比例原则和法益保护辅助性的消极刑法观"[2] 刑法的谦抑性是指在未充分适用道德、舆论、民事措施、行政措施等解决问题之前刑法不应轻易介入。故刑法适用稍有不慎,都会给个人权益带来极大的伤害。消极刑法是谨守刑法谦抑性的,是以保障公民权益为核心的。故消极刑法的嵌入与补强,有助于为积极刑法设定限度和边界,以保障网络刑法沿着持续、健康、积极、向上的方向稳健前行。

(二)象征性立法限缩与刑法功能的坚守

网络风险社会,政府为安抚民众"惶恐不安"的情绪,表明国家维护社会安全与秩序的威权姿态,刑法象征性立法由此而

---

[1] 刘艳红:《象征性立法对刑法功能的损害——二十年来中国刑事立法总评》,载《政治与法律》2017 年第 3 期。
[2] 刘艳红:《网络时代社会治理的消极刑法观之提倡》,载《清华法学》2022 年第 16 期。

生。象征性立法是指立法者并不追求刑罚规范的实际效果，而是更加注重于表达国家回应社会呼声、强势控制风险、维护社会稳定的政治姿态。其"不是服务于法益保护。对于保障和平的共同生活不是必要的，但为了谋求刑法之外的目的，就像安抚选民或者表达国家自我姿态的法律规定"。[1] 换言之，象征性刑事立法只是表明政府向犯罪开战的"战斗檄文"，而不是真枪实弹的"清除剿灭"。正如德国学者克雷姆斯（Krems）所言，如果立法只是为了作一份"规范申明，其规范的目的只是国家期待在社会大众之间形成一定的合法与不法意识，实质上并不想影响任何个人的行为取向"，那么这样的立法就是"象征立法"[2]。网络刑法中"僵尸""休眠""口袋"条款的与日俱增，也恰恰说明了这一问题。比如，《中华人民共和国刑法修正案（九）》增设的拒不履行信息网络安全管理义务罪（以下简称"拒不罪"），自增设以来司法裁判鲜少涉及，被学界批评为"僵尸条款"。究其原因主要有：立法表述模糊、行为要件不明确、缺乏可操作性规则、电子证据取证苦难、超大网络平台社会影响力巨大等。尤其是"拒不罪"所涉"经监管部门责令采取改正措施而拒不改正"的理解问题，司法适用中歧义颇大，并引发了广泛质疑：监管部门有哪些、有否级别限制、责令改正的依据、是否采用书面形式、措施及期限要求是否合理、是否具有溯及力、与拒不改正是否相关、追究刑事责任的主体与责令改正主体不同时应如何处理、责令改正引发的行政复议或行政诉讼与刑事诉讼之间的关系

---

〔1〕 ［德］克劳斯·罗克辛：《刑法的任务不是法益保护吗?》，载陈兴良主编：《刑事法评论》（第19卷），樊文译，北京大学出版社2007年版。

〔2〕 刘艳红：《象征性立法对刑法功能的损害——二十年来中国刑事立法总评》，载《政治与法律》2017第3期。

如何处理等。这些质疑，相关司法解释也几无回应。由此，此罪成为"睡眠"条款，似有必然。此罪增设显然违背了刑法比例原则，欠缺立法的必要性和正当性，系对刑法威慑、惩罚功能的主观滥用，对我国信息产业的发展也弊大于利。再如，晚近数年来，帮助信息网络犯罪活动罪陡然骤增、"口袋化"趋向明显。其背后原因也是基于国家"严打严控""维稳安民"高压政策的考量。

可见，象征立法关注的是刑法条款形式意义的存在，并不注重刑法实质的规制效果，其立法目的仅仅是向社会大众宣示政府打击治理犯罪的决心和意志。换言之，象征性网络犯罪立法不过是为了表明政府对此类犯罪的严打严控的政治、法律姿态，目的是安抚民心，维护社会稳定。"为了单纯满足社会期待，通过不断修改刑法宣示国家已经着手采取相对应的行动来抗制风险，并逐步将公众所认为的风险纳入象征性立法的法规范体系之中。"[1]"（象征性刑事立法）不是服务于法益保护。对于保障和平的共同生活不是必要的，但为了谋求刑法之外的目的，就像安抚选民或者表达国家自我姿态的法律规定。"[2] 这种象征性立法以服务于国家的政治安全为首要目标，将传统刑法保护的以个人权利和自由为核心的个人法益抛于脑后。"如此的发展将动摇行为刑法、法定原则、比例原则、以个别人归责为原则的罪责原则、诉讼法上不自证己罪原则、嫌疑刑法或警察法化的干预行

---

〔1〕 Peter - Alexis Albrecht, Das nach and prventive Strafrecht," Institut für Kriminal-wissenschaften und Rechtsphilosophie Frankfurt a . M. （Hrsg）", Jenseit des rechtsstaatli-chen Strafrechts, 5, S5（2007）。

〔2〕 ［德］克劳斯·罗克辛：《刑法的任务不是法益保护吗?》，载陈兴良主编：《刑事法评论》（第 19 卷），樊文译，北京大学出版社 2007 年版。

为，甚至在复杂的诉讼程序上必须引用协商机制。"其结果就是"法益保护原则"也就不复存在并不再使用，而直接用"政策上是否该罚"。[1] 由此，象征性立法必然导致政策与法律不分，政策刑法化、刑法政策化。这种象征性立法势必对刑法法益保护功能、人权保障功能造成伤害。立法的价值在于实用性、实效性。"法律不能执行就等于没有法律"[2]，象征性立法所增设的新罪名，因在法律实务中适用率极低而徒具形式的象征，不具实用性，更无从谈起法的实效性。这种有名无实的象征性立法，对刑法权威无疑是一种折损，对刑法功能也无疑会造成巨大伤害。正鉴于此，在网络刑事立法中，严格限缩象征性立法，谨慎恪守刑法"打击犯罪、保障人权"的功能，已是刻不容缓。"象征性刑事立法是一种人类对于恶害'古老、原始、直觉式的反应，虽快速但是系情绪化的'，同时可能也是非理性的；在人类社会当今所面临的前所未有巨大风险面前，人类必须寻求更为有效和理性的风险抗制手段。"[3]

由此，限缩象征性立法、坚守刑法功能，寻求理性、有效的网络风险控制手段，应作为网络犯罪立法重点考量的因素。当前，尤其要坚守刑法谦抑秉性、恪守罪行法定、刑法比例等基本原则，注重于网络犯罪危险行为是否达到实质可罚程度的考察。由于新型网络犯罪罪名设立是以风险预防为己任的，故在法益侵害结果尚未发生之前，刑法就已对危险行为先行介入、提前规

---

〔1〕 Hassemer, Symbolische, 2001, S. 1001－1019. 转引自林宗翰：《风险与功能——论风险刑法的理论基础》，台湾大学法律学研究所硕士论文，第86页。

〔2〕 ［英］洛克：《政府论（下篇）》，叶启芳、瞿菊农译，商务印书馆2009年版，第138页。

〔3〕 刘艳红：《象征性立法对刑法功能的损害——二十年来中国刑事立法总评》，载《政治与法律》2017第3期。

制，这就必然导致刑法所保护的法益在网络犯罪中日益抽象化、精神化。在刑法解释上，也相对侧重于规范违反说、主观解释、限缩解释、形式解释。如此以来，刑法犯罪化、重刑化趋向必然加剧，以至于将大量的民事行政行为当作犯罪来处理，造成社会治理不利。另一方面，网络刑法所保护的法益系网络空间安全秩序，而网络天然具有弥散性、扩张性等技术性特征，由此，对网络犯罪的定罪也应以网络空间秩序法益是否遭受到实质危害来考察。换言之，网络空间秩序法益受到损害，但不一定受到刑事处罚，即不具刑事可罚性。比如，网民基于对关系自身利益的民事裁判不满，在网络上散布对某某法院某某法官的不满，只要其未捏造事实、散布谣言，未有严重侮辱、诽谤、造谣生事的情节，而是出于情有可原的原因所实施的行为，就不应当以刑法（如寻衅滋事罪、侮辱罪、诽谤罪）来评价，否则将会窒息群众"网络监督"的权利，造成"寒蝉效应"。因此，网络违法行为只有对网络空间秩序造成"明显而即刻的危险""现实可能危险""紧迫的现实危害"等实质性损害，才能以刑法来规制。"网络秩序是虚拟的也是虚无的，以侵犯网络秩序的行为是否具有现实危害性或者紧迫的现实危害性为定罪标准，可以为虚拟世界的刑事处罚确立真实的判断基准，以此使网络犯罪处理尽量恪守罪刑法定的实质侧面"。[1]

五、结语

网络刑法的变革系网络技术驱动下社会矛盾变迁的产物。面

---

〔1〕　刘艳红：《Web3.0 时代网络犯罪的代际特征及刑法应对》，载《环球法律评论》2020 年第 4 期。

对网络技术迭代更新和网络犯罪快速变异的态势，网络刑事立法"因时而变"、"因技而变"，日显必要。由此，具体考察网络犯罪演进的时代环境并予以类型化，有利于提高打击此类犯罪的针对性、可操作性，有利于为网络立法提供富有实战意义的新参考。虽然，网络犯罪立法应考虑的因素是多方面的，但推动技术与刑法的深度融合，"技术对技术""技术赋能""技术反制"，应系刑事立法的关键考量。另需值得关注的是，在刑事立法犯罪化、重刑化扩张背景下，未来的网络刑法修订应直面当今立法碎片化的现实，更加注重刑法条文的体系性、科学性及刑事规范的明确性、罪刑均衡性。"刑法的发展历程告诉我们，相较于刑法权力的不断扩张，更能在历史的长河中留下浓墨重彩一笔的恰恰是权力对自身的限制，这也是罪刑法定原则为后世所赞扬、敬仰的根本原因。"[1] 积极的一般预防刑法观虽然迎合了"严打严控"网络犯罪的政策要求，彰显了刑法的"刚性""威权"姿态，但也带来了犯罪圈扩大、打击面过大、刑罚过重等消极后果。以"尊重和保障人权""限制公权力""保障私权利"为核心价值的消极刑法观的嵌入、补强，尤显必要。"徒法不足以自行"，象征性立法系"纸面的法"而非"行动的法"，以国家意志的抽象宣示代替刑法行动性条款，系对刑法功能的极大损害，应予限缩。概言之，对网络刑事规制的回顾与反思，既有助于解决风险社会对网络安全秩序的保护，又有益于防止国家刑罚权的恣意发动和扩张，这对促进"法治中国"建设、"尊重和保障人权"，应属裨益。

---

〔1〕　陈庆安:《〈刑法修正案（十一）〉的回应性特征与系统性反思》，载《政治与法律》2022 年第 8 期。

百花园

Spring Garden

普通高校公共音乐课教学改革路径探析

——以中国政法大学民族器乐鉴赏课为例　何梦叶

硕士研究生招生网络远程复试的个人信息保护

——基于全国10所高校招生工作的访谈调查　陈　晖

思想政治理论课对高素质法治人才培养的路径探索　刘昱辉

普通高校公共音乐课教学改革路径探析

——以中国政法大学民族器乐鉴赏课为例[*]

◎何梦叶^{**}

摘　要：新时代党和国家高度重视学校美育工作，普通高校公共音乐教育是美育教育的重要阵地。近年来，虽然在该领域取得一定成效，但契合学生鉴赏需求、彰显传统音乐文化的课程教学研究较少，尤其是针对民族器乐鉴赏开设的专题课程亦不多见。本文将以笔者开设的中国政法大学民族器乐鉴赏课程为研究对象，从公共音乐教育的培养目标出发探究音乐审美与实践体验相融合的课堂教学改革实施路径，希望对优化公共音乐课堂的创新发展以及实现普通高校美育目标落地提供更多的路径思考。

---

* 本文系 2023 年中国政法大学教学改革项目成果（项目编号：JG2022A030）。

** 何梦叶，中国政法大学人文学院讲师。

关键词：公共音乐课；教学改革；民族器乐

美育，是审美教育，也是美感教育，作为人格养成的重要途径，是高校立德树人工作的重要载体。新时代党和国家高度重视高校美育工作，普通高校公共艺术课程是大学本科通识教育课程体系的重要组成部分，是开展美育教育的主要阵地，对学生人格发展培养有着独特的重要作用。公共艺术课程以提高学生审美和人文素养为目标，将对美的价值塑造融入知识传授与能力培养中，普通高校的艺术教育工作更要涵养大学生主体意识和人格修养，[1] 运用审美形象的感染作用塑造人的知情意等符号实践能力的教育形式，以美启真，以美入善、以美化情，实现人的全面发展。

以笔者所在单位中国政法大学为例，公共艺术课是学校通识选修课，学校在本科生培养方案中要求学生毕业前需要修完一门 2 学分 32 课时的"艺术修养与审美鉴赏课组"通识课程，也就是每位本科生在四年学习中至少要选修一门公共艺术课方能毕业，因此公共艺术课在一定意义上已成为"选修课中的必修课"。目前，学校开设了音乐、舞蹈、美术、书法等类别的公共艺术课，其中音乐类别的公共艺术课因兴趣受众较广，成为主要的艺术类公共课程。在普通高校中非音乐专业学生占据绝大多数，他们既是接受艺术教育的客体，更是传播赓续优秀音乐文化的关键主体。如何让公共音乐课更有吸引力，让非专业的学生"愿意选、主动选、抢着选"，如何采用喜闻乐见的教学方法激发大学生的音乐艺术学习兴趣，这是摆在授课教师面前的最大命题。

---

〔1〕 王一川主编：《大学美育》，北京师范大学出版社 2021 年版，第 2 页。

一、普通高校公共音乐教育的背景与目标

当前，"坚定文化自信，推动文化繁荣兴盛"的新要求，推动着普通高校公共艺术教育要走向一个新高度。而时下的音乐艺术教育，与其他大多数艺术形式一样，面临着域外文化、流行文化、非主流文化等多元文化新形态的冲击，与此同时，富有历史积淀的传统音乐文化教育又面对着基础薄弱、后继乏人的危机。公共音乐教育应当"跨越中西、贯穿古今"，亟须用更有亲和力、感染力的教学方式，走进青年学生群体之中，使他们更易接纳和领悟其中的艺术之美。

以中国民族器乐教育为例，历史上中华民族器乐在形制和作品上一贯有更新迭代的延承传统，这与一些国家民族器乐演奏形式固化是不太相同的。应对新时代新命题新需求，民族器乐更有潜能焕发出新的生机，传递出与我们血脉中的韵味感受相关联的有力声音。多年来在以欧洲音乐中心论的大环境中，音乐教育习惯性地以西方音乐理论和审美标准来审视和解释非西方音乐。[1] 如果纯粹以西方的标准来评判民族音乐，脱离了自身文化意涵来谈音乐内容和形式，这是不客观的做法。对于多数非专业的青年学子而言，流行音乐、西洋乐器往往如数家珍，而本民族的器乐音乐文化却知之甚少。在普通高校所开展的大部分音乐鉴赏课程中民族器乐也只占一两个章节，在乐器大家族中除了西洋乐器外，常见的民族乐器就有"吹拉弹打"四大类几十件，少数民族乐器更是数不胜数，过度强调以音乐大类作为公共艺术课程来设

---

〔1〕 张汉超、郭兰兰：《艺术综合视域下音乐教育的定位刍议》，载《艺术教育》2020 年第 11 期。

计教学内容，势必使得民族器乐课时量受到限制。过小的教育篇幅安排，难以让大学生深入学习民族乐器的分类与种类形制，无法从中感知到传统民族器乐的内在特征和文化秉性，最终让学生在上完公共音乐课后只留下"泛泛的感受"，无法对传统艺术拥有真正的认知和兴趣。"没有高度的文化自信，就没有中华民族的伟大复兴"。但在普通高校，目前并未形成良好的中国民族音乐传承发展环境，发展意识相对较为薄弱。

鉴于上述基本情况，结合普通高校非音乐专业学生的特质，普通高校公共音乐教育应当回归美育初心，重新梳理明确课堂开设的主要目标：

第一，要以"立德树人"为根本，这是新时代教育的根本任务。美育是基于道德理念的教育，蕴含了人类对于真善美的追求，在音乐教育中要以人为本，将"立德树人"渗透到教学的各个环节，以美育促德育，学会鉴赏艺术将更好地塑造大学生个体的完美人格。第二，要面向全体学生开齐开足美育课程，让所有大学生都能有机会接触美育课堂，接触专业知识传授。美育不只是专属个别专业学生或有特长学生的学习选项，而要成为每个人理应学习的"必修课"，逐渐推动人人参与、时时落实、处处渗透的美育新局面。第三，要丰富学生音乐文化的知识储备，提高学生审美和人文素养。"琴棋书画"是中国古代文人的文化志趣，在新时期通过鉴赏音乐作品、学习音乐史论、参加音乐表演实践，让大学生树立正确的审美观念，培养高雅的审美品位，同样可以达到修身养性、全面发展的高度。第四，要树立学科融合的理念，立足于普通高校本身的特点和优势学科，将课程延展到音乐以外，涵盖历史学、教育学、文学、社会学、法学等更加广阔的人文学科范畴，既用文化的视角来理解音乐，建构多元化的音乐价值观，也透过对优秀艺术成果的了解吸纳，带动学生理解并尊重多元文化。美育视角下的公共音乐教育不能仅仅停留在只欣赏一首歌、一段舞、一件乐器，要以传统音乐为本，树立文化自信；以世界音乐为翼，形成比较视角和包容心态。

二、从一堂民族器乐鉴赏课探究公共音乐教育的问题和关键

笔者在中国政法大学讲授民族器乐鉴赏课的同时，广泛收集学生反馈，及时掌握授课效果，探究面向非音乐专业普通高校学生如何开展公共音乐教育。结合个人教学实践、观摩其他课堂以及调研多所高校，笔者发现在普通高校公共音乐课程无论在内容设计、教学方法、具体考核等方面存在以下问题：

第一，教学模式单一，教学课堂缺乏表演实践体验。普通高校开设民族器乐鉴赏的专题课程较少，教学过程始终聚焦在讲解与聆听，缺乏艺术实践感受。在课堂上笔者发现，普通高校大学生的艺术教育基础水平参差不齐，能真正拿得起乐器、读得懂乐谱的人数非常有限，但如果只是纯粹欣赏器乐作品，不尝试开展乐器实操，则很容易听过则忘，无法形成印象深刻的育人效果，直接导致学生参与体验感不够，很难产生对民族音乐文化的理解与认同。

第二，教学内容陈旧，教学过程难以调动学生兴趣。通常而言，针对民族器乐作品的选择相对固定，选曲范围更重视经典传统曲目，较少呼应当下的音乐潮流，涉猎现当代作曲家、青年演奏家创新作品，而这些编排风格多样的新作品往往更能获得青年学生的青睐。另一方面，音乐教师往往注重就音乐谈音乐，缺乏

与其他学科的融合和适度延伸，对聆听作品的介绍讲解还是停留在创作背景、作曲家生平、风格与意境等程式化内容，忽略了与其他人文社科学科的交叉渗透，不能引发学生的共鸣。针对课堂学生的专业特点，笔者有意引导学生去理解法学的规则意识之于音乐表现中的韵律和灵动有机结合的关系，这点在实际教学中呈现出有不错的效果。

第三，教学考核难量化，不宜以统一标准开展课堂评价。公共音乐课堂是以提高学生审美和人文素养为首要原则，因此对于艺术理解和审美能力的提高是无法量化的。与其本身所学的专业课程不同，每个大学生在音乐艺术方面的乐理基础、艺术审美、人文素养各不相同，普适性的课堂教学投射到每个学生身上的效果也会千差万别，需要探索建立针对艺术课程更为客观全面的评价机制。

笔者在教学实践过程中强烈地感受到：教师是开展音乐艺术教学活动的核心要素，也是化解前述沉疴痼疾的关键所在。"课堂教学效果的好坏，始终是看教师的"，在普通高校从事公共音乐教育的老师，必须对自身角色、教学育人有所认识，师生之间的相互作用与影响是美育得以深入实施的基础。师生的课堂联结在教学中处于核心地位，必须因人而教、因材施教、重视差异、尊重个性，使整个教学活动中融汇到学生审美成长的过程，让师生都成为审美活动的主体。音乐教师讲好一堂公共课，处处能彰显艺术创造的精神，通过互动式的课堂和体验式的表演实践，形成多一些对话交流，多体悟学生的收获感，把教学变成对学生进行引导、促进、启发与陪伴的过程。

一方面，"学高为师身正为范"，公共音乐课教师的言行举止和审美偏好，是一种直观的示范，教师要以自身为"教具"，彰显自身角色的美育功能。譬如，教师的言谈举止会影响学生的一言一行，教师的穿着打扮会影响学生的时尚观念，教师积极乐观的生活态度能促使学生精神焕发，教师的审美偏好会影响学生的艺术喜好。另一方面，公共音乐课堂上讲授的乐器种类丰富，对于无论是音乐理论专业还是器乐表演实践专业出身的教师都具有相当大的挑战性，需时刻保持学习精进的状态，全面深入地了解每件民族乐器优秀编排作品，时时补充时时更新曲库；提高多学科的知识、终身学习、文化积淀；加强艺术实践能力，多做表演示范；充分考虑学生的审美需要与欲望，在教学设计与安排上还要综合学生的审美能力与审美趣味，努力教会学生把自己"活成一件艺术品"。

三、推动优化普通高校公共音乐课的路径建议

在新时代倡导美育理念的大环境下，普通高校的公共音乐课程如何发挥出美育工作的重要载体作用。笔者在基层教学一线中多次尝试与探索"综合体验式"鉴赏方式，希望从音乐美学基本原理出发，让民族器乐作品真正能够感化人格、涵儒心灵、提升修养，改善课堂教学现状与普遍所面临的问题。

（一）创设情景，打造"音乐沙龙式"的课堂体验

对于普通高校的大学生，民族器乐既熟悉又陌生，实际学习、生活中接触乐器的机会并不多。《乐记》中记载到"凡音之起，由人心生也，人心之动，物使之然也。感于物而动，故形于声"。古人崇仰创造万物的大自然，又重视人的内心体验，而音乐的产生正是源于人心对大自然的感悟。无论是作曲者与演奏

者、还是学生在鉴赏过程中，最重要的是心灵感受与情感共鸣。由于教学对象是非音乐专业的学生，鉴赏类课程强调的是体验和感受，创设环境是第一步，尽量弱化课堂教学氛围，打造出轻松愉悦的"音乐沙龙式"课堂体验，这将有助于学生快速放松下来进入到音乐审美状态。

创设情境让学生进入到沉浸式的聆听状态，可先从展示乐器开始，通过了解乐器的历史沿革、结构形制、音色特点、常用演奏技巧之后再进行音乐欣赏，让学生会对自己熟悉的事物产生一种亲近感。教师可根据乐曲风格代入环境，例如古琴，可先介绍它是一件修身养性、自娱自乐的乐器，最初并不是为了表演而存在，用梧桐木制作所以音色松沉、音量较小，在欣赏古琴奏乐《流水》前，笔者会将教室灯关闭营造一种昏暗的环境，这时学生的审美期待——"乐器音量小"和审美体验过程才会相统一，更易产生共鸣。笔者曾多次邀请演奏家走进校园走进课堂进行现场演奏，学生近距离感受不同乐器的音色、乐曲风格、演奏家的情感表达，常常被演奏家的技艺所深深吸引，早已"忘记"这是课堂，仿佛置身于小型音乐沙龙现场。通过简单的实践与体验促进聆听与理解，更加专注于音乐本体，从而达到审美的作用。艺术美的本质都是主观体验，体验音乐的途径与方式是多样的。[1]通过笔者的课堂实验和教学观察，适当的心理环境更换有助于进入审美状态，教学中利用音乐经验与生活经验构成作品的听觉关系，会使欣赏体验感增强。

---

〔1〕 陈孝余：《有效聆听：'新美育'背景下学校音乐教育再思考》，载《中国音乐教育》2022 年第 7 期。宋瑾：《音乐美学基础》，上海音乐出版社、人民音乐出版社 2008 年版，第 8 页。

（二）丰富课程资源，遴选传统与当代经典结合的艺术作品

公共音乐课开展过程中最重要的就是所呈现的音乐作品。歌德说："鉴赏力不是靠观赏中等作品而是靠观赏最好作品才能培养成的"。经典作品也是有高低雅俗之分，教师输出给学生的音乐作品需要选择特色鲜明、个性强烈、有独创精神、经得起历史考验的经典作品。音乐基于聆听，如今充斥耳边的各种音乐作品良莠不齐，学校音乐公共课上的作品选择将直接影响学生的审美偏好。选择适用于课堂教学、适用于美学传播的审美对象及艺术作品，从贴近学生的生活入手，逐渐带入，引领课堂。

以讲授民族器乐为例，民乐离不开最经典的传统作品，优秀的传统作品体现了中国传统音乐美学，凸显了中华优秀传统文化的传承和发展，如古筝《高山流水》、琵琶《春江花月夜》、二胡《光明行》、笛子《鹧鸪飞》等，这些曲目的版本较多，不同演奏场合和演奏者的表现会存在很大差别，需要教师做好遴选。此外，可以了解与选择一些当下贴近学生生活和网络热点的新作品，尊重学生审美趣味的差异，建立多元音乐文化观。新作品中也不乏精品出现，朝着多元化、个性化和艺术审美化的综合方向迅速发展，创作手法、艺术思维、音乐内涵与表现境界均有较大幅度的提高，传统文化节目如《国乐大典》《国家宝藏》《书画里的中国》《诗画中国》中的音乐佳作不断，将民族乐器与舞美、自然风景、诗词书画融合，潮流音乐类综艺现场如：《我是歌手》《天籁之音》中多次请到民乐演奏家助演，这些节目在学生中关注度高，共鸣感强。透过《唐宫夜宴》里的琵琶声、《只此青绿》里的古琴声、《兰亭序》中的二胡声，结合课程内容来讲解不同民族乐器在节目作品中的运用，激发了学生的强烈兴趣。曲目的

遴选要摒弃对某一种风格和模式的固化思维，不论是传统还是流行，不论是独奏还是伴奏，优秀的音乐作品都值得推荐欣赏。可以多视角多维度地全面展现我们民族乐器的多样性。

（三）增加表演实践，沉浸感受深度参与的二度创作

音乐审美的目的是在感性体验中获得审美愉悦，需要理解音乐才能获得深刻的审美感受。虽然非专业类的学生普遍缺乏演奏乐器的经历和能力，亲身参与实践演奏乐曲的难度很大，但还是应当尝试性地从音乐鉴赏走向音乐表演，带领学生们通过亲历体验去深刻感受音乐。音乐表演本身具有审美、转化、交流等功能，可以直接体察音乐，在表演中审美，在审美中表演，会有更贴切的感受。音乐表演是在作曲基础上的二度创作，学生在进行表演的实践过程就是一种转化，通过乐谱或是音响在他们内心中产生的听觉表现而表演，意味着学生在演奏每一个音之前内心中已经出现了一个音，这是所谓"提前听觉"，"提前听觉"的能力养成将有助于进入审美状态的专注力。

民族乐器不只是表现音乐的载具而已，更是中国历史发展的产物，是中国文化美学的外观，每件乐器都有十分独特的形制结构、音色特点、演奏技法。既要让学生欣赏，更要让他们直接触摸乐器参与实践。当然，一件民族乐器不是一朝一夕就可以掌握的，因此我们可以设计多种参与方式，让学生放下参与演奏实践的顾虑，为学生提供"个性化"的艺术实践方案。比如，在每堂课上笔者会带上所需讲授的乐器，观看优秀演奏家表演后，结合课程内容进行"乐器初体验环节"，讲授基本演奏技法，如琵琶的轮指、二胡的跳弓、古琴的勾剔抹挑、古筝的刮奏、中阮的按弦、竹笛的吐音、大鼓的双鼓槌交替，一个小小的演奏动作能激发起挑战"冲关"的欲望。另外，在期末结课前集体编排一首难度较小的合奏作品，需要对所有听课学生做背调，教师共同参与，根据每个课堂的实际情况进行编排，鼓励有过一定民族乐器学习基础的学生重新操练起来，其他零基础的同学可以编排不同的民族打击乐参与，最终以视频的方式得以呈现。全体选课学生以不同形式参与到熟练曲谱、个人训练、集体排练、录音录像、准备"服化道"、视频剪辑等各个环节的准备中，这可以充分调动学生的积极性，让他们深度参与实践，拥有在以往鉴赏课上所未有过的课程体验，这种体验感将内化为记忆深刻的知识与感受。当参与音乐表演实践后再次鉴赏音乐作品，学生们对于演奏者的服饰风格、舞台风度、表演技巧和音乐处理等各方面产生了更加细致入微的品鉴，音乐欣赏效果大为提升，更能形成"综合体验式"的欣赏方式。

（四）全方位鉴赏，促进艺术以外学科的交叉融合

每种文化都有相对应的音乐艺术风格和类型，中国音乐艺术以其生动之线条，优美之本体，感物之心性为主要特征。[1]这些特征的产生与我们的哲学、历史、文学诗词有着密不可分的关系，想要上好一堂音乐艺术公共课，需要指导学生从艺术、哲学、文化等美学层面去把握和理解音乐的美感特征和艺术价值，将多种艺术渗透到课堂的各个环节。譬如文化传统赋予民族器乐作品的意义，是音乐中自然携带的，也是与音乐之外的其他文化事物现联结所产生的。音乐是社会的产物，与整个社会是一体的，始终离不开其所在的社会文化环境。民族音乐更是如此，其

---

〔1〕　管建华：《中国音乐审美的文化视野》，南京师范大学出版社 2013 年版，第 6 页。

结构样式、特有风格，无不印刻着社会、时代和文化的烙印，这些社会环境、文化习俗也造就了民族器乐的特点，也造成了特殊的音乐价值观。世界各民族音乐携带意涵丰富的独特文化意义与价值，学生聆听的是音乐，理解的是音乐背后的文化。音乐鉴赏课程向内要与艺术学科中的中外音乐史论、音乐美学、音乐传播学融合，向外要与哲学、文学、历史等学科不断延伸拓宽，可以使音乐呈现地更加全面和立体。在教学中，教师的作用是引导和促进，教授的是方法，聆听音乐没有标准答案，需要充满想象力，而想象力的构建基于多学科的认知，要发挥学生学习的主体性，引导参与音乐体验，由传授变为感受、由讲解变为理解，由分析变为描述。

譬如，古筝被誉为"仁智之器"，自古便承载和传递着古老的民族文化精神，随着古筝艺术的发展，诗词歌赋和音乐之间发生着千丝万缕的联系，承载着华夏文明的诗词融入蕴含古典音韵的古筝中，催生出许多优秀的名曲佳作。我们熟知的《春江花月夜》《出水莲》等筝曲背后蕴藏着丰富的文化内涵，能对大学生的思想情感起到浸润涵濡的作用，使其获得精神上的审美升华，文学的审美意蕴大多将无穷之意蕴含在有尽之言中，赋予音乐表达"弦外之音"，进入更高层次的潜思默想、体悟人生真谛和提升精神境界的状态。

（五）重视过程考核，提高多元完整互动式的教学评价

中共中央、国务院《深化新时代教育评价改革总体方案》中提出，要改进结果评价、强化过程评价、探索增值评价、健全综合评价。这次强调的四个评价体现出教育评价的科学性、专业性和客观性。高校美育的评价体系应该具有多元、完整以及互动的

特征。[1] 审美素养和人文素养的提高无法量化，对于美育课堂的考核要重视与关注学生课堂的学习态度、聆听过程、参与表演实践等，针对音乐艺术课程进行个性化考核，考核环节从期末一次调整为覆盖整个教学过程中。

以民族器乐鉴赏课为例，其评价内容既要关注学生对于民族乐器知识点的掌握与音乐感悟的评价，又要重视对于品格修养和价值观的评判。评价中需要注意观察并记录好学生的聆听状态、表演实践、互动交流等活动中的典型行为和态度特征，从知识储备、情感表达、时间表现、协作能力、鉴赏水平等多维度设计教学评价。推动评价主体与方式多元化，将自评、他评、师评进行统筹设计，使得课堂上的每个角色都参与进来，全方位开展评价。在促进学生自主、合作、探究式学习中，教师需要做好记录跟踪、学习计划制定、学习方法设计、学生实践效果评价。

结语

中国民族音乐文化博大精深，源远流长，丰富悠长的民族音乐薪火需要代代相传，学习传统、继承传统、发展传统、接力式的文化弘扬永无止境。回望普通高校的公共音乐课程改革，不断创新适合当下青年学生的新思想、新方法、新内容，总结和思考第一线课堂教学实践中的经验做法，这仍是一个不断修改、不断完善、不断提高的过程。

民族器乐艺术作为其中重要的一环，应该成为传统音乐文化传播的独特存在。从理念与形式上有效推动开展民族器乐的教学

---

〔1〕 徐娜：《高校美育三议：本质意义、价值指向与实践路径》，载《江苏高教》2021年第6期。

实践，丰富校园艺术文化生活，是学校开展美育工作的重要依托和有效途径。希望通过讲好一门以中华优秀传统文化传承发展和艺术经典教育为主要内容的公共音乐课程，可以惠及更多的大学生，提高他们的民族荣誉感与自豪感，沉浸于学、乐在其中。

硕士研究生招生网络远程复试的
个人信息保护

——基于全国 10 所高校招生工作的访谈调查

◎陈　晖*

摘　要：新冠疫情期间硕士研究生招生网络远程复试是特殊时期的应急之举，此举应注意保护考生的核心隐私。通过对全国 10 所高校的考生、面试考官与教务秘书所做的 40 起深度访谈调查发现，大多数考生选择自家卧室作为复试场所，安全性是其首要考虑因素，但几乎无人意识到家庭环境属于个人隐私信息且可能会遭到泄露；同时，高校面试教师关注考试公平，而较少从隐私保护角度思考问题。研究生网络远程复试视频存在的另一大问题是，高校本身的保存与销毁数据规定存在隐患。为更好保护考生隐私，高校机构应加强考生个人信息安全重视程度，同时加大信息安全基础建设，缩短

---

*　陈晖，中国政法大学外国语学院副教授。

视频保存期限或消除考生所选考场背景，完善未来的存储、使用、销毁的安全程序机制。

关键词：网络远程面试；安全等级三级保护；敏感数据；私密空间

　　新冠肺炎病毒流行期间，各大高校避免全国各地考生交叉感染，在延迟开学时间的同时，也采取远程网络面试的形式进行研究生复试。2020 年 5 月 12 日，教育部在新闻发布会上公布的统计，2020 年全国硕士研究生招生扩招 18.9 万。[1] 而 2020 年的硕士研究生考试报名 341 万人，总体录取人数将达到 110 万。一般而言，进入研究生复试面试比例为 1∶1.2，也就是说参加研究生复试的人数应该在 132 万人次左右。[2] 虽然教育部并未强制规定今年所有高校必须采取远程网络面试的方式开展复试工作，但从媒体报道的数量来看，几乎所有高校都采取了这种形式。实际上，光是教育部所辖的面试招生数量就远不止如此，例如，截止到 2020 年 5 月 12 日，全国一共有 163 万次考生完成了线上艺术类综合专业考试。[3] 还有各个高校开展的博士招生面试答辩和本科、硕士、博士的毕业答辩，也涉及对这群数量庞大的面试者的隐私保护问题。开展如此大规模的线上面试，但是高校对于考生隐私的保护却很少引起关注。

　　一般意义上的高校学生隐私保护问题近年来受到了我国学者

---

〔1〕 参见万玉凤、焦以璇：《高校考试招生各项工作稳妥有序推进》，载《中国教育报》2020 年 5 月 13 日，第 3 版。

〔2〕 即使排除掉部分学科没有足够的上线人数，也应考虑到个别学科是以 1∶1.5 的比例进行研究生复试，因此综合来看，可以取 1∶1.2 这个数值作为评估。

〔3〕 参见万玉凤、焦以璇：《高校考试招生各项工作稳妥有序推进》，载《中国教育报》2020 年 5 月 13 日，第 3 版。

的关注，并对其现状进行了系统的分析。徐爱萍（2020）等指出高校学生的隐私权范围相对一般隐私权更为狭窄。[1] 罗丽华（2002）等强调高校学生作为特殊的权利主体，在高校行政管理和高校知情权的双重制约下，其隐私权往往得不到合理保护。[2] 刘秀（2006）与俞圆（2019）均特别关注到高校贫困生的隐私权问题，前者认为高校贫困生隐私与资助人知情权在理论和现实中不可避免地存在冲突，[3] 后者则强调了公开贫困大学生的生活状况就已经属于侵犯隐私权的范畴。[4] 张丽娜（2018）则从档案学的角度认为大数据使得保护个人关键信息的匿名化措施变得不可行，因此大数据时代的档案保存具有高度风险。[5] 陈兵（2020）提倡建立统一的数据信息安全等级保护管理规范，对公民、法人和其他组织实行分等级保护。[6] 但是，本文所讨论的对象是面试考生，其并不完全等同于高校学生，因为顺利通过面试被录取并在高校报到的考生只是部分面试者；同时，招生面试视频也不完全等同于高校学生的学籍个人信息，它并不完全按照传统高校学籍档案进行处理，现有的安全等级保护制度也并未涵盖招考面试视频。

---

〔1〕 徐爱萍、余淼、黄道主：《高校知情权与学生隐私权的冲突与平衡》，载《内蒙古师范大学学报（教育科学版）》2020 年第 2 期。
〔2〕 罗丽华、周静：《论高校学生隐私权及其保护》，载《理论月刊》2002 年第 3 期。
〔3〕 刘秀：《高校贫困生隐私权问题探析》，载《广西政法管理干部学院学报》2006 年第 5 期。
〔4〕 俞圆：《法律视角下高校贫困大学生隐私权保护研究》，载《浙江工商职业技术学院学报》2019 年第 1 期。
〔5〕 张丽娜：《大数据时代高校人事档案信息化建设中的个人信息隐私权保护》，载《山西档案》2018 年第 2 期。
〔6〕 陈兵：《抗击新冠肺炎疫情中个人信息保护的法治慎思》，载《社会科学辑刊》2020 年第 2 期。

2020 年新冠疫情暴发后，讨论研究生招生网络远程复试的文献有所增加。其中，汪基德（2020）等指出，网络复试中存在网络卡顿和缺乏考试监督机制的问题；[1] 吴瑞华（2021）等则探讨的是如何在网络远程复试中保证教育公平的问题（包括机会、程序与结果公平）；[2] 金悦（2021）与郭丽媛（2021）则分别从医学类与化工类的角度探讨了本学科应该如何设计题目并组织复试。[3] 但是，这些有关网络远程复试的文献均局限于招生工作的公正效力问题，而并未涉及网络远程面试过程中对考生的隐私保护问题。

本文分析将表明：网络远程复试中面试者本人和考官均较少意识到面试视频涉及个人隐私问题，同时高校等机构也缺乏保护考生个人信息的制度与配套程序。笔者基于案例访谈的调查，提出完善"云面试"考生的个人信息存储安全风险的预防措施与建议。

一、研究方法

研究采用定性实地研究中的定性访谈方法。定性访谈的优势在于可以随时修正研究的设计，可以依据访谈进程调整问题，通过被访者描述以及对相关问题的认识和看法，全面掌握面试中考生的隐私保护情况。但参加高校面试的考生作为一个大型群体，

---

〔1〕 汪基德、韩雪婧、王孝培：《疫情期间硕士研究生招生网络远程复试：模式、问题与改进》，载《电化教育研究》2020 年第 11 期。

〔2〕 吴瑞华、胡艺凡：《教育公平视域下的研究生招生网络远程复试》，载《湖北招生考试》2021 年第 2 期。

〔3〕 金悦、张凯、方向明：《新冠疫情下医学研究生网络远程结构化复试方式的探讨》，载《中国高等医学教育》；郭丽媛、仝建波、吴鲁阳：《化工类硕士研究生招生考试使用远程视频面试的实践与思考》，载《广东化工》2021 年第 5 期。

对其做出精确的统计性的陈述较为困难。所以为了使研究结论更具客观性及真实性，在分析和讨论相关问题的过程中，研究将以我国公开的文献报道中的个案及数据加以辅证。

（一）样本来源

本研究按照学科类型的不同，选择全国具有代表性的东中西部地区的 10 所高校作为分析网络远程复试的样本来源，详细数据见下表 1 所示。

表 1　十所不同类型高校简介

序号	学校	类型	属性
1	北京大学	综合	双一流、211、985
2	北京师范大学	综合	双一流、211、985
3	中国政法大学	政法	双一流、211
4	天津大学	理工	双一流、211、985
5	浙江大学	综合	双一流、211、985
6	华中科技大学	理工	双一流、211、985
7	安徽大学	综合	双一流、211
8	四川大学	综合	双一流、211、985
9	四川师范大学	师范	／
10	西华大学	综合	／

（二）分析框架

本研究所选取的这十所高校，涵盖社会学、历史学、法学、医学、教育学、外国语文学、工程制造等 12 个专业。研究主要采用非结构式访谈法，在抽样上主要采用"最大化差异"原则：

在高校选择上，既有双一流大学，也有"双非"大学，既有人文社会学科，也有理工医学科，即兼顾不同学校、专业，对 40 个案例展开深度访谈。选取访谈对象包括：参加硕士研究生复试的考生、复试考官和面试秘书。研究于 2020 年 5 月对高校硕士研究生复试情况通过微信语音或者电话对访谈对象进行一对一深度访谈，由于研究的伦理需要和被访者的要求，文中隐去了被访者的个人信息。被访谈的对象分为两组，其中教师组 20 人，考生组 20 人。值得说明的是，面试秘书在不同高校不同学院的组成来源不同，有的是由行政人员担任，有的是由年轻教工担任，也存在由学生经过培训后紧急上岗的情况，但总体还是学校教职工为多数情况，因此面试秘书归为教师组。考生组 20 人，均以自身情况作答；教师组则以本人参加或组织过的面试情况作答，以每场面试通常不低于 25 分钟计算，一位复试考官或面试秘书一天所接触到的面试考生大约是 20 个左右，教师组受访人参加面试的时间与组别长短不一，平均是两天。因此，本次调查的总体样本大致在 820 人次上下。限于各方面条件的限制，并未对受访者的性别进行控制筛选。虽然存在这些不足之处，但是根据所分布的高校地域与专业来看，还是整体符合研究生招生情况，可以说，样本还是具有比较强的代表性。

（三）分析结果

根据以上内容，可对考生所选取的考场环境进行分类并进行原因分析。

1. 网络远程面试中出现的环境类型

综合教师组与考生组所获取的调查信息，高达 95% 的考生选择将考场设置在自己家中，其中又以自身卧室占绝大多数

（89%），只有 3%是在家中书房，还有 2%是在相对独立的客厅（饭厅）。剩下所占比重较大的选择环境分别是：办公室（2%）、宾馆（1%）、教室（1%）与无法识别的封闭白色空间（1%），其中有 2 例是网吧。

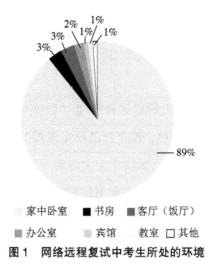

图 1　网络远程复试中考生所处的环境

2. 考生在网络远程面试中选择环境的原因分析

之所以大部分考生选择家里作为考场，保证考试的安全性是几乎所有考生首要考虑的因素。案例 1，一位参加 S 大学法律硕士研究生复试考生的解释为何选择家中卧室：

我选择在家复试，主要因为卧室环境比较安静，也没有多余的杂物，房间比较干净。一开始实际考虑过邻居家，（他/她）是个课外补习的辅导教师，将家里一个房间整改成了一个教室。但去试过以后发现那个教室过于空旷，声音接收也不好，正式面试调试模拟时，就有很大的回音。去宾馆的话，感觉不确定的因素蛮多的，万一断网或者隔音效果不好，害怕会影响自己。但网吧是绝对不会考虑的。

可以看出，自身居住环境由于可控性较高，是考生的首选。案例 2，参加 B 大学教育学研究生复试的一名考生也称：

在家里考试可以保证不被打扰，家里人都会待在另外一个房间或者出门。家里的环境也很熟悉，即使遇到突发状况也不会惊慌。我们唯一担心的就是（复试）那天网络会不会不好。之前面试调试模拟时就碰到了学校那边网络出问题的情况，不过当时等了一会儿就好了。

另外也有考生称之所以选择家里（卧室或者书房）是因为"家里是自己熟悉的环境，便于自己稳定发挥"。实际上，当问及为何要选择在家考试时，被访考生大多第一反应并未想到其他可能的选项，似乎家里的卧室或者书房是唯一的答案。被调查的考生需要经过访谈人提示以后，才意识到自己有家庭之外的第二选项。另外，还有一些被访问的考生称"不想为家里增加经济负担"而离开家中到其他地方（例如入住宾馆），可见，考场选择的经济性也是考虑因素之一。所调查到选择网吧的 2 例，是面试考官所见情况，非考生组作答，因此无法知道考生本人的动机。但从案例 1 可见，一般考生对网吧唯恐避之不及，事实上，有不少高校——例如云南大学和四川轻化工大学——在硕士研究生招生复试录取办法中明令禁止考生选择网吧作为复试场所。由此推知，选择网吧作为复试场所，实属无奈，经济原因或许是主要制约因素。

从高校对面试环境的技术要求分析，也可以解释以上现象。各高校一般都要求有前后"双机位"视频模式，其中主机位用于面试时考生与复试专家互动，要求考生本人正对摄像头，保持坐姿端正，面部、上半身及双手在画面中清晰可见。而辅机位则通常要求使用手机，从考生斜后方（有的明确要求 45°）拍摄，要保证考生及主机位屏幕被复试专家组清晰地看到。总体而言，各高校对于考场的要求趋于一致，包括：处于相对独立房间、安静整洁（无干扰）、光线明亮、不逆光（确保复试专家能清楚看见考生），可视范围内不能有书籍报刊，面试过程中不能有其他人出现。这些规定使得家中的卧室成为最理想的考场环境。至于临时入住的宾馆房间，则往往作为"卧室"的替代方案出现。

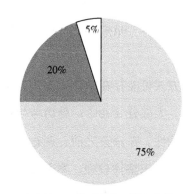

图 2　考生选择考场环境的首要考虑要素

二、网络远程面试存在的问题之一：缺失隐私保护

网络远程面试出现的隐私保护问题，一方面集中体现在面试视频记录和暴露出的考生隐私信息，另一方面则是在视频保存与销毁制度上。后者属于高校工作人员不太关注的领域，而前者则虽然被较多被访者意识到，但被访者更坚持以这种方式开展面试的必要性。

（一）隐私保护意识的整体状况

从被调查人的回答看，无论是考生还是考官，对身份核验和网络远程面试环境展示的必要性都是认可的。案例 3，Z 高校的面试考官这样为网络远程面试辩护道：

人与人之间的判断都是面对面，全部都是通过网上看，现在判断起来肯定有点弱化。但如果直接取消复试，考生人都没见过一眼，都很难三言两语看出来，我们都看不到考生精神是否正常，所以很有必要复试。再说，这种（网络远程复试）也不是常态。实际上这种方式还有利于考生发挥，毕竟他/她不用到现场感受到考场气氛嘛，是熟悉的环境，不用到场面对不认识的人。

但是对于这种方式可能存在的隐私保护问题，考生则反应相对迟钝。在考生组，大部分（70%）受访考生都未意识到自己的隐私有被暴露的可能性。在调查之前，调查人假设，参加法学专业面试的考生的法律意识整体较强。案例 4，参加 Z 高校法学专业研究生复试的一名考生经过提示之后考虑到了这一问题，但该考生在谈到这一问题时，立刻用"保证考试公平与必要"这一理由来对此一行为进行辩护：

我从来没考虑过卧室隐私的问题，我们都是按学校通知要求，在面试之前就收拾好了的，（镜头）看得到的地方不会有书籍放在那里，床上也都是非常干净的，不存在作弊的空间。而且应该要放两个镜头啊，不然如何能保证整个考试的公平。至于说面试视频，也应该保存得久一点，以后有啥事发生，可以调出来看。

总体而言，只有 30% 的考生有意识要对自身隐私进行保护，但即使是对此有保留态度的考生（5%），也完全相信高校有足够的保护措施，能防止自身个人信息的泄露。仅有5%的考生，对高校是否有足够保护措施流露出一丝怀疑态度。

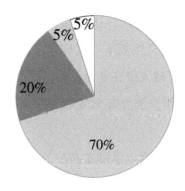

- ▨ 完全没意识
- ▨ 意识到，但不认为这是个问题
- ▨ 明确意识到涉及隐私问题，但相信高校有相应保护措施
- ☐ 明确意识到涉及隐私问题，怀疑高校有相应保护措施

图3　考生对自身隐私的保护意识

只有一半的被访高校教职工完全没有意识到考生隐私有被泄露的风险，这一比例相较于考生组的比例更低，同时质疑高校是否有足够能力保护数据泄露的比例也在升高，达到了12%。有意思的是，相信高校有相应保护措施的比例却大幅上升，达到了18%，远高于学生组的5%。似乎作为高校的"内部人员"，教师更信赖其保护措施。事实上，在教师组的访谈中，绝大部分被访谈人一开始都以为访谈的主题是反作弊问题。如无调查人引导，则他们大部分时间谈论的是本校的反作弊制度与具体执行情况，同时加上自身对于识别考生是否作弊的能力描述。例如案例5，针对"考生个人信息"这一问题，A大学的面试考官的回

答是:

我们的检查工作非常细致,所有考场的材料都要交上去,现场不会留下任何纸屑垃圾,不允许记录任何考生个人信息,总体是很公平的。其实考生作弊不作弊我们一眼就看出来了,实际上以前还有考生反应时间,这次为了精确时间,都是要求听完题目马上作答,都要凭基本功反应作答。以往记录人员都是行政在做,今年是行政人员在外面核验,里面都是副教授做面试记录。这次复试工作,领导非常重视,一再给我们打招呼,要谨慎。

显然,这一回答的重点落脚在高校的内部监督机制上,即招考环节中对抗人为干涉因素的措施。的确,A 大学的身份核验工作是在正式面试前进行,由行政人员在考场隔壁教室通过电脑完成,因此考官并不会也不允许去确定考生个人身份信息,这种制度的安排仅仅是为了杜绝以"出生(第一学历)"来决定考生面试中的表现,因此面对众多形形色色(室内摆设各不一样)又几乎千篇一律的考生背景(卧室或书房),高校教师大多不会联想到这还可能涉及考生个人隐私的保护问题。案例 6,H 大学的面试考官描述长达几天的面试过程:

我们几天(面试)下来看了无数家的装修情况,这一家的经济状况好一些,那一家的装修风格比较独特,这些都是我们面试之余的调剂。有些考生选择自己的出租屋、宿舍(作为面试场景),一看就是艰苦奋斗型的;有些在职的考生选择办公室,感觉要专业一些。总的来说,还是自己家里有特色,大概能看出这个娃娃的家境和个人状态。

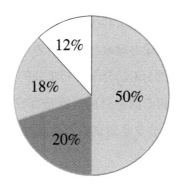

□ 完全没意识
■ 意识到，但不认为这是个问题
▧ 明确意识到涉及隐私问题，但相信高校有相应保护措施
□ 明确意识到涉及隐私问题，怀疑高校有相应保护措施

图 4　教师对考生隐私的保护意识

（二）考生个人身份信息保护不够敏感

按照教育部的要求，本次所有采取网络远程复试形式的考试必须做到"两识别"，即人脸识别与人证识别，其目的是防止替考。[1] 从被调查的高校来看，一般是让考生在考试之前将准考证、身份证和自己的面部置于摄像头前进行截屏验证。此项截屏作为身份识别的必要步骤，其重要性自不待言。唯一的问题在于，假如这类截屏一旦泄露，则十分容易为个人信息安全埋下定时炸弹。当今社会，身份证认证方式在金融、电信、教育、医疗等领域得以广泛运用，考生手持身份证照片被不法分子获取后，"遭遇金融安全危机、交通医疗风险等的概率极大"。[2] 例如，它可以被诈骗分子用来实施"精准诈骗"，也有可能让很多实名

---

〔1〕　参见万玉凤、焦以璇：《高校考试招生各项工作稳妥有序推进》，载《中国教育报》2020 年 5 月 13 日，第 3 版。
〔2〕　侯坤：《"手持身份证照片"外泄绝非小事》，载《检察日报》2016 年 9 月 7 日，第 6 版。

制徒有其表：不法分子购买到这类"手持身份证照片"以后，可以冒名办理个人贷款或办理银行卡，前者会让考生莫名其妙背上贷款，后者则可能成为不法分子进行洗钱的工具。从本次调查情况来看，考生更多担心的是身份核验是否成功，例如案例 7，参加 A 大学外国语文学专业面试的考生就从来没考虑过隐私泄露问题：

查准考证是应该的，就是防止有些人替考。这个面试视频是否加入学生档案？是的话可能要跟学生一辈子。这应该是学校的档案，永久保存。学校肯定对我们的档案保护得很好的，不存在拿出去的可能。

考官则一般不被允许接触考生个人身份信息，因此即使在抽象意义上都认可身份信息的重要性，但在现实层面很少关注它的存在，可以说对考生个人身份信息的保护不够敏感。

（三）缺失考生私密空间的隐私保护意识

所有被调查的考生都没有意识到，在个人身份信息之外，自身所居住的环境也是一种隐私。一般人所理解的隐私，只包括个人的一些重要信息，最多能了解到私生活的安宁状态不受打扰。但实际上，隐私权的另一项重要内容乃是私密空间，它是指当事人就特定私密空间不受他人窥伺、侵入、干扰的隐私权。[1]

这里可以将"私密空间"拆分成前后两个部分进行分析。首先，英语中"Private（私）"这个词汇来自拉丁词汇，其意为"远离公共空间，脱离公职，特别指个人"；"隐私"则被赋予个人（Individual）、私人（Personal）、隐秘（Secret）、独处（To be

---

[1] 王利明：《隐私权内容探讨》，载《浙江社会科学》2007 年第 3 期。

Let Alone）等多种解释。[1]而现代汉语中的"空间"则具有双重意义，一方面是指物理中的长、宽、高来界定的三维空间，在此次研究生网络复试中考生所处的空间当属于这一层含义；而汉语中"空间"的另外一方面是超出物理意义的个人生活隐秘范围，包括了行李、书包、口袋、日记等，其中个人居所是典型意义上的私人空间。在影响中国民法体系概念极大的康德民法这里，空间隐私权中的"空间"并非物权意义上的空间，而是人格权意义上的空间。也因此，我国《民法典》第1033条所列举的侵害他人隐私权行为中的第二项"窥视、拍摄他人的住宅、宾馆房间等私密空间"，是放在第四编"人格权"这一章节之下。隐秘空间也就因此兼具了物理性和人格性的特点。[2]

毫无疑问，卧室又等于私密空间中最为隐秘的核心，集中体现了一个人的人格权。在此次网络复试中，绝大部分考生将考场设置在自己家中卧室或客厅，也就等于暴露了自己最为隐私的角落。在考场视频录制中，考生床上用品的摆设、墙上的挂饰、书架上的合影照片，统统作为背景细节被仪器忠实记录下来。S大学法学院的研究生复试更要求考生在正式考试开始前，用后机位的摄像头进行360度旋转，以展示考生所在的整体环境。在日常社会交往中，他人私生活的细节往往是我们回避的对象，然而面试考场环境的苛刻要求（独立、无干扰），使得考生个体的私生活细节不可避免地呈现在考官与考场工作人员面前，同时也被作为考试监考证据长期保存。

---

〔1〕　杨莉咏：《我国隐私权保护若干问题研究》，新疆师范大学2009年硕士学位论文，第5页。
〔2〕　石睿：《空间隐私权问题研究》，吉林大学2010年博士论文，第13页。

一般而言，没有考生主观上愿意选择网吧作为复试场所，因此被迫选择网吧的少数考生事实上就将自身窘迫的经济状况暴露在了众人面前。"尊严就是最能使人高尚起来、使他的活动和他的一切努力具有崇高品质的东西，就是使他无可非议、受到众人钦佩并高出于众人之上的东西。"[1] 贫困生由于受自身经济状况的限制，在个性、心理等方面表现出与非贫困学生不同的特点，他们通常具有较高的神经质倾向、内向性及情绪不稳定，对应激性生活事件较多地采用消极的应付方式。[2] 面对各高校强制性采取的这种远程复试方式，推测贫困考生也做过努力，设法去到网吧之外参加复试，然而最终被迫选择网吧，不吝于是一种煎熬之后的应激性事件。对于贫困考生而言，"贫困"本身就是一种需要保护的"隐私"。个人隐私的泄露除了会给贫困学生和家庭可能带来巨大经济损失之外，也会对贫困学生造成严重的精神和心理伤害。[3] 传统上高校学籍档案管理抑或是贫困资助公示，还仅仅停留在文字叙述层面，然而此次面试视频则将文字直接转化为动态图像。争取研究生入学资格对于贫困考生而言本身就是一个更高层次上摆脱贫困的手段，然而未料尚在入学考试阶段，就已经不得不暴露了自己"经济贫困"的隐私。在案例 6 中，也可看出面试考官更多调侃的是考生家里的布置与装修风格，虽然也意识到了体现了个体经济状况的不同，但并未过多关注到贫困考生的心理状态。

---

〔1〕 《马克思恩格斯全集》（第40卷），人民出版社1982年版，第6页。

〔2〕 邹海贵、曾长秋：《高校贫困生问题的伦理思考》，载《教育发展研究》2007年第7期。

〔3〕 荼洪旺、罗廷锦：《大数据助力精准扶贫中的贫困户隐私保护问题研究》，载《理论探讨》2020年第3期。

三、网络远程面试存在的问题之二：考生个人隐私存在泄露风险

2019 年教育部发文，要求各高校研究生复试全程录音录像。然而，从被调查的考生看，无人意识到视频保存的期限问题。从这次被调查的教师组情况来看，大部分受访者也并不清楚面试视频的保存期限是多久，只有案例 8，H 大学参加面试的教务秘书明确表示：

学校培训的时候跟我们提到过，这次研究生面试视频的保存期限是三年，这三年期间随时可以调取，以备复查。所以我们对这个事情也是很重视的。

复试视频保存的期限是否应该达到"三年"这个长度，是一个值得探讨的问题。无论这类视频是属于《高等学校教学文件材料归档范围》附件中的第 3 项"招生工作的材料"，还是属于第 4 项"学籍管理的材料"，根据 1989 年《普通高等学校档案管理办法》第 25 条和 29 条的规定，高校档案原则上应该永久保存，如果想要销毁，必须经过有关部门的鉴定和批准。而根据 2008 年出台《高等学校档案管理办法》第 20 条，虽然高校档案不再原则上永久保存，但依据 2006 年的《机关文件材料归档范围和文书档案保管期限规定》中所规定的保管年限，即便将视频划入"一般重要"这个最低的程度，也需要保管十年之久。十多年前法律文件显然没有预料到，在大数据时代，面试视频会包含如此丰富的个人隐私信息，而这些信息一旦泄露，无疑会对个体和整个社会造成很大影响。

从隐私的分类来看，前述面试视频毫无疑问属于教育数据。同时，因其所包含的信息或许可以归属于敏感数据。对"敏感数

据"尚无统一定义,但全球 74 个国家或地区所定义的"敏感数据"前 10 类中,"身体或精神健康信息"以 97.3%的认可度排在首位,另外"年龄"、"身份证号"和"收入状况"也在一些国家的法律中被视为"敏感数据"。[1] 在实定法层面,于 2017 年 6 月 1 日实施的《网络安全法》和 2020 年 6 月 1 日实施的《网络安全审查法》都提到了要保护"重要数据"。同时,正在制定之中的《数据安全管理办法》对收集重要数据提出了备案要求。但是,现行法律都没有对"重要数据"进行明确定义。一个可以参考的标准是,2017 年信标委征求意见的《信息安全技术数据出境安全评估指南(征求意见稿)》中,将重要数据定义为"相关组织、机构和个人在境内收集、产生的不涉及国家秘密,但与国家安全、经济发展以及公共利益密切相关的数据(包括原始数据和衍生数据)"。倒是 2021 年 9 月 1 日施行的《个人信息保护法》规定了"个人敏感信息","生物识别(面部)"与"特定身份(考生)"、"行踪轨迹(家庭内部装修)"均在列。因此,本次研究生网络面试视频完全可以归入"敏感信息"类别。[2] 另外,此次研究生复试面试视频中涉及的数据包括"基因、生物特征"和"人群导航位置",因此也可以被归为"重要信息"。但是,目前《个人信息保护法》对"个人敏感信息"的保护条款只是原则性规定,网络远程面试视频中涉及的个人信息的重要程度虽然可以判定为"个人敏感信息",却无法确定应当保护的具体措施。

─────────

〔1〕 参见王敏:《敏感数据是个人隐私保护的核心领域》,载《团结》2018 年第 3 期。

〔2〕 尽管"敏感信息"等术语经常在实践中出现,但并非严格规范意义上的法律术语,参见彭诚信:《数据利用的根本矛盾何以消除——基于隐私、信息与数据的法理厘清》,载《探索与争鸣》2020 年第 2 期。"敏感个人信息"虽然是第一次规定于《个人信息保护法》之中,但应该属于"敏感信息"的下位概念。

另一个可以采取的判定思路是，从信息安全等级保护定级反向推理这些隐私的等级程度。根据 GB/T 22240-2008《信息安全技术信息系统安全等级保护定级指南》，信息系统的安全保护等级依照信息安全被破坏时所侵害的客体以及对相应客体的侵害程度分为五级。

表 2　业务信息安全保护等级矩阵表[1]

业务信息安全被破坏时所侵害的客体	一般损害	严重损害	特别严重损害
公民、法人和其他组织的合法权益	第一级	第二级	第二级
社会秩序、公共利益	第二级	第三级	第四级
国家安全	第三级	第四级	第五级

从上表 2 的分级客体看，此次研究生考生面试视频即使遭到大规模泄露，即达到"特别严重损害"的程度，似乎最多只能构成第二级。但如果泄露规模达到数十万级别，则会冲击社会秩序，损害公共利益。任何一所综合性的"双一流建设高校"一旦发生事故，这样的数据规模是很容易达到的。"云数据自云端形成至完全销毁的完整生命周期中，时刻面临着云服务商和公权机关侵害数据保密权、支配权、知情权等诸多风险。"[2]因此，倘若真的发生大规模泄露事件，所对应级别应该属于我国三级信息安全等级。国家对这个等级级别的基本安全保护能力要求是：面

---

〔1〕　图表来源于史宝虹：《高校网络安全等级保护的研究》，载《信息与电脑（理论版）》2018 年第 10 期。

〔2〕　蒋洁：《云数据隐私侵权风险与矫正策略》，载《情报杂志》2012 年第 7 期。

对外部有目的的恶意组织发起的恶意攻击，信息系统能在统一安全策略下保护自身；应对具有较大危害的自然灾害，包括其他较严重威胁所造成的主要资源损害，则必须能够及时发现安全隐患，在短时间内恢复绝大部分功能。在高校学院无法满足这个等级的保护措施之前，是否还沿用"视频保存三年"的做法，就存在巨大的隐忧。事实上，根据 2017 年《普通高等学校学生管理规定》第 11 条的规定，高校应该在学生入学以后 3 个月以内按照国家招生规定进行复查，"发现学生存在弄虚作假、徇私舞弊等情形的，确定为复查不合格，应当取消学籍；情节严重的，学校应当移交有关部门调查处理。"也就是说，如果只是保证招生环节的公平公正性，即便是为了复查，也不需要保存三年之久，更不需要永久保存。相反，面试视频在长期保存的过程中，还存在大规模泄露的风险。

四、网络远程面试中考生隐私保护的完善

通过对 10 所高校研究生复试进行的 40 起深度访谈，不难发现在高校对考生的隐私保护中存在一定问题。这些问题有考生和教师一般能意识到的，如手持身份证照属于个人信息隐私，也有本研究新发现之处，即考生居住环境和经济状况也属于敏感信息，但高校的保管措施并不能保证隐私泄露。这些问题阻碍我国高校的高质量发展，未来需要针对隐私保护意识和保护规范，进一步完善各项措施。

（一）加强个人信息安全重视程度

从前面的调查结果来看，无论是普通考生还是高校教师，都对考生个人信息的保护不够敏感。尽管被调查的高校大多都能将

复试面试视频的信息安全摆在相对重要位置，但其目的主要是为了保障研究生在校的三年内，学校可以随时复查招生工作。但是对于高校而言，由于信息安全技术与保证复试公平性、招到优质生源、提高科研能力等相比，很难看到直接效益，因此一些高校都将重点放在设备购买、校园建设、加大奖学金力度与教职工福利等方面，对研究生复试的信息安全方面建设重视不够，信息安全工作的各项制度也难以得到完善落实，复试视频的信息安全很难保证。学校主要领导对信息安全的重视程度，往往决定了学校在安全建设的各个方面的成效。在案例 5 中，被访者也提到了高校与学院领导对这次复试工作的重视，但落脚点并非信息安全方面。从被调查的高校来看，在研究生复试信息安全工作职能机构设置方面，大部分高校学院并没有建立专门的机构；这样的专门机构即使设立，也大多附属于研究生招生办公室（院），只是指定某个办公室文员兼职而已。在信息安全领导小组设立方面，大多数高校都成立了以各院院长为组长的信息安全领导小组，但所谓的研究生复试工作领导小组大多是临时设立，虽招生工作结束而解散，因此复试中的信息安全问题也大多由研究生办公室（院）兼理。

通过调查分析可知，高校对研究生复试的信息安全重视程度还不够，导致各高校整体的研究生招生信息安全水平与国家要求还有一定差距，不能适应高校信息化建设的快速发展的需求，因此加强对复试工作视频的重视程度是当务之急。

（二）加大信息安全基础建设投入

复试保密信息基础设施建设是考生个人信息安全不可或缺的保障，也是高校管理更加科学化、规范化的条件。高校信息安全包括了硬件设备和相关软件两个方面的情况，其中硬件方面包括机房安全、服务器安全、网络设备安全、终端安全、数据存储介质安全等方面；软件方面包括操作系统及数据库安全，如入侵防、访问控制、安全审计等。

在被调查的高校学院中，考生信息传输过程一般是这样的流程：各招生学院单位先自行留底一份，再将数据上交给学校。也就是说，考生的个人信息实际上在学院和学校两级均有存储。学院留底的形式通常是以单个移动硬盘为媒介保存视频资料，然后放置于专门的保密室，该保密室仅限具有权限（一般是分管教务的副院长）的工作人员才能进入。而学校层面的数据存储，则大多以专门的工作站主机为媒介，将数据保存在专门的机房中。

国家安全等级保护三级标注对于物理安全的标准是：①系统机房中应配备防盗警报装置；②系统还必须设立联网报警和自动销毁的功能③设备的物理访问需要获得审批；机房使用需要合理调度，出入人员应该登记；④机房内部应该进行合理功能区划分并按特点管理。[1] 基于此，对于学校层面的数据保护而言，除内部工作人员故意泄露的可能性外，最大的危险来自于外部技术侵入。当然，一般而言，高校会将校园网内部网络作为一个大型局域网，将不具有本地 IP 地址的外部访问拒之门外，但令人忧虑的恰恰是，是否可能存在"在学校校园内部访问，然后用物理传输的方式将数据带出校园外"这样的情形？至于被调查的学院中，由于绝大部分选择了将考生面试信息存储于移动硬盘之中而与外部技术入侵隔绝，这固然可以消除通过网络入侵的隐患，但

---

〔1〕 张茜：《探讨三级信息安全等级保护标准的安全防护措施》，载《网络安全技术与应用》2019 年第 7 期。

信息安全就完全取决于传统上存储的物理安全系数了。案例9，B高校专管研究生复试工作人员称：

> 我们的（复试）面试视频都用移动硬盘装着，放在专门的保密室，只有分管教务考务的副院长有钥匙可以进入。一般老师连这个保密室在具体哪个房间都不晓得。我们平常要放东西进去都必须两个人一起和副院长进去。

然而用普通办公室设立的所谓保密室是否达到了安全等级保护三级的标准——例如是否安装了报警与专门的防盗装置——就值得怀疑。内部人员或外部人士通过传统的开锁等盗窃等手段便可以获取移动硬盘，进而拿到房间内存储数年的考生信息。我国《宪法》第39条规定，住宅不受侵犯；《民法典》第1038条第2款所规定的信息安全保存义务，事实上绝大部分高校恐怕根本没有条件完成。绝大部分高校的保护措施，可能并无法保证信息的绝对安全。在此前提下，高校可以考虑缩短保存期限，例如，C高校教师在访谈中就坦言"保存视频太长，并无意义，在研究生入学后就可以删除"。即使限于教育部的规定，又或是囿于高校内部规范，仍必须延续以前"保存三年"的做法，但相关机构完全可以考虑用技术消除考生所选取的考场背景中传递个人隐私信息的画面——例如给背景打上马赛克——等保护考生隐私的办法，这也符合《个人信息保护法》第51条第3种措施的要求，即"相应的加密、去标识化等安全技术措施"。这些技术手段当然需要加大个人信息安全的基础建设和人力投入。

五、结论

开展远程网络复试是新冠肺炎病毒暴发下的无奈之举，在研究生笔试之后最大程度保留复试，保留导师鉴别与了解未来所带学生的一个机会。但是，随着个人信息不断受到重视，面试视频的长期保存，在保证面试公平的同时，也会带来诸如考生个人核心隐私信息泄露的风险。为应对这些突发危机，需要建立一整套高效应对危机的应急预案及应急响应机制，从而保证参加高校研究生招生考生的信息安全免受影响。传统上高校信息安全更多针对的是学生的学籍信息，这并不同于研究生网络远程复试工作中考生手持身份证、暴露考生私密空间的情况。高校应加强考生个人信息安全重视程度，同时加大信息安全基础建设，缩短视频保存期限或用技术手段消除考生所选考场背景，完善未来的存储、使用、销毁的安全程序机制，以更好地保护考生的隐私。

思想政治理论课对高素质法治人才培养的路径探索*

◎刘昱辉**

摘　要：思想政治理论课对高素质法治人才培养意义重大，是培养"德法兼修"法治人才、坚持中国特色社会主义法治道路的需要。当前思想政治理论课在高素质法治人才培养上仍面临着一些现实困境：思想政治理论课堂缺乏吸引力、思想政治理论教育与法学专业教育融合度不够、与司法实务结合不够等问题不同程度地存在。基于此，本文提出要采用多种形式提升思想政治理论课吸引力，推动思想政治理论教育与法学教育深度融合，思政课程与课程思政同时发力，推动思想政治理论课与司法实务的紧密结合。

* 中国政法大学校级教育教学改革项目"德法兼修"理念下思想政治理论课教学方法改革探析——以"毛泽东思想和中国特色社会主义理论体系概论"课为例。
** 刘昱辉，中国政法大学马克思主义学院硕士生导师。

关键词：思想政治理论课；法治人才培养；德法兼修

坚持建设德才兼备的高素质法治工作队伍，是全面推进依法治国的组织保障。打造一支高素质的法治工作队伍，不论是法治专门队伍还是法律服务队伍，都离不开法学院校的高质量教育。为此，习近平总书记特别强调指出，"要推进法学院校改革发展，提高人才培养质量"〔1〕。在政法类院校人才培养课程体系中，思想政治理论课意义重大。"思想政治理论课是巩固马克思主义在高校意识形态领域指导地位，坚持社会主义办学方向的重要阵地，是全面贯彻落实党的教育方针，培养中国特色社会主义事业合格建设者和可靠接班人，落实立德树人根本任务的主干渠道，是进行社会主义核心价值观教育、帮助大学生树立正确的世界观人生观价值观的核心课程。"〔2〕 高等学校特别是政法类院校作为高素质法治人才后备力量培养的重要基地，既要探索新时代法学教育的新路径，更要充分发挥思想政治理论课的立德树人关键作用，发挥思想政治理论课在高素质法治人才及后备力量培养上的思想价值引领功能。

一、思想政治理论课对于高素质法治人才培养的重要意义

（一）培养"德法兼修"法治人才的需要

2017 年 5 月 3 日，习近平总书记在中国政法大学考察并发表重要讲话，强调全面依法治国是一项长期而重大的历史任务，要

---

〔1〕 习近平：《坚定不移走中国特色社会主义法治道路 为全面建设社会主义现代化国家提供有力法治保障》，载《求是》2021 年第 5 期。
〔2〕 2015 年，中央宣传部、教育部印发了《普通高校思想政治理论课建设体系创新计划》。

坚持中国特色社会主义法治道路，坚持以马克思主义法学思想和中国特色社会主义法治理论为指导，立德树人、德法兼修，培养大批高素质法治人才。这对于高素质法治人才及后备力量的培养提出了根本要求。"德法兼修"既要求"修德"，也要求"修法"，"修德"和"修法"作为法学教育的一体两面要相辅相成、有机结合，而不能割裂。要从思想、政治、行为等各方面深入理解"修德"与"修法"的辩证关系，奠定中国特色社会主义法治道路的基础。"法律是成文的道德，道德是内心的法律，法律和道德都具有规范社会行为、调节社会关系、维护社会秩序的作用，在国家治理中都有其地位和功能。法安天下，德润人心。法律有效实施有赖于道德支持，道德践行也离不开法律约束。法治和德治不可分离、不可偏废，国家治理需要法律和道德协同发力。"[1] 法学教育不仅要培养学生的专业水平，也不能忽视对学生思想道德的培养，要凸显"健全人格教育理念"，使法治人才德法兼备、明法笃行。习近平总书记主持召开中央全面依法治国委员会第一次会议时强调，要加强法治工作队伍建设的法治人才培养，更好发挥法学教育基础性、先导性作用，确保立法、执法、司法工作者信念过硬、政治过硬、责任过硬、能力过硬、作风过硬。在这五个方面的要求中，"能力过硬"是对法学专业素养"修法"的要求，而另外四个方面的"信念、政治、责任、作风"则侧重对法治人才"修德"的要求，这也正是新时代高校思想政治理论的任务目标要求。

（二）引领法治人才成长的需要

人的成长、成熟、成才不是一蹴而就的，而是一个循序渐进

---

〔1〕 2016 年 12 月 10 日习近平在主持十八届中共中央政治局第三十七次集体学习时的讲话。

的过程，法治人才的成长也是如此。"为学须先立志。志既立，则学文可次第着力。立志不定，终不济事。"党的十八大以来，中国特色社会主义进入新时代，人民对于民主法治、公平正义有了更多的期待，公众的法治意识也日益增强，全面贯彻依法治国总方针需要德才兼备的高素质法治人才，而"培养什么人、怎样培养人、为谁培养人"这一根本性问题至关重要。思想政治理论课是发挥立德树人作用的关键课程，要用新时代中国特色社会主义思想铸魂育人。"办好思想政治理论课，要放在世界百年未有之大变局、党和国家事业发展全局中看待，要从坚持和发展中国特色社会主义、建设社会主义现代化强国、实现中华民族伟大复兴的高度来对待。"[1] 高素质法治人才的培养，离不开思想政治理论课程的价值引领作用。全面依法治国对于高素质法律人才的需求在于德才兼备，一方面要求法治人才有扎实的法学知识功底，有将法学知识运用到实践中的能力，在立法、执法、司法、法律服务等各个领域都能善于运用法治思维和法治方式推进工作，解决问题；另一方面也要求法治人才具有坚定的理想信念，要坚持马克思主义的立场和观点，要以社会主义核心价值观为引领，不忘初心，做"宪法法律的信仰者，公平正义的捍卫者，法治建设的实践者、法治进程的推动着，法治文明的传承者，为全面依法治国奠定坚实基础。"[2]

---

〔1〕 习近平：《思政课是落实立德树人根本任务的关键课程》，载《求是》2020年第 17 期。

〔2〕 梁平：《德法兼修：新时代卓越法治人才培养的实践进路探索》，载《河北法学》2021 年第 3 期。

（三）坚定法治人才"四个自信"的需要

在高校思想政治理论课教学中，培树道德伦理、厚植理想信念，是思想政治理论课的重要目标。办好思政课，就是要开展马克思主义理论教育，用新时代中国特色社会主义思想铸魂育人，引导学生增强社会主义道路自信、理论自信、制度自信、文化自信。中国特色社会主义法治事业有特定的历史背景和现实环境，离开对国家历史的了解、对国家大政方针的把控，对国家现阶段战略决策的考量，就无法全面深刻地理解法学专业知识。高素质法治人才的培养有一定的特殊要求，高校法科学生思维理性，再加上在法律移植和法律本土化的过程中，很多法律概念、原理、条文等都有西方话语体系的烙印，使得法科专业学生容易受西方法学理论的影响而忽视我国法治建设的特色，习总书记指出："对世界上优秀法治文明成果，要积极吸收借鉴，也要加以甄别，有选择地吸收和转化，不能囫囵吞枣、照抄照搬"，中国特色社会主义法治建设取得了很大成就，要充分发挥思想政治理论课对学生政治立场坚定性的教育，不能只按照西方的话语体系和思维方式来培养学生。中国的法学教育更应该立足中国法治特色、凝聚中国法治智慧、提供中国法治方案，推进中国法治实践。高校作为法治人才培养的基地，思想政治理论课应当为引领学生理解和坚持走中国特色社会主义法治道路提供理论支撑。

二、思想政治理论课在高素质法治人才培养中的现实困境

思想政治理论课在高素质法治人才培养方面已经取得有效进展，但是在培养过程中仍存在着一些亟待解决的问题。

1. 思想政治理论课堂缺乏吸引力

从法学专业的大学生角度来讲，无论是学分数量还是课业任务都较为繁重，再加上司法考试、考研、就业等多重压力，使得法科学生需要投入大量精力进行专业学习，很多法科学生认为思想政治理论课是"灌输课""水课"，因而不愿意多花精力。法科学生职业定位意识强、对专业课认同度高，认为只有专业课学习才能决定其未来的职业发展，而思想政治理论课教学内容与其专业内容结合度不高，因此普遍存在重专业轻思政的现象。一些高校对思想政治理论课重视程度不够，德育首位的意识不强，没有深刻认识到思想政治理论课的重要作用，只重视就业率等短期利益，不重视国家和民族未来发展的长远利益，对思想政治理论课建设的管理机制还未能完全落实。实际上，"无论是'立德树人'，还是'德法兼修'，德育都具有把握方向、造就灵魂，塑造人格的重要功能，都应居于首要地位。"[1]

2. 思想政治理论教育与法学专业教育融合度不够

思想政治理论教育与法学专业教育尚待进一步融合。在思想政治理论课教学中如果不能紧密结合法学领域的专业知识，很难激起学生的认同感和学习兴趣，这就需要在思想政治理论教学中找准思政教育和法学教育中的切入点，将两者有机融合。思想政治理论教学内容包罗万象，涉及国家的政治、经济、文化、环境等各个方面，思想政治理论课与法学专业课同属于社会科学，存在着很多的交叉。比如在"'四个全面'战略布局"这一章节的内容中，包括全面建设社会主义现代化国家、全面深化改革、全

---

[1] 梁平：《德法兼修：新时代卓越法治人才培养的实践进路探索》，载《河北法学》2021 年第 3 期。

面依法治国和全面从严治党。"全面依法治国"就涉及全面依法
治国方略的形成发展、中国特色社会主义法治道路、深化依法治
国实践的重点任务等教学要点，这些内容都可以与法学内容深度
融合，既要讲清全面依法治国的背景、内容和意义，又要把全面
依法治国放在"四个全面"战略总体布局中，讲清全面依法治国
在国家战略布局中的地位。全面依法治国是全面建成小康社会的
题中应有之义，是全面深化改革的根本保障，是全面从严治党的
重要手段，有使学生站在中国特色社会主义现代化建设全局的高
度认识全面依法治国的重要地位和意义。

3. 思想政治理论教育与司法实务结合不够

理论与实践的脱节，是当今思政治理论教育活动中需要克
服的一个难点。法学是一门实践性很强的学科，高素质法治人才
的培养，既要求其具备专业知识，又要求其具备法治实践的能
力。实践离不开理论的指导，中国特色社会主义法治道路要坚持
依法治国和以德治国相结合，一方面要发挥好法律的规范作用，
法治要体现道德理念，强化法律对道德建设的促进作用，同时也
要发挥好道德的教化作用，以道德滋养法治精神，强化道德对法
治文化的支撑作用。思想政治理论课教学往往重理论而轻实践，
然而没有对实践的感知，就很难深刻地认识理论。思想政治理论
课教师囿于学科限制，很少能够参与司法实务，这使得思想政治
理论课教师在讲授相关内容时不够生动具体、缺乏说服力和感
召力。

三、思想政治理论课对高素质法治人才培养的实践路径

1. 采用多种形式，提升思想政治理论课吸引力

一是从内容角度讲，要找准切入点与法学专业知识相结合。"思想政治理论课教学涉及马克思主义哲学、政治经济学、科学社会主义，涉及经济、政治、文化、社会、生态文明和党的建设，涉及改革发展稳定、内政国防外交、治党治国治军，涉及党史、国史、改革开放史、社会主义发展史、涉及世界史、国际共运史，涉及世情、国情、党情、民情等。"〔1〕思想政治理论课要兼具广度和深度，还要与法科学生的专业紧密结合，对社会主义法治建设中的敏感问题敢于回应，讲清讲透。社会主义法治建设是在不断探索中前进的，既经历过坎坷磨难，也走过弯路，要结合当时的历史背景正确看待，既不能回避错误，也不能丧失信念，要引导法科学生对中国特色社会主义法治道路充满信心并决心为之奋斗。

二是从形式上讲，要采用多样化的形式实现教学目标。思想政治理论课不能简单地照本宣科，要在教学过程中探索多样化的形式，通过多种方式实现教学目标。包括案例教学、微视频、微课、慕课等形式。为学生设计可供学生选择的多样化的教学实践方式，比如经典诵读、时政热点分析、理论难点辨析、社会法治问题调查等，使思想政治理论课成为学生真心喜爱、终身受益的课程。

三是从教师角度来讲，要乐教善教、潜心育人。要让法学专

---

〔1〕 习近平：《思政课是落实立德树人根本任务的关键课程》，载《求是》2020年第 17 期。

业学生从内心真正接受并喜爱思想政治理论课，需要思想政治理论课教师具备渊博的学识和深厚的理论功底。要有对马克思主义的信仰，对社会主义和共产主义的信念；要有家国情怀，要在党和人民的伟大实践中关注时代，汲取养分；要有科学的思维，善于运用创新思维和辩证思维，引导学生树立正确的理想信念；要有宽广的知识视野，特别要关注中国特色社会主义法治进程，生动具体地展现新时代以来中国特色社会主义法治进程中的成就和变革。

2. 推动思想政治理论教育与法学教育深度融合

思想政治理论课程与法学专业教育中有很多交叉点，可以进行深度挖掘。以毛泽东思想主要内容和活的灵魂为例，实事求是是毛泽东思想活的灵魂。习近平在纪念毛泽东诞辰 120 周年座谈会上指出："实事求是，是马克思主义的根本观点，是中国共产党人认识世界、改造世界的根本要求，是我们党基本思想方法、工作方法、领导方法。不论过去、现在和将来，我们都要坚持一切从实际出发，理论联系实际，在实践中检验真理和发展真理。"[1] 对于法科学生来讲，如何才能让实事求是入脑入心？思政课教师可以结合案例，把司法实践中的实事求是以案例的方式展现出来，既要讲清坚持实事求是的好处，也要讲清不坚持实事求是可能造成的严重后果。实事求是也是司法实践中必须坚守的原则，以事实为依据，以法律为准绳，有错必纠是贯彻实事求是、实现司法公正的要求，也是我们全面推进依法治国的必然要求。

---

〔1〕 习近平：《在纪念毛泽东同志诞辰 120 周年座谈会上的讲话》，人民出版社 2013 年版，第 15 页。

再以"五位一体"总体布局中的建设美丽中国为例，建设生态文明是中华民族永续发展的千年大计，关系人民福祉，关于民族未来，功在当代、利在千秋。在建设社会主义生态文明的历程中，立法、执法、司法等部门都发挥着重要作用。从立法上讲，环境立法已经越来越完善，立法机关通过制定促进社会可持续发展的法律法规来规范人与环境的关系。对于破坏环境的行为，相关部门也会根据行为所造成的危害后果予以法律制裁；从执法上讲，环保行政执法机关可以根据法律的授权，对单位和个人的各种影响或可能影响环境的行为和事件进行管理。一些国家环境行政执法与刑事责任相竞合产生了环境行政刑法制度；从司法上讲，审判机关和检察机关可以依照法定的权限和程序，对环境纠纷和环境犯罪案件进行侦查、起诉、审判和监督。环境司法是国家整个司法活动和制度中的一个组成部分，依照诉讼法和环境法中的有关诉讼程序的规定进行。此外，近年来检察机关积极履行生态环境检察公益诉讼的检察职能，也为深入推进生态文明，建设美丽中国提供了有力的司法保障。从法学专业的角度分析美丽中国建设，可以使法学专业学生对生态文明建设有更强的现实关怀，更多地深入思考，更强的责任担当。

3. 思政课程与课程思政同时发力

2018 年教育部发布的《普通高等学校法学类本科专业教学质量国家标准》，明确提出"法学类专业人才培养要坚持立德树人、德法兼修，适应建设中国特色社会主义法治体系，建设社会主义法治国家的实际需要。培养德才兼备，具有扎实的专业理论基础和熟练的职业技能、合理的知识结构，具备依法执政、科学立法、依法行政、公正司法、高效高质量法律服务能力与创新创业能力，熟悉和坚持中国特色社会主义法治体系的复合型、应用型、创新型法治人才及后备力量。"新时代高素质法治人才及后备力量的培养，不能忽视法学教育的最新定位，也不能忽视法学教育的政治性和思想性。以"全面从严治党"为例，加强制度建设是全面从严治党的根本之策，完善的党内法规体系是中国特色社会主义法治体系的重要组成部分，建立内容科学、程序严密、配套完备、运行有效的党内法规制度体系，并严格执行，才能真正使铁规发力。反腐败斗争，是从严治党的重中之重。只有保证干部清正、政府清廉、政治清明，才能确保党和国家的长治久安。根据十三届全国人大一次会议通过的《中华人民共和国宪法修正案》，组建国家、省、市、县监察委员会，同党的纪律检察机关合署办公，加强党对反腐败工作的统一领导，实现对所有行使公权力的公职人员监察全覆盖。在思想政治理论课程中，要充分将全面从严治党与社会主义法治体系相融合，深入分析党内法规与国家法律的关系，党内法规与国家法律的衔接协调机制。在对法科学生的教育培养中，思政课程与课程思政同时发力，有助于引导学生加深对习近平新时代中国特色社会主义的思想的理解，也有利于学生更好地学习和践行中国特色社会主义法治理论。

4. 加强思想政治理论课与司法实务的紧密结合

创新实践教学模式，将实务部门的优质实践教学资源引入高校，提高实践教学比重，有利于培养具有创新精神和实践能力的高素质法治人才。针对思想政治理论课与司法实务结合不紧密的问题，在思想政治理论课教学中可以组织法律实务专家协同授课，以深化依法治国实践为例，可以邀请司法实务部门人员进课

堂，以司法实践中的真实案例向学生展示如何依法行政，严格规
范公正文明执法；可以加强法科院校与法院、检察院、公安机
关、律师事务所的合作，实现法治人才培养中的同步实践教学；
引导学生在课上与现实中发生的典型案件相结合，做深入思考和
讨论；通过多种举措，实现国内优质司法资源，包括卷宗、庭审
过程等资源能够进校园、进课堂，让学生在对司法实践的思考
中，加深对思想政治理论课的认识。